D1668996

DRESDENPostplatz

Soweit war ich mit meinen Gedanken gekommen,
als plötzlich der Frühling hereinbrach

Public Sampler

spot off

Info Offspring

Radio Urban Document

Symposium Kunst im Stadtraum

Covergestaltung und -konzeption: Christoph Schäfer (2003)

zusammengesetzt aus dem Affenkönig, einem Superbarrio Mural, SuperNOlympica aus Hamburg, El Astro und Blue Demon, einer Schokoladenhülle aus Marokko, einem fliegenden Container aus Hamburg, Glühbirnen und zwei Flugaufnahmen einer schnellwachsenden Metropole des Südens. Dank an den Buttclub, Margit Czenki, Hagar, Christiane Mennicke, die Rote Flora, Sarai und das Schwabinggradballett

Henri Lefébvre

Die Revolution der Städte

Limitierte Auflage Dresden 2003

Herausgegeben von DRESDENPostplatz. Soweit war ich mit meinen
Gedanken gekommen, als plötzlich der Frühling hereinbrach
website: www.dresden-postplatz.de oder email: goltz@dresden-postplatz.de

Covergestaltung und -konzeption: Christoph Schäfer

Lektorat: Friedhelm Scharf

Druck: Druckhaus Dresden GmbH

Verlag: DRESDENPostplatz in Kooperation mit b_books, Berlin

Vertrieb: www.bbooksz.de oder email: b_books@txt.de

ISBN: 3-933557-59-3

Unser besonderer Dank gilt der Editions Gallimard, mit deren freundli-
cher Genehmigung diese Sonderauflage von Henri Lefèbvre's »Die Revolution der Städte« möglich ist.
Gedruckt mit Mitteln des Projektes DRESDENPostplatz, gefördert
durch die Kulturstiftung des Bundes.

Deutsche Erstausgabe aus dem Französischen von Ulrike Roeckl, erschien
im Paul List Verlag KG München, 1972
Die Originalausgabe »La révolution urbaine« erschien im Rahmen der
Reihe »Collection Idées« 1970 bei Editions Gallimard, Paris

INHALT

Einleitung

a) Es gibt kein Denken ohne U-topie, ohne Erforschung des
Möglichen, des Anderswo; b) es gibt kein Denken,
das sich nicht auf eine Praxis bezöge (in unserem Fall
die des Wohnraums und des Gebrauchs. Wenn aber
*Bewohner und Benutzer stumm bleiben ?) (S. 232)** *

Lefébvres »Revolution der Städte«, die er später in der Produc-
tion de l' Espace« zu einer umfassenden Raumphilosophie er-
weitert, bewahrt dreissig Jahre nach ihrer Niederschrift eine be-
eindruckende Aktualität. Seine Beschreibung des Phänomens
der Verstädterung, die sich auf sich damals abzeichnende globale Entwicklungen bezog, mutet heute beinahe prophetisch an.
So deutlich trifft, in intensivierter Form nach der weitgehenden
Auflösung der sozialistischen Staatssysteme, das ein, was er als
»eine Art allgemeine Kolonisierung des Raumes von den ›Entschei-
dungszentren‹ aus« beschreibt. (S.149)* *
Das revolutionäre an seinem Text ist jedoch nicht nur die darin
formulierte Negativ-Kritik an der Unterwerfung immer weiterer gesellschaftlicher Lebensräume durch eine aus der Industrialisierung abgeleitete rationalistische Logik, sondern »der Vor-
schlag einer Herangehensweise, eine revolutionäre Perspektive
aus dem Alltag heraus zu entwickeln und heraus zu lesen, die
als ein extrem gangbarer, aussichtsreicher und dennoch bisher
wenig genutzter Ansatz erscheint.« So beschreibt es der Künst-
ler Christoph Schäfer, der den Umschlag für die vorliegende
Sonderauflage gestaltet hat. Das von ihm und zahlreichen weiteren AnwohnerInnen initiierte und realisierte Projekt Park Fic-
tion in Hamburg hat dieses Potential in besonderer Art und
Weise in die Realität überführt [www.parkfiction.org].

Lefébvre beschreibt stadtplanerische Ansätze im autoritären Sozialismus wie auch im Kapitalismus als gleichermaßen defizitär und weist früh auf die explosive Entwicklung der Verstädterung als globales Phänomen hin. Das Buch ist dennoch ein leidenschaftliches Plädoyer für die Stadt und ihren grundsätzlich »differentiellen« Charakter. In der Gleichzeitigkeit verschiedener zeitgenössischer Lebenswelten und historischer Rudimente sieht Lefébvre die Hoffnung auf die Herausbildung eines kritischen Potentials und eine neue »urbane Praxis«, die sich der Homogenisierung der Städte nach rein ökonomischen Prinzipien widersetzt: »In erster Linie ist dazu die erwähnte Konfrontierung von urbanistischer Ideologie mit der urbanen Praxis der sozialen Gruppen und Klassen erforderlich – an zweiter Stelle das Eingreifen sozialer und politischer Kräfte – an dritter Stelle die Freisetzung von Erfindungskapazitäten, wozu auch dem *»reinen' imaginären nahestehender Utopismus gehören muss.«* (S.180)*

»DRESDENPostplatz« wagt, wie viele andere soziale und künstlerische Gruppierungen weltweit, auf temporärer Basis einige lokale Schritte in diese Richtung. »DRESDENPostplatz. Soweit war ich mit meinen Gedanken gekommen, als plötzlich der Frühling hereinbrach« ist ein gemeinsames Projekt unterschiedlicher AkteurInnen, in dem sich Auseinandersetzungen künstlerischer, theoretischer und diskursiver Praxis zum Thema Stadt und Öffentlichkeiten unter einer gemeinsamen Dachkonzeption verbinden und verdichten. Für diesen Ansatz stehen von Mai bis November 2003 die regelmässigen Workshops von Radio Urban Document und der temporäre Sender radiostadt 1, die Filmreihe, Vorträge und Workshops von Spot Off sowie die Kombination von Vorträgen, Filmen und künstlerischen und politischen Beiträgen im Info Offspring Kiosk. Eine urbane Praxis mit dem ästhetischen Imaginären zu verbinden, ist auch das Anliegen von Public Sampler, ein Projekt in dessen Rahmen sich paradigmatische Bilder und Gegenbilder des Urbanen am Dresdner Postplatz materialisieren, während das Symposium »Kunst im Stadtraum – Hegemonie und Öffentlichkeit«, mit der Freiplastik der DDR die historischen Schichten des Stadtraumes ins Blickfeld rückt und die Argumentation aktueller Projekte der Kunst im öffentlichen Raum überprüft. Genauso wichtig wie die einzelnen Komponenten des Projektes »DRESDENPostplatz« ist jedoch seine Gesamtstruktur und der Versuch, Allianzen zwischen verschiedenen AkteurInnen im Urbanen herzustellen.

Ein wichtiges Anliegen ist es uns, in einem dieser Schritte auf dem Weg zu einer urbanen Praxis diesen seit mehreren Jahren in der deutschsprachigen Fassung vergriffenen Grundlagentext – Die Revolution der Städte von Henri Lefébvre – in der Übersetzung von Ulrike Roeck wieder verfügbar zu machen.

DRESDENPostplatz, August 2003

* Alle Zitate sind aus dem vorliegenden Band

I. Von der Stadt zur verstädterten Gesellschaft

Allem voran sei eine Hypothese gesetzt: die von der *vollständigen Verstädterung der Gesellschaft*. Wir werden für diese Hypothese Beweise erbringen und sie mit Fakten untermauern müssen. Unsere Hypothese enthält eine Definition. Wir wollen also die Gesellschaft eine »verstädterte« nennen, die das Ergebnis einer vollständigen – heute potentiellen, morgen tatsächlichen – Verstädterung sein wird. Eine solche Definition setzt der Vieldeutigkeit der Begriffe ein Ende. Denn bislang verstand man alles mögliche unter einer »verstädterten Gesellschaft«: den griechischen Stadtstaat, die orientalische oder die mittelalterliche Stadt, die Handels- oder die Industriestadt, Kleinstadt oder Großstadt. Damit entsteht ein Zustand extremer Verwirrung, bei dem man die Gesellschaftsbeziehungen außer acht läßt oder ausklammert, aus denen der jeweilige Stadttypus entstanden ist. Man vergleicht »verstädterte Gesellschaften« miteinander, die in nichts vergleichbar sind, um die jeweilige Ideologie zu belegen: den Organismus (jede »verstädterte Gesellschaft« wird für sich genommen und gilt als organisches »Ganzes«), die Kontinuitätslehre (die eine historische Kontinuität bzw. ein ständiges Vorhandensein der »verstädterten Gesellschaft« postuliert), den Evolutionismus (Zeitabschnitte, die Gesellschaftsbeziehungen verwischen bzw. sie verschwinden machen). Wir wollen uns den Ausdruck »verstädterte Gesellschaft« für eine Gesellschaft vorbehalten, die aus der Industrialisierung entsteht. Unter »verstädterter Gesellschaft« verstehen wir also eine Gesellschaft, die aus eben diesem Prozeß hervorgegangen ist und die Agrarproduktion beherrscht und aufbraucht. Diese verstädterte Gesellschaft entsteht erst nach Beendigung eines Prozesses, in dessen Verlauf die alten Stadtformen zerfallen, abgelöst von *zusammenhanglosen* Veränderungen. Ein wesentlicher Aspekt des theoretischen Problems besteht darin, daß Diskontinuitäten miteinander in Beziehung gesetzt werden und umgekehrt. Denn wie könnte eine absolute Zusammenhanglosigkeit bestehen, ohne daß unter der Oberfläche Zusammenhänge vorhanden wären, ohne Gemeinsamkeiten, ohne daß ein inhärenter Prozeß abliefe? Und wie gäbe es umgekehrt eine Kontinuität ohne Krisen; ohne das Auftauchen neuer Elemente und neuer Beziehungen?

Die einzelnen Wissenschaftszweige (die Soziologie, die politische Ökonomie, die Geschichte, die Humangeographie usw.) haben zahlreiche Benennungen vorgeschlagen, die »unsere« Gesellschaft mit ihren Realitäten, ihren unter der Oberfläche vorhandenen Strömungen, ihren Fakten und Möglichkeiten charakterisieren sollten. Man hat von der Industriegesellschaft und in jüngerer Zeit von der nachindustriellen Gesellschaft gesprochen, von der Gesellschaft des technischen Zeitalters, der Wohlstandsgesellschaft, der Freizeitgesellschaft, der Konsumgesellschaft usw. Jede solche Benennung enthält einen Teil der empirischen oder begrifflichen Wahrheit, der Rest ist Übertreibung und Extrapolierung. Um die Gesellschaft der *nachindustriellen Zeit*, also die aus der Industrialisierung hervorgegangene und ihre folgende zu benennen, wird hier der Begriff *verstädterte Gesellschaft* vorgeschlagen. Womit mehr eine Tendenz, eine Richtung, eine Virtualität und weniger ein *fait accompli* zum Ausdruck gebrachte werden sollen. Infolgedessen beliebt die kritische Darstellung zeitgenössischer Realitäten, etwa die Analyse der »bürokratisch gelenkten Konsumgesellschaft«, davon völlig unberührt.

Es handelt sich also um eine theoretische Hypothese, die zu formulieren und als Ausgangspunkt zu benutzen das wissenschaftliche Denken berechtigt ist. Dieses Verfahren ist in der Wissenschaft nicht nur gang und gäbe, sondern sogar notwendig. Ohne theoretische Hypothesen keine Wissenschaft. Schon jetzt muß darauf hingewiesen werden, daß unsere Hypothese, die sogenannten »Gesellschaftswissenschaften« betreffend, eng mit einem epistemologischen und methodologischen Begriff verbunden ist. Erkenntnis muß nicht unbedingt Kopie oder Abbild, Vortäuschung oder Nachbildung eines *schon jetzt* tatsächlich vorhandenen Objektes sein. Umgekehrt wird sie ihr Objekt nicht unbedingt im Namen einer der Erkenntnis vorausgehenden Theorie aufbauen – einer Theorie über das Objekt oder die »Modelle«. Für uns hier ist das Objekt in der Hypothese enthalten, die Hypothese befaßt sich mit dem Objekt. Nun befindet sich dieses »Objekt« zwar jenseits des (empirisch) Feststellbaren, dennoch ist es nicht fiktiv. Wir setzen ein *virtuelles Objekt* ein, die verstädterte Gesellschaft, ein *mögliches Objekt* also, dessen Entstehen und Wachstum, in Verbindung mit einem *Prozeß* und einer *Praxis* (einer Aktion), wir darlegen wollen.

Freilich muß die Gültigkeit dieser Hypothese bewiesen werden, wir werden nicht zögern, immer wieder auf sie hinzuweisen und darin nicht nachlassen. Weder an Argumenten noch an Beweisen, die für sie sprechen, angefangen bei den einfachsten bis hinauf zu den subtilsten, fehlt es uns.

Wir brauchen wohl nicht weiter auf den weltweiten Autonomieverlust der Agrarproduktion in den großen Industrieländern hinzuweisen, darauf, daß sie weder der wichtigste Wirtschaftssektor mehr ist, noch auch ein Sektor mit hervorstechenden Merkmalen (es sei denn dem der Unterentwicklung). Wenn auch lokale und regionale Eigenarten aus einer Zeit, als die Landwirtschaft der wichtigste Erwerbszweig war, nicht verschwunden sind, gewisse Unterschiede hier und da sogar schärfer hervortreten, so läßt sich dennoch nicht leugnen, daß die Agrarproduktion zu einem Sektor der Industrieproduktion geworden ist und sich deren Forderungen und Zwängen unterwirft. Wirtschaftswachstum und Industrialisierung – Ursache und oberste Daseinsberechtigung zugleich – ziehen Landstriche, Länder, Völker und Kontinente in ihren Bann. Das Ergebnis: Die für das bäuerliche Dasein typische traditionelle Gemeinschaft, das Dorf, wandelt sich; es geht in größeren Einheiten auf oder wird von ihnen überdeckt. Der Industrie angegliedert, konsumiert es deren Erzeugnisse. Hand in Hand mit der Konzentration der Bevölkerung geht die Konzentration der Produktionsmittel. Das *Stadtgewebe* beginnt zu wuchern, dehnt sich aus und verschlingt die Überbleibsel des ländlichen Daseins. Mit »Stadtgewebe« ist nicht nur, im strengen Sinne, das bebaute Gelände der Stadt gemeint, vielmehr verstehen wir darunter die Gesamtheit der Erscheinungen, welche die Dominanz der Stadt über das Land manifestieren. So verstanden sind ein zweiter Wohnsitz, eine Autobahn, ein Supermarkt auf dem Land Teil des Stadtgewebes. Mehr oder weniger dicht und aktiv, spart es nur stagnierende oder im Verfall befindliche Gebiete aus, eben die der »Natur« vorbehaltenen. Für die Agrarproduzenten, die »Bauern«, zeichnet sich am Horizont die *Agrarstadt* ab, das einstige Dorf verschwindet. Chruschtschow hatte den sowjetischen Bauern die Agrarstadt versprochen, und hier und da auf der Erde entsteht sie bereits. So gibt es in den Vereinigten Staaten – von gewissen Gebieten in den Südstaaten abgesehen – praktisch keine Bauern mehr; es gibt nur Inseln ländlicher Armut neben solchen städtischen Elends. Und während dieser weltweite Prozeß (Industrialisierung und/oder Verstädterung) seinen Lauf nimmt, birst die Großstadt auseinander, fragwürdige Protuberanzen entstehen: Vororte, Wohnviertel oder Industriekomplexe, Satellitenstädte, die sich kaum von verstädterten Marktflecken unterscheiden. Kleinstadt und mittelgroße Stadt geraten in ein Abhängigkeitsverhältnis, werden praktisch zu Kolonien der Großstadt. Somit drängt sich unsere Hypothese als Endpunkt bislang erworbener Kenntnisse und zugleich als Ausgangspunkt für eine neue Untersuchung und einen neuen Entwurf auf: die vollständige Verstädterung.

Die Hypothese greift vor. Sie projiziert die Grundtendenz der Gegenwart in die Zukunft. Überall und mitten in der »bürokratisch gelenkten Konsumgesellschaft« wächst die »verstädterte Gesellschaft« heran.

Das negative Argument, die Gegenprobe durch das Absurde: keine andere Hypothese, die taugen, keine, die sämtliche Probleme erfassen würde. Die nachindustrielle Gesellschaft? Das heißt eine Frage aufwerfen: Was kommt nach der Industrialisierung? Die Freizeitgesellschaft? Das heißt, sich mit einem Teil des Problems zufriedenzugeben, man beschränkt die Untersuchung von Tendenzen und Möglichkeiten auf die »Ausrüstung«, womit man realistisch bleibt, ohne dabei den demagogischen Charakter der Definition zu beeinträchtigen. Gewaltiger und endlos ansteigender Konsum? Hier begnügt man sich mit der Erfassung der Zeitzeichen und *extrapoliert*, riskiert es so, Realität und Virtualität auf einen einzigen ihrer Aspekte zu reduzieren. Und so weiter. Der Ausdruck »verstädterte Gesellschaft« entspricht einem theoretischen Bedürfnis. Dabei handelt es sich nicht bloß um eine literarische oder pädagogische Darstellung, noch auch um die Formulierung erworbenen Wissens, sondern um eine Entwicklung, eine Untersuchung, ja um eine Begriffsbildung. Ein Denkvorgang auf *ein* bestimmtes *Konkretes*, vielleicht sogar *das Konkrete* überhaupt hin, zeichnet sich ab und nimmt Gestalt an. Diese Bewegung wird, wenn sie sich bestätigt, zu einer neu ergriffenen oder wieder aufgegriffenen Praxis, der *städtischen Praxis,* führen. Ohne Zweifel ist eine Schwelle zu überwinden, bevor man auf konkretes Gebiet, also auf das – zuvor theoretisch erfaßte – der sozialen Praxis vorstößt. Es geht nicht darum, ein empirisches Rezept zu suchen, um das Produkt, nämlich die städtische Wirklichkeit, zu fabrizieren. Aber gerade das erwartet man doch allzu häufig vom »Urbanismus«, und gerade das versprechen die »Städteplaner« nur allzuoft. Im Gegensatz zu einer feststellenden Empirie, zu abenteuerlichen Extrapolierungen, als Gegensatz schließlich zu einem angeblich verdaulichen, weil tröpfchenleise mitgeteilten Wissen, ist da eine *Theorie,* die sich vermittels *theoretischer Hypothese* ankündigt. Diese Suche, diese Entwicklung wird in methodischen Schritten vor sich gehen. So trägt zum Beispiel die Suche nach einem *virtuellen Objekt,* der Versuch, dieses zu definieren und an Hand eines Projektes zu verwirklichen, schon einen Namen. Neben klassischen Methoden wie der *Deduktion* und der *Induktion* haben wir die *Transduktion* (Reflexion über das mögliche Objekt). Somit ist der hier eingeführte Begriff der »verstädterten Gesellschaft« eine Hypothese und eine Definition zugleich. Desgleichen werden wir, uns dabei des Ausdrucks »Revolution der Städte« bedienend, im folgenden darunter die Gesamtheit der Wandlungen und Veränderungen zu verstehen haben, die unsere heutige Gesellschaft durchschreitet, um von einer Epoche, deren maßgebliche Probleme Wachstum und Industrialisierung (Modell, Planung, Programmierung) sind, zu jener überzugehen, wo die durch Urbanisierung entstandenen Probleme den Vorrang haben und die Suche nach den Lösungen und nach den für die *verstädterte Gesellschaft* spezifischen Modalitäten größte Bedeutsamkeit gewinnt.

Manche Umwälzungen werden abrupt vor sich gehen, andere allmählich, vorgeplant, erwartet und konzertiert sein. Weche? Man wird versuchen müssen, eine so berechtigte Frage zu beantworten. Es gibt allerdings keine Gewähr dafür, daß die Antwort klar, befriedigend und eindeutig sein wird. Der Ausdruck »Revolution der Städte« deutet nicht unbedingt auf gewaltsame Aktionen hin. Ausgeschlossen sind sie allerdings nicht. Wie aber sollte man voraussagen können, was auf gewaltsame, was auf vernünftige Weise erreicht werden wird? Ist es nicht das Wesen der Gewalttätigkeit, unvermittelt zum Ausbruch zu kommen? Und ist es nicht das Wesen des Denkens, Gewalttaten auf ein Minimum zu beschränken, indem es denkend die Fesseln bricht?

Zwei Marksteine stehen auf dem Weg, den der Urbanismus einschlagen wird:

a) Seit einigen Jahren betrachtet man vielerorts den Urbanismus als eine soziale Praxis wissenschaftlichen und technischen Charakters. In diesem Fall könnten und müßten die theoretischen Überlegungen sich auf diese Praxis erstrecken, sie auf ein begriffliches oder, genauer, auf ein epistemologisches Niveau heben. Folglich ist das Nichtvorhandensein einer solchen Epistemologie des Urbanismus auffallend. Werden wir nun hier versuchen, diese Lücke zu schließen? Nein. Denn diese Lücke hat einen Sinn. Stimmt es nicht, daß das, was wir Urbanismus nennen, vorerst noch mehr *institutionellen* und *ideologischen* als wissenschaftlichen Charakter trägt? Wenn wir annehmen, daß das Verfahren zu verallgemeinern und jede Erkenntnis nur über die Epistomologie zu gewinnen sei, so scheint das für den heutigen Urbanismus dennoch keine Geltung zu haben. Man wird herausfinden und erklären müssen, warum dem so ist.

b) Der heutige Urbanismus – als Politik (in zweifachem Sinn als Institution und Ideologie) – wird von zwei Seiten her angegriffen, von der Rechten wie von der Linken.

Die *Kritik der Rechten*, von jedermann beachtet, ist zuweilen vergangenheitsgläubig, oft humanistisch. Sie beinhaltet und rechtfertigt, direkt oder indirekt, eine neo-liberale Ideologie –

die »freie Marktwirtschaft« – und fördert in jeder Weise die »Privat«-Initiative der Kapitalisten und ihres Kapitals. Die *Kritik der Linken* – und das ist weniger bekannt – wird nicht von der einen oder anderen Gruppe oder Partei, dem einen oder anderen Klub, Apparat oder den der Linken »zugerechneten« Ideologen formuliert. Sie ist vielmehr bemüht, dem Möglichen einen Weg freizumachen, Neuland zu erforschen und zu markieren, wo es nicht nur das »Wirkliche«, das bereits Erreichte gibt, das nicht schon von den vorhandenen wirtschaftlichen, sozialen und politischen Kräften beherrscht ist. Sie ist daher eine *utopische Kritik*, denn sie distanziert sich vom »Wirklichen«, ohne es jedoch aus den Augen zu verlieren.

Nachdem dies gesagt ist, wollen wir eine Achse zeichnen,
0 —————— 100%,
die von der nicht existenten Urbanisierung (von der »reinen Natur«, der den »Elementen« ausgelieferten Erde) bis zur gänzlichen Vollendung des Prozesses gehen soll. Diese Achse, die die Wirklichkeit des städtischen Geschehens symbolisiert, verläuft sowohl im Raum als auch in der Zeit: im Raum, weil der Prozeß sich räumlich ausdehnt und den Raum verändert – in der Zeit, weil er sich in der Zeit entwickelt, ein zunächst nebensächlicher, dann aber dominierender Aspekt der Praxis und der Geschichte. Das Schema zeigt nur einen Aspekt der Geschichte: die Zeit wird bis zu einem bestimmten, abstrakten, willkürlich gesetzten Punkt zerschnitten, womit eine von vielen anderen Operationen vorgenommen wird (Einteilung in Zeitabschnitte), die im Vergleich zu anderen Einteilungen nicht privilegiert, wohl aber von gleicher (relativer) Notwendigkeit ist.
Wir wollen einige Marksteine an den bis zur Verstädterung zurückgelegten Weg setzen. Was ist zu Beginn vorhanden? Populationen, die in den Bereich der Ethnologie, der Anthropolo-

gie fallen. Um diese Anfangsnull herum markierten und benannten die ersten Menschenhorden (Sammler, Fischer, Jäger, vielleicht Hirten) den Raum; sie erforschten ihn, indem sie Zeichen setzten. Sie erfanden Flurnamen, gaben die ersten Landmarken an. Der dem Boden verhaftete Bauer schuf in der Folge die Topologie und eine Raumaufteilung, die wohl vollkommen und genau war, den Raum aber nicht von Grund auf veränderte. Wichtig ist dabei, daß fast überall auf der Welt und wohl überall da, wo der Mensch ins Licht der Geschichte tritt, die Stadt dem Dorf auf dem Fuße folgte.

Die Ansicht, aus der Urbarmachung des Landes, auf dem Dorf und der dörflichen Kultur sei allmählich ein städtisches Dasein erwachsen, ist ideologisch gefärbt. Das Geschehen in Europa nach dem Zerfall des Römischen Reiches und der Wiedergeburt der Städte im Mittelalter wird als allgemeingültig hingestellt. Jedoch läßt sich das Gegenteil unschwer beweisen. Der Übergang vom Wildbeutertum zum Ackerbau vollzog sich erst unter dem (autoritären) Druck städtischer Zentren, die im allgemeinen von geschickten Eroberern bewohnt wurden, die Beschützer, Ausbeuter und Unterdrücker, das heißt Verwalter, Gründer von Staaten oder staatsähnlichen Gebilden geworden waren. Mit oder kurz nach Entstehen eines organisierten gesellschaftlichen Lebens, von Ackerbau und Dorf, tritt die *politische Stadt* auf.

Freilich läßt sich diese These nicht auf die endlosen Räume anwenden, in denen über lange Zeitabschnitte hinweg ein Halbnomadentum bestand, wo ein kümmerlicher Hackbau betrieben wurde. Und selbstverständlich stützt sie sich vor allem auf Analysen und Dokumente über die »asiatische Produktionsweise«, auf uralte Kulturen, die sowohl städtisches Leben als auch das ländliche begründeten (Mesopotamien, Ägypten usw.[*]). Die grundsätzliche Frage nach den Beziehungen zwischen der Stadt und dem Land ist noch weit entfernt von einer Lösung.

So nehmen wir also das Risiko auf uns, die *politische Stadt* auf der Raum-Zeit-Achse in etwa an den Anfang zu setzen. Wer bevölkerte nun diese politische Stadt? Priester und Krieger, Fürsten, »Adelige«, Kriegsherren. Aber auch Administratoren, Schreiber. Ohne Schreibkunst – Dokumente, Befehle, Listen, Steuereintreibungen – ist die politische Stadt nicht vorstellbar. Sie ist ganz und gar Ordnung, Erlaß, Macht. Allerdings gehören Handel und Gewerbe dazu, wenn auch vielleicht nur, weil man sich mit beider Hilfe die zum Kriegführen und zur Erhaltung der Macht erforderlichen Rohstoffe (Metalle, Leder usw.) beschaffen, sie verarbeiten und instand halten konnte. Infolgedessen gibt es in ihr, wenngleich in untergeordneter Stellung, Handwerker und sogar Arbeiter. Die politische Stadt verwaltet ein oftmals weitläufiges Gebiet, schützt es und beutet es aus. Sie leitet die großen Aufgaben der Landwirtschaft: Trockenlegung, Bewässerung, Eindämmung, Urbarmachung usw. Sie herrscht über eine gewisse Anzahl von Dörfern. Das Land ist in erster Linie Eigentum des Herrschers, der Symbol für Ordnung und Tatkraft ist. Tatsächlich aber bleibt das Land im Besitz der Bauern und der Tribut zahlenden Gemeinwesen.

Tauschgeschäft und Handel, die niemals fehlen, gewinnen an Bedeutung. Ursprünglich mochten sie von suspekten Leuten, den »Fremden«, wahrgenommen worden sein, aber bald werden sie auf Grund ihrer *Funktion* wichtig. Örtlichkeiten, die für

---

* Die Bibliographie ist heute umfangreich, nachdem das Problem auf Grund eines berühmt gewordenen, mit »Asiaticus« gezeichneten Artikels (erschienen in *Rinascita*, Rom 1963) wieder aktuell geworden war. Vgl. die Artikel von J. Chesneaux (*La Pensée*, Nr. 114 und 122); M. Godelier (*Les Temps modernes*, Mai 1965). Das Standardwerk bleibt aber *Wirtschaft und Gesellschaft Chinas* von K. A. Wittfogel (Leipzig 1939). Texte von Marx in: *Grundrisse* und *Kapital*.

Tausch und Handel bestimmt sind, tragen zunächst die Zeichen der *Heterotopie*. Gleich den dort lebenden und Handel treibenden Menschen sind auch sie ursprünglich von der politischen Stadt ausgeschlossen: Karawansereien, Märkte, Vororte usw. Der Prozeß der Integration von Markt und Ware (Menschen und Dingen) in die Stadt besteht über Jahrhunderte fort. Handel und Verkehr, unerläßlich sowohl zum Überleben als auch zum Leben, bringen Wohlstand und Bewegung. Die politische Stadt widersetzt sich dem mit ihrer gesamten Macht, ihrem ganzen Zusammenhalt; sie empfindet, sie erkennt die Bedrohung durch den Markt, die Ware, den Händler, durch deren Form des Eigentums (das bewegliche Eigentum, das Geld). Es gibt unzählige Fakten, die das beweisen: die Existenz der Handelsstadt Piräus, unweit des Stadtstaates Athen, ebenso wie die wiederholten vergeblichen Verordnungen, die das Feilhalten von Waren auf der Agora, dem freien Platz, dein Platz für politische Versammlungen, untersagten. Wenn Christus die Händler aus dem Tempel vertreibt, so treffen wir auf das gleiche Verbot, den gleichen Sinngehalt. In China, in Japan gehört der Händler lange Zeit einer niederen Bürgerschicht an, die in ein »besonderes« Viertel verwiesen wurde (Heterotopie). Im Grunde gelingt es der Ware, dem Markt und dem Händler erst im europäischen Abendland, gegen Ende des Mittelalters, siegreich in die Stadt einzudringen. Man könnte sich vorstellen, daß der halb kriegerische, halb plündernde Hausierer sich bewußt der befestigten Reste einstiger (römischer) Städte bemächtigte, um die Grundherren zu bekämpfen. Bei dieser Hypothese würde die erneuerte politische Stadt den Rahmen für eine Aktion abgegeben haben, die sie selbst umformen sollte. Im Verlauf dieses (Klassen-) Kampfes gegen die Grundherren, die das Land besaßen und beherrschten, eines Kampfes also, der im Abendland unerhört fruchtbar war und eine Geschichte, wenn nicht die Geschichte überhaupt, schuf, wird der Markt zum Mittelpunkt. Er tritt an die Stelle des Versammlungsortes (der Agora, des Forums), ersetzt ihn. Um den Markt, der zum wesentlichen Teil geworden ist, gruppieren sich Kirche und Rathaus (das von einer Kaufmannsoligarchie besetzt ist) mit Bergfried oder Kampanile, den Symbolen der Freiheit. Man beachte, daß die *Architektur* sich den neuen Stadtbegriff zu eigen macht und ihn übersetzt. Das Stadtgelände wird zum Begegnungsort von Dingen und Menschen, zum Umtauschplatz. Es schmückt sich mit den Zeichen der errungenen Freiheit, anscheinend mit der Freiheit schlechthin. Ein großartiger und lächerlicher Kampf. In diesem Sinn ist die Untersuchung der »bastides« (befestigte mittelalterliche Städte, die auf Befehl der französischen Könige gegründet wurden) im Südwesten Frankreichs von Interesse. In diesen ersten Städten, die um den Marktplatz erbaut wurden, mag man ein Symbol erblicken. Ironie der Geschichte. Sobald die Herrschaft der Ware mit ihrer Logik, ihrer Ideologie, ihrer Sprache und ihren Menschen, anhebt, wird die Ware zum Fetisch. Im 14. Jahrhundert glaubt man, es genüge, nur einen Markt zu gründen, Läden und Bogengänge um einen zentral gelegenen Platz zu erbauen, und Händler und Käufer würden herbeiströmen. So gründet man (Grundherren und Bürger) Handelsstädte in nahezu wüsten Gebieten ohne Ackerbau, wo noch wandernde Halbnomaden ihre Herden treiben. Die Städte im Südwesten Frankreichs tragen zwar klingende Namen, aber sie sind Fehlgründungen. Wie dem auch sei, auf die politische Stadt folgt die *Handelsstadt*. Um diese Zeit (im Abendland etwa im 14. Jahrhundert) wird der Handel zu einer städtischen *Funktion*; auf Grund der Funktion entsteht eine *Form* (oder entstehen Formen: baulicher und/oder städtebaulicher Art). Somit erhält die Stadtanlage eine neue *Struktur*. Die Umwandlungen von Paris bieten ein deutliches Bild der vielschichtigen Wechselbeziehungen zwischen den drei Aspekten und den drei Hauptkonzepten: Funktion, Form, Struktur. Flecken und Vorstädte, die anfänglich Handelsplätze und handwerkliche Gemeinwesen waren: Beaubourg, Saint-Antoine, Saint-Honor werden zu Mittelpunkten, die der im eigentlichen Sinn politischen Gewalt (den Institutionen) Einfluß, Ansehen und Raum streitig machen, sie zu Kompromissen zwingen und mit ihr gemeinsam eine machtvolle Stadteinheit schaffen.

Zu einem bestimmten Zeitpunkt tritt im europäischen Abendland ein »Ereignis« ein, das bei aller ungeheuren Tragweite dennoch verborgen und nahezu unbemerkt bleibt. Innerhalb der gesamten sozialen Ordnung gewinnt die Stadt dermaßen an Gewicht, daß eben diese Ordnung aus den Fugen gerät. Immer noch maß man bei der Stadt-Land-Beziehung letzterem die größere Bedeutung zu: dem Land mit seinem Reichtum an Grundbesitz, den Bodenerzeugnissen, den bodenständigen Menschen (Lehensleute oder Träger von Adelstiteln). Immer noch wurde die Stadt in ihrer Beziehung zum Land als Fremdkörper angesehen, was durch die Wälle wie durch die einen Übergang bildenden Vororte zum Ausdruck kam. Irgendwann jedoch verkehren sich die vielschichtigen Beziehungen ins Gegenteil, die Situation kehrt sich um. Auf der Achse muß der bedeutsame Moment dieser Rückkehr, der Umkehrung, der Heterotopie angezeigt werden. Von jetzt an erscheint die Stadt weder sich noch der Umwelt als städtische Insel in einem Ozean aus Land; verglichen mit der dörflichen oder ländlichen Natur erscheint sie sich nicht mehr als etwas Paradoxes, als Ungeheuer, Himmel oder Hölle. Sie geht in Bewußtsein und Wissen als gleichwertiges Element des Gegensatzes »Stadt – Land« ein. Das Land? Es ist nun nichts – oder nichts mehr – als die »Umgebung« der Stadt, ihr Horizont, ihre Grenze. Der Dorfbewohner? Er hört in seinen eignen Augen auf, für den Grundherrn zu arbeiten. Er produziert für die Stadt, für den städtischen Markt. Wenn er auch weiß, daß der Korn- und der Holzhändler ihn ausbeuten, so findet er doch dort, auf dem Markt, den Weg in die Freiheit.

Was geht nun zu diesem kritischen Zeitpunkt vor sich? Der denkende Mensch sieht sich nicht mehr als Teil der Natur, einer düsteren Welt, geheimnisvollen Kräften ausgeliefert. Zwischen ihm und der Natur, zwischen seinem Zentrum und Mittelpunkt (dem des Denkens, des Seins) und der Welt steht nun ein wichtiger Vermittler: die Wirklichkeit der Stadt. Von diesem Augenblick an sind Gesellschaft und Land nicht mehr eins. Auch politische Stadt und Gesellschaft bilden keine Einheit mehr. Der Staat wächst über sie hinaus, nimmt in seiner Hegemonie von ihnen Besitz und nützt die Rivalität beider aus. Dennoch erkennt der Mensch der damaligen Zeit die sich ankündigende Majestät nicht. Die VERNUNFT, wer wird sie für sich in Anspruch nehmen dürfen? Das Königtum? Der Herr des Himmels? Das Individuum? Was sich wirklich wandelt, das ist – nach dem Niedergang Athens und Roms, nachdem deren wichtigste Werke, die Logik und das Recht, in Nacht versanken – die Vernunft der politischen Stadt. Eine Wiedergeburt des Logos findet statt, aber man schreibt sie nicht denn Wiedererstehen des Stadtwesens zu, sondern einer transzendenten Ursache. Der Rationalismus, der seinen Höhepunkt mit Descartes erreicht, begleitet diese Umkehrung der Dinge, bei der das Städtische dem Dörflich-Ländlichen den Rang abläuft. Aber die Stadt erkennt ihre neue Vorrangstellung nicht. Dennoch entsteht um diese Zeit das *Bild der Stadt*. Schon besaß die Stadt die Schreibkunst mit ihren Geheimnissen und ihrer Macht. Schon stellte sie städtisches (gebildetes) Wesen gegen bäuerlich-ländliches (einfältig und roh). Von einem gewissen Zeitpunkt an besitzt sie ihre eigene Schrift: den *Plan*. Darunter ist nicht die Planung zu verstehen, auch wenn sich erste Anfänge von Planung schon abzeichnen, sondern die *Planimetrie*.

Im 16. und 17. Jahrhundert, als dieser Bedeutungswandel vor sich geht, erscheinen in Europa Stadtpläne, erscheinen vor allem die ersten Pläne von Paris. Noch sind sie nicht abstrakte Pläne, nicht Projektionen des Stadtraumes in ein geometrisches Koordinatensystem. Vielmehr sind sie eine Mischung aus Vorstellung und Wahrnehmung, aus Kunst und Wissenschaft, zeigen die Stadt von oben und aus der Ferne gesehen, perspektivisch, als Gemälde und gleichzeitig als geometrische Darstellung. Der idealistische und zugleich realistische Blick, der Blick des Geistes, der Macht, richtet sich auf die Vertikale, in den Bereich der Erkenntnis und der Vernunft, beherrscht und schafft so ein Ganzes: die Stadt. Diese Umkehrung der Gesellschaftsordnung, diese Verlegung des sozialen Geschehens in den Bereich des Städtischen, diese (relative) Diskontinuität läßt sich ohne weiteres auf der Raum-Zeit-Achse darstellen, auf der sich – da sie kontinuierlich verläuft – (relative) Zäsuren unschwer aufzeigen lassen. Es genügt, die Achse zwischen der Anfangsnull und der Endzahl (in der Hypothese ist das 100) durch eine Gerade zu halbieren. Der Bedeutungswandel ist untrennbar mit dem Wachstum des Handelskapitals, der Existenz eines Marktes verbunden. Es ist die Handelsstadt, der politischen Stadt aufgepfropft, aber ihren aufsteigenden Weg verfolgend, die das erklärt. Sie geht um ein weniges dem Auftauchen des Industriekapitals voran und infolgedessen der *Industriestadt*. Beide erscheinen kurz vor dem Auftreten des Industriekapitals und somit der *Industriestadt*. Zu diesem Begriff sind einige Anmerkungen notwendig. Ist die Industriestadt mit der Stadt verbunden? Eigentlich steht sie ja mit der *Nicht-Stadt* in Zusammenhang, mit dem Nichtvorhandensein der Stadt oder dem Bruch in der städtischen Wirklichkeit. Man weiß, daß Industrien ursprünglich da entstehen, wo Energiequellen (Kohle, Wasser), Rohstoffe (Metalle, Faserstoffe), Arbeitskräfte vorhanden sind.

Wenn sie in die Umgebung der Stadt ziehen, so dann, um in die Nähe des Kapitals und der Kapitalisten, des Marktes, reichlicherer und billigerer Arbeitskräfte zu gelangen. Somit spielt es keine Rolle, wo die Industrie sich niederläßt: früher oder später greift sie auf bereits vorhandene Städte über oder schafft neue. Sie verläßt den jeweiligen Standort wieder, sobald dies im Interesse des betreffenden Industriebetriebs liegt. Ebenso wie sich die politische Stadt lange der halb friedlichen, halb gewaltsamen Eroberung durch die Händler, den Austausch und das Geld widersetzte, ebenso wehren sich die politische und die Handelsstadt gegen die sich bildende Industrie, das Industriekapital und den Kapitalismus überhaupt. Mit welchen Mitteln? Mit Hilfe des Korporativismus, der Festlegung der gegenseitigen Beziehungen. Die historische Kontinuität und der Evolutionismus verdecken die Auswirkungen dieser Mittel und die durch sie verursachten Brüche. Welch sonderbare und bemerkenswerte Bewegung ist es, die hier das dialektische Denken erneuert: Die Nicht-Stadt und die Anti-Stadt erobern die Stadt, durchdringen sie und führen – indem sie sie sprengen und ins Maßlose aufblähen – letztlich zur vollständigen Urbanisierung der Gesellschaft, wobei das Stadtgewebe die Reste der vor der Industrie bestehenden Stadt überdeckt. Daß eine so außergewöhnliche Bewegung so unbeachtet bleibt und nur bruchstückartig beschrieben ist, geht auf das Bestreben der Ideologen zurück, auf dialektisches Denken und die Analyse von Widersprüchen zu verzichten und sich ausschließlich dem logischen Denken zuzuwenden. Das heißt, man stellt Zusammenhänge fest und sonst nichts. Die urbane Realität, die an Umfang gewonnen hat und jeden Rahmen sprengt, verliert in dieser Bewegung die ihr in der vorausgegangenen Epoche zugeschriebenen Eigenschaften: organisches Ganzes, Zugehörigkeit, begeisterndes Bild, ein von glanzvollen Bauwerken abgemessener und beherrschter Raum zu sein. Inmitten der Auflösung städtischen Wesens treten Zeichen des Urbanismus auf. Die städtische Wirklichkeit wird Befehl, unterdrückende Ordnung, Markierung durch Signale, wird summarische Verkehrsordnung und Verkehrszeichen. Bald wirkt sie wie ein Entwurf ins Unreine, bald wie eine autoritäre Botschaft. Sie setzt sich mehr oder weniger gebieterisch durch. Kein beschreibender Ausdruck erfaßt den historischen Prozeß in seiner Gänze: Implosion – Explosion (eine Metapher, aus der Atomphysik), also ungeheure Konzentration (von Menschen, Tätigkeiten, Reichtümern, von Dingen und Gegenständen, Geräten, Mitteln und Gedanken) in der städtischen Wirklichkeit, und ungeheueres Auseinanderbersten, Ausstreuung zahlloser und zusammenhangloser Fragmente (Randgebiete, Vororte, Zweitwohnungen, Satellitenstädte usw.).

Die *Industriestadt*, häufig eine formlose Stadt, eine Agglomeration von kaum städtischem Charakter, ein Konglomerat, ein Ineinanderübergehen von Städten und Ortschaften – wie etwa im Ruhrgebiet – geht dieser *kritischen Zone* voraus und kündigt sie an. An diesem Punkt zeigen sich sämtliche Auswirkungen der Implosion – Explosion. Das Wachstum der Industrieproduktion überlagert die Zunahme der Handelsbeziehungen, vervielfacht sie. Dieses Wachstum umfaßt den Tauschhandel ebenso wie den Weltmarkt, reicht vom einfachen Handel zwischen zwei Personen bis zum Austausch von Erzeugnissen, von Werken, von Gedanken und menschlichen Wesen, Kauf und Verkauf. Ware und Markt, Geld und Kapital scheinen alle Hindernisse hinwegzufegen. Während der Prozeß alles erfaßt, wird seine Auswirkung – die städtische Wirklichkeit nämlich – ihrerseits Ursache und Sinn. Das Induzierte wird beherrschend (induziert selbst). Die *urbane Problematik* erfaßt die gesamte Erde. Läßt sich die städtische Wirklichkeit als Überbau verstehen, der dachähnlich das wirtschaftliche, kapitalistische oder sozialistische Gefüge überdeckt? Oder einfach als Resultat des Wachstums und der Produktivkräfte? Als bescheidene Wirklichkeit, als Randerscheinung der Produktion? Nein. Die Wirklichkeit der Stadt ändert die Produktionsverhältnisse, ohne jedoch einen echten Wandel herbeiführen zu können. Sie wird, gleich der Wissenschaft, zur Produktivkraft. Raum und Raumpolitik sind »Ausdruck« der Gesellschaftsbeziehungen und wirken sich auf sie aus. Selbstverständlich findet die städtische Wirklichkeit, die zum beherrschenden Element wird, erst durch die *Problematik der Verstädterung* ihren Ausdruck. Was tun? Wie sollen die Städte oder das »Etwas«, das an die Stelle der einstigen Stadt treten könnte, aussehen? Wie muß das Phänomen der Verstädterung verstanden werden? Wie soll es formuliert, klassifiziert werden, in welcher Reihenfolge sollen die zahllosen Probleme gelöst werden, denen nur unter Schwierigkeiten und nicht ohne allseitige Widerstände vorrangige Bedeutung zugestanden wird? Welche entscheidenden Fortschritte müssen in Theorie und Praxis gemacht werden, damit man sich dieser Wirklichkeit und ihrer Möglichkeiten bewußt werde?

Folgendermaßen läßt sich die Achse abstecken, die den Prozeß bildlich darstellt:

Politische Stadt	Handelsstadt	Industriestadt	Kritische Zone
0 ———————————————————————————— 100%			

       Die Agrargesellschaft
         wird zur Stadtgesellschaft
           Implosion – Explosion
           (Ballung in den Städten, Landflucht, Ausdehnung des Stadtgewebes, vollständige Unterordnung des Agrarsektors unter den städtischen Sektor.)

Was geht in der *kritischen Phase* vor sich? Das vorliegende Werk bemüht sich um eine Antwort auf diese Frage, die die Problematik der Verstädterung als Teil eines allgemeinen Prozesses sieht. Werden die theoretischen Hypothesen, welche die Zeichnung einer Achse, die Darstellung eines in eine bestimmte Richtung gehenden Zeitablaufes ermöglichen, das Über-sie-hinaus-gelangen durch das Denken, werden sie uns zu einem Verständnis des Geschehens verhelfen? Vielleicht. Schon jetzt können wir einige Vermutungen aufstellen. Offenbar läuft ein zweiter Kippvorgang ab – man beweise uns denn das Gegenteil. Zum zweiten Mal werden Bedeutung und Situation auf den Kopf gestellt. Die Industrialisierung, die herrschende und zwingende Macht wandelt sich im Verlauf einer tiefreichenden Krise zur beherrschten Wirklichkeit, und zwar auf Kosten einer ungeheuren Verwirrung, die Vergangenes und Mögliches, Gutes und Schlechtes ineinander verflicht.

Bei der theoretischen Hypothese über das Mögliche und seine Beziehung zum Tatsächlichen (dem »Wirklichen«) darf nicht außer acht gelassen werden, daß der Eintritt in eine verstädterte Gesellschaft, die Art und Weise der Urbanisierung, vom Charakter der jeweiligen industrialisierten Gesellschaft abhängig sind (neo-kapitalistisch oder sozialistisch, mitten im Wirtschaftswachstum begriffen oder bereits hochtechnisiert). Die unterschiedlichen Übergänge in die verstädterte Gesellschaft, die Implikationen und die Folgen der anfänglichen Unterschiede, sind Teil der durch das *Phänomen der Verstädterung* oder die »Verstädterung« aufgeworfenen Problematik. Die genannten Ausdrücke sind dem Wort »Stadt« vorzuziehen, weil darunter eher ein definiertes und bestimmtes *Objekt* zu verstehen ist, ein gegebenes wissenschaftliches Objekt und ein unmittelbares Aktionsziel, wogegen ein theoretisches Vorgehen in erster Linie eine Kritik dieses »Objektes« und einen komplexeren

Begriff eines möglichen und denkbaren Objektes erforderlich macht. In anderen Worten: Aus dieser Sicht gibt es keine *Wissenschaft von der Stadt* (Stadtsoziologie oder Stadtökonomie usw.), sondern eine sich abzeichnende *Kenntnis des globalen Prozesses* und seines Endes (Ziel und Sinn).

Das Urbane (Abkürzung für »verstädterte Gesellschaft«) wird nicht als eine erreichte Wirklichkeit definiert, in der Zeit vor dem Jetzt schon vorhanden, sondern als Ausblick, als aufklärende Virtualität. Sie ist das *Mögliche*, definiert durch eine Richtung am Ende eines Weges, der zu ihm hinführt. Um es zu erreichen, es zu verwirklichen, müssen vorab die Hindernisse umgangen oder beseitigt werden, die es im Augenblick noch *unmöglich* machen. Kann die theoretische Erkenntnis dieses mögliche Objekt, das Aktionsziel, im Bereich des Abstrakten belassen? Nein. Schon jetzt ist es abstrakt nur im Sinne der legitimen *wissenschaftlichen Abstraktion*. Die theoretische Erkenntnis kann und muß das Terrain und die Basis aufzeigen, auf denen sie beruht: ein soziales Geschehen, das noch im Fluß ist, eine *urbane Praxis*, die trotz aller Hindernisse im Entstehen ist. Daß diese Praxis im Augenblick verschleiert und zusammenhanglos erscheint, daß die zukünftige Wirklichkeit und die zukünftige Wissenschaft nur bruchstückartig existieren, ist nur ein Aspekt der kritischen Phase. Wenn die jetzige Orientierung auf ein Ziel zustrebt, wenn es für die heutige Problematik Lösungen gibt – sie müssen wir aufzeigen. Summa summarum: Das virtuelle Objekt ist nichts anderes als eine die ganze Erde umfassende Gesellschaft und die »Welt-Stadt«, jenseits einer weltweiten Krise der Wirklichkeit und des Geistes, jenseits der einst unter der Herrschaft des Ackerbaus entstandenen und im Verlauf der Ausweitung von Handel und Industrieproduktion beibehaltenen Grenzen. Nicht alle Probleme sind jedoch Probleme der Verstädterung. Landwirtschaft und Industrie behalten eine eigene Problematik, selbst wenn die Realität der Stadt sie modifiziert. Überdies ist es angesichts der Problematik der Verstädterung dem Denken nicht möglich, sich vorbehaltlos in die Erforschung des Möglichen zu stürzen. Der Analytiker wird die einzelnen Verstädterungstypen erkennen und beschreiben müssen. Er wird sagen müssen, was aus all den Formen, Funktionen, den städtischen Strukturen werden wird, die durch die Explosion der einstigen Stadt und die alles umfassende Verstädterung umgewandelt werden. Bislang ähnelt die kritische Phase einer »black box«. Man kennt den Input, manchmal kann man den Output wahrnehmen. Man weiß nicht recht, was drinnen vor sich geht. Damit werden die üblichen Verfahren der Zukunftsforschung oder der Projektion ausgeschlossen, bei denen von der Gegenwart, also von dem Festgestellten aus, extrapoliert wird. Für Projektion und Voraussage gibt es nur in einer Teilwissenschaft eine Basis: in der Demographie z.B. oder in der politischen Ökonomie. Was jedoch hier »objektiv« zur Debatte steht, ist eine Totalität.

Um zu zeigen, wie tief die Krise reicht, wie groß Ungewißheit und Bestürzung in der »kritischen Phase« sind, kann man eine Gegenüberstellung vornehmen. Stilübung? Ja, aber mehr als das. Hier einige Argumente für und gegen die Straße, für und gegen das Monument. Das Für und Wider der Natur, das Für und Wider der Stadt, das Für und Wider der Verstädterung, für das Für und Wider des Stadtkerns. . . das sind Argumentationen, die wir auf später verschieben wollen. *Für die Straße.* Sie ist nicht nur Durchgangs- und Verkehrsplatz. Die Invasion durch das Auto, der Druck der Autoindustrie bzw. des Lobby, haben den Wagen zum Schlüsselobjekt werden lassen; wir sind besessen vom Parkproblem, hinter Fragen des Verkehrs hat alles zurückzustehen; soziales und städtisches Leben werden von alldem zerstört. Der Tag rückt näher, da man die Rechte und die Macht des

Autos wird einschränken müssen, was nicht ohne Mühe und Scherben abgehen wird. Die Straße? Sie ist der Ort der Begegnung, ohne den es kein Zusammentreffen an anderen dafür bestimmten Orten (Cafés, Theater, andere Versammlungsorte) gibt. Diese privilegierten Örtlichkeiten beleben die Straße und werden von ihr belebt, sonst könnten sie nicht existieren. Auf der Straße, der Bühne des Augenblicks, bin ich Schauspiel und Zuschauer zugleich, zuweilen auch Akteur. Hier ist Bewegung; die Straße ist der Schmelztiegel, der das Stadtleben erst schafft und ohne den nichts wäre als Trennung, gewollte und erstarrte Isolierung. Schaffte man (nach Le Corbusier und seinen »nouveaux ensembles«) die Straße ab, so wären die Konsequenzen: Erlöschen jedes Lebens, die »Stadt« wird zur Schlafstätte, das Leben zur unsinnigen Funktionserfüllung. Die Straße hat Funktionen, die Le Corbusier außer acht ließ: sie dient der Information, ist Symbol und ist zum Spiel notwendig. Auf der Straße spielt man, lernt man. Die Straße ist Unordnung. Sicher. Alle Bestandteile städtischen Lebens, die an anderer Stelle in eine starre, redundante Ordnung gepreßt sind, machen sich frei, ergießen sich auf die Straße, und von dort aus in die Zentren; hier, ihren festen Gehäusen entrissen, begegnen sie sich. Diese Unordnung lebt, sie informiert, sie überrascht. Zudem schafft die Unordnung eine höhere Ordnung. Die Arbeiten von Jane Jacob haben gezeigt, daß in den Vereinigten Staaten die Straße (flutend, belebt) der einzige Ort ist, wo der einzelne vor Kriminalität und Gewalt sicher ist (Diebstahl, Vergewaltigung, Aggression). Wo die Straße verschwindet, nimmt die Kriminalität zu und organisiert sich. Auf der Straße und durch sie manifestiert sich eine Gruppe (die Stadt selber), bringt sich zum Ausdruck, macht sich die Örtlichkeit *zu eigen*, setzt eine Raum-Zeit-Beziehung in die Wirklichkeit um. Damit wird offensichtlich, daß Gebrauch und Gebrauchswert wichtiger sein können als Austausch und Austauschwert. Revolutionen gehen normalerweise auf der Straße vor sich. Zeigt das nicht, daß ihre Unordnung eine neue Ordnung hervorbringt? Ist nicht der Raum, den die Straße im Stadtgeschehen einnimmt, der Ort des Wortes, der Ort, an dem Worte und Zeichen ebenso wie Dinge getauscht werden? Ist sie nicht der bevorzugte Ort zur Niederschrift des Wortes? Wo es »ausbrechen« und sich unter Umgehung von Vorschriften und Institutionen auf den Mauern niederschreiben kann?

Gegen die Straße. Ort der Begegnung? Vielleicht. Aber Begegnungen welcher Art? Oberflächlicher. Man streift sich auf der Straße, aber man begegnet sich nicht. Das »man« wiegt. Auf der Straße kann sich keine Gruppe bilden, kein Subjekt entsteht; sie ist bevölkert von allen möglichen Leuten auf der Suche. Wonach? Auf der Straße entfaltet sich die Ware: Hier ist ihre Welt. Die Ware, die keine Bleibe an einem eigens für sie bestimmten Ort gefunden hat (Platz, Halle), hat sich über die ganze Straße ausgebreitet. Im Altertum war die Straße nichts als ein Anhängsel von Orten mit besonderen Privilegien: Tempel, Stadion, Agora, Garten. Später, im Mittelalter, besetzte das Handwerk die Straße. Der Handwerker war Produzent und Verkäufer zugleich. Dann wurde der Händler, der nichts als Händler ist, Herr der Straße. Die Straße? Eine Auslage, ein schmaler Gang zwischen den Läden. Die Ware, zum Schauspiel geworden (provozierend, lockend), läßt den Menschen zum Schauspiel für den Menschen werden. Mehr als anderswo sind hier Austausch und Austauschwert wichtiger als der Gebrauch, dessen Bedeutung auf einen Rest zusammengeschrumpft ist. So sehr trifft das zu, daß die Kritik an der Straße noch weiter gehen muß: Die Straße wird zum bevorzugten Ort einer Unterdrückung, die durch den »realen« Charakter der sich hier bildenden Beziehungen (dadurch also, daß diese schwach sind, entfremden und entfremdet sind) bedingt wird. *Durch* die Straße, den Raum der Kommunikation, *zu gehen*, ist ebenso *Gebot* wie *Verbot*. Sobald Gefahr droht, ergeht das Verbot, sich auf der Straße aufzuhalten und zu versammeln. Wenn die Straße den Sinn hatte, die Begegnung zu ermöglichen, dann hat sie ihn verloren; sie mußte ihn verlieren, indem sie sich im Rahmen einer notwendigen Reduktion darauf beschränkte, nur Durchgangsort zu sein, sich aufspaltend in Passagen für Fußgänger (gehetzt) und Autos (begünstigt). Die Straße hat sich zum organisierten Netz des Konsums durch/für den Konsum gewandelt. Der (noch geduldete) Fußgänger bewegt sich eben so schnell – seine Geschwindigkeit wird so bemessen –, daß er Schaufenster betrachten und ausgestellte Gegenstände kaufen kann. Die Zeit wird zur »Waren-Zeit« (Kauf- und Verkaufszeit, gekaufte und verkaufte Zeit). Die Straße regelt die Zeit jenseits der Arbeitszeit. Sie unterwirft sie demselben System – dem von Leistung und Profit. Sie ist nur mehr obligatorischer Übergang zwischen Zwangsarbeit, programmierter Freizeit und Wohnraum, der ebenfalls Konsumort ist. Die neokapitalistische Konsum-Organisation demonstriert auf der Straße ihre Herrschaft, die nicht auf politischer Macht, noch auf Unterdrückung allein (offen oder versteckt) beruht. Die Straße, ein Aufeinanderfolgen von Schaufenstern, von zum Verkauf ausgestellten Dingen, zeigt, wie zur Logik der Ware eine (passive) Betrachtungsweise hinzukommt, die Charakter und Bedeutung einer Ästhetik und einer Ethik annimmt. Die Anhäufung von Gegenständen begleitet die Anhäufung von Menschen, die wiederum Folge der Anhäufung von Kapital ist. Sie wandelt sich zur Ideologie, die nach außen hin die Züge des Sichtbaren und des Lesbaren trägt und in Zukunft als Beweis gilt. Man kann deshalb von einer *Kolonisierung* des städtischen Raumes sprechen, auf der Straße bewirkt durch das Bild, die Werbung, das Schauspiel der Dinge: durch das »System der Dinge«, die zu Symbolen und

Schauspiel wurden. Die Vereinheitlichung des Rahmens – sie ist in der Modernisierung alter Straßen sichtbar – führt dazu, daß nur die Dinge (Waren) Farben und Formen besitzen und somit verlockend wirken. Und wenn die Behörde Prozessionen, Maskeraden, Bälle und folkloristische Feste genehmigt, dann wirkt die Besitzergreifung und Wiederinbesitznahme der Straße durch den Menschen wie eine Karikatur. Eine echte Inbesitznahme – die »Demonstration« – wird von den Kräften der Unterdrückung bekämpft, die Schweigen und Vergessen gebieten.

Gegen das Monument. Das Monument ist seinem Wesen nach repressiv. Es ist Sitz einer Institution (Kirche, Staat, Universität). Wenn es um sich her um einen Raum organisiert, dann, um ihn zu kolonisieren, zu unterdrücken. Alle großen Monumente wurden zum Ruhme von Eroberern, zu Ehren der Mächtigen errichtet. Seltener zu Ehren von Toten oder der toten Schönheit (das Tadsch Mahal...). Sie waren Paläste und Grabmäler. Es war das Unglück der Architektur, daß sie Monumente erstellen wollte, und daß Behausungen entweder Monumenten nachgebildet oder aber vernachlässigt wurden. Versucht man aber, Behausungen zu Monumenten zu machen, dann ist das immer eine Katastrophe, die allerdings die Betroffenen nicht erkennen. Die Pracht des Monumentes ist ja eine formale. Und da ein Monument stets überaus symbolträchtig ist, bietet es diese Symbole dem sozialen Bewußtsein und der (passiven) Betrachtung an, und zwar zu einem Zeitpunkt, da sie nicht nur bereits überholt sind, sondern ihren Sinngehalt verloren haben. Man denke nur an die Revolutionssymbole auf Napoleons Arc de Triomphe.

Für das Monument. Es ist die einzige Stätte eines Kollektivlebens (Gesellschaftslebens), die man sich vorstellen kann. Es beherrscht zwar, aber um zu versammeln. Schönheit und Monumentalität gehören zusammen. Die großen Monumente reichen über ihre Funktionen (Kathedralen) und sogar über die Kulturen (Grabmäler) hinaus. Daher rührt ihre ethische und ästhetische Macht. Monumente projizieren ein Weltbild auf den Boden, so wie die Stadt eine Gesellschaftsordnung (die Gesamtheit) auf die Erde projizierte und projiziert. Ins Herz eines Raumes, wo die Merkmale einer Gesellschaft zusammentreffen und zur Banalität werden, bringen Monumente eine Transzendenz, ein *Anderswo*. Immer schon waren sie utopisch. In die Höhe oder in die Tiefe, in eine Dimension, die jenseits des städtischen Bereichs liegt, erhoben sie die Stimme der Pflicht oder der Macht oder des Wissens, der Freude, der Hoffnung...

II. Das Blindfeld

Die in der vorliegenden Darstellung angewandte Methode verfährt nicht historisch im üblichen Sinne dieses Wortes. Nur scheinbar haben wir uns die »Stadt« zum Thema gestellt, um ihre Entstehung, ihre Veränderung, ihren Wandel zu beschreiben und zu analysieren. In Wirklichkeit haben wir nur ein virtuelles Objekt aufgezeigt; es hat uns die Möglichkeit zur Darstellung der Raum-Zeit-Achse gegeben. Die Zukunft hat ein Licht auf die Vergangenheit geworfen. An Hand des Virtuellen haben wir das Erreichte untersuchen und einordnen können. Angesichts der durch den Zusammenstoß mit Industrie und Kapitalismus hervorgerufenen Explosion der vorindustriellen und vorkapitalistischen Stadt lassen sich sowohl die Voraussetzungen für das Entstehen der Industrie-Stadt als auch die für ihre Vorläuferin, die Handelsstadt, begreifen; am Beispiel der Handelsstadt wiederum wird die politische Stadt verständlich, die sie überlagert. Marx war der Ansicht, erst als Erwachsener könne der Mensch seinen Anfang, vielleicht seinen reicheren und komplexeren Entwurf – das Kind – als Wesen und als etwas Wirkliches verstehen. Am Beispiel der bürgerlichen Gesellschaft, so komplex und durchschaubar sie ist, lassen sich die Gesellschaft der Antike und des Mittelalters begreifen. Nicht umgekehrt. Sobald Zeit und Geschichtlichkeit in Erscheinung treten, sieht sich die Erkenntnis vor einen zwiefachen Bewegungsablauf gestellt: einen *regressiven* (vom Virtuellen zum Gegenwärtigen, vom Gegenwärtigen zum Vergangenen) und einen *progressiven* (vom Überholten und *Beendeten* zu einer Bewegung, die dieses Ende betont und ein Neues ankündigt und hervorbringt). Die geschichtliche Zeit läßt sich nach Produktionsweisen aufteilen (periodisieren): asiatischer Produktionsmodus, Sklaverei, Feudalismus, Kapitalismus, Sozialismus. Die Aufteilung hat Vor- und Nachteile. Geht sie zu weit, konzentriert man sich allzu stark auf die Abschnitte, auf die inneren Wesensmerkmale der jeweiligen Produktionsweise, auf ihren jeweiligen Zusammenhalt als Totalität, so wird die Produktionsweise, für sich genommen, verständlicher, der Übergang von der einen zur anderen jedoch wird unverständlich. Desungeachtet bleibt die Tatsache bestehen, daß jede Produktionsweise einen Stadttypus »produziert« hat (nicht als nur irgend etwas, sondern als ein privilegiertes Werk), der sich unmittelbar »ausdrückt«, sichtbar und ablesbar am Terrain, und so ansonsten höchst abstrakte, juristische, politische, ideologische Gesellschaftsverhältnisse begreiflich macht. Jedoch darf man bei dieser Betrachtungsweise die Diskontinuität der Zeit nicht bis zu dem Punkt ausdehnen, wo die Kontinuität unverständlich wird. Auch in der Stadt fand ein relativ kontinuierlicher Kumulationsprozeß statt: Wissen, Techniken, Dinge, Menschen, Reichtümer, Geld und schließlich Kapital wurden angehäuft. Die Stadt war der Ort, wo sich das alles sammelte, obwohl das Kapital aus einem auf dem Land geschaffenen Wohlstand herrührte und sich in Form von Industrieinvestitionen gegen die Stadt hätte wenden können.

Die marxistische Mehrwerttheorie unterscheidet zwischen der Bildung, der Realisierung und der Verteilung des Mehrwertes. Ursprünglich entsteht der Mehrwert auf dem Land. Dieser *Entstehungsprozeß* verlagert sich in die Stadt, insofern als diese zum Sitz von Produktion, Handwerk und schließlich der Industrie wird. Im Gegensatz dazu waren städtischer Handel und städtisches Bankwesen immer Organe zur *Realisierung* des Mehrwertes. Immer haben die Herren der Stadt sich bemüht, bei seiner *Aufteilung* einen großen Teil (größer als der Durchschnittsprofit ihrer Unternehmen) für sich zu behalten. Bei den drei Aspekten des Mehrwertes spielt die *Stadt als Mittelpunkt* eine ständig größer werdende Rolle. Damit wird eine Funktion der Stadt in ihrer Eigenschaft als Mittelpunkt definiert, die für die kapitalistische Produktionsweise wesentlich ist, trotzdem aber verkannt (nicht wahrgenommen) wird. Zugleich verliert die Behauptung, die einstige Stadt, das heutige urbane Zentrum, seien nur Superstrukturen ohne Beziehung zu den Produktivkräften und der Produktionsweise, ihre Richtigkeit.

An Hand der Raum-Zeit-Achse lassen sich gewisse Beziehungen zwischen Stadt und Land und der Wandel dieser Beziehungen darstellen. Nicht alle werden jedoch darauf sichtbar und sind darauf enthalten. So erscheinen darauf weder die Bestandteile der mit diesen Beziehungen verbundenen Begriffe noch auch ihre Voraussetzungen: die Natur (die Physis) und der Logos (die Vernunft). Auch die Genealogie des Naturgedankens und seine Zufälligkeiten erscheinen nicht. Das Schema zeigt eine Umkehrung der Verhältnisse, die in der europäischen Geschichte zur Zeit der Renaissance auftritt. Was geschieht nun, genau gesehen, im Verlauf dieser kritischen Phase aus dem, was wir unter »Natur«, »Vernunft« verstehen? Die Stadt-Land-Beziehung wandelt sich von Grund auf; läßt sich eine diesem Wandel entsprechende Veränderung bzw. Verzerrung bei den genannten Begriffen feststellen? Läßt sich die sonderbare Mehrdeutigkeit der Worte Natur, Vernunft in bezug auf die hier angedeutete Geschichte analysieren und erhellen? Vielleicht. Warum entstand um die Wende des 18. Jahrhunderts und zu Beginn des 19. der Naturfetischismus? Was war darunter zu verstehen? Wurde hier die Natur nicht zwiefach negiert, als etwas, das vor dem Denken und auch vor dem Tun des Menschen existiert hatte?

Wurde sie nicht zwiefach negiert durch die Stadt und durch die Industrie, die sie von neuem erahnen ließ, sie vorspiegelte? Von diesem Augenblick an erscheint die Stadt als zweite Natur, Metall und Stein, der Urnatur – den Elementen aus Feuer, Wasser, Luft und Erde – aufgesetzt. Diese zweite Natürlichkeit erwirbt ihr eigenes Paradigma, ihr System von passenden Gegensätzen: Glanz und Düsterkeit, Wasser und Stein, Baum und Metall, das Ungeheuerliche und das Paradiesische, das Rauhe und das Glatte, das Wilde, Ungezähmte und das Gekünstelte, Unechte. Durch die Dichter (Hugo, Baudelaire) und bei ihnen. Hier jedoch sind wir bei den Mythen der Stadt angelangt, mit denen wir uns später beschäftigen wollen. Was geschieht aber mit dem Versuch – der dem städtische Raum inhärent ist –, das Spontane und das Gekünstelte, Natur und Kultur zu verbinden? Es gibt keine Stadt, keinen städtischen Raum ohne Garten, ohne Park, ohne vorgetäuschte Natur, ohne Labyrinthe, ohne den Versuch, den Ozean oder den Wald heraufzubeschwören, ohne Bäume, die so verkrümmt sind, daß sie die seltsamsten Formen – menschliche und unmenschliche – annehmen. Wie steht es denn mit diesen Gärten und Parks, die zum Stadtbild von Paris, London, Tokio oder New York genauso gehören wie die Plätze und das Straßennetz? Sollte sich in diesen Räumen eine Art Zug-um-Zug-Beziehung zwischen Stadt und Land aufbauen? Sind sie vielleicht die vernunftbedingte Re-Präsentantin eines *Anderswo*, die U-topie der Natur? Sind sie ein unerläßliches Bezugselement, ohne das die Wirklichkeit der Stadt nicht eingeordnet und wahrgenommen werden kann? Oder aber sind sie das *neutrale* Element der städtischen Wirklichkeit? Was wird aus diesen Funktionen (diesen multifunktionellen oder transfunktionellen Wirklichkeiten) in den »Grünflächen«? Hat man das Problem nicht willkürlich und ohne Mitwirkung des Bewußtseins gelöst, indem man den unbebauten Raum *neutralisiert*, ihn einer Illusion geopfert hat, einer fiktiven Natur, den »Grünflächen«?

Diese Aspekte der Verstädterungsproblematik (die nicht von untergeordneter Bedeutung sind und weiter reichen als das Trivialbild der »Umwelt«, da sie eine weitere Analyse erforderlich machen), sind auf unserem Schema nicht dargestellt. Dennoch sind sie Teil der kritischen Phase. Sie begreift sie in sich ein. Mit der hier benutzten Metapher wird man sagen, diese Phase enthalte eine *Leerstelle* (ein Vakuum), ein dunkles Element (eine »black box«) oder auch, sie zeige ein *Blindfeld* an. In der kritischen Phase erscheint als vorrangiges Problem die *Natur*. Verbündete und Konkurrenten zugleich, verwüsten Industrialisierung und Verstädterung die Natur. Wasser, Erde, Luft, Licht, die »Elemente«, sind von der Vernichtung bedroht. Eines Tages wird der Preis zu zahlen sein. Um das Jahr 2000 herum werden – mit oder ohne Atomkrieg – Luft und Wasser derart verschmutzt sein, daß das Leben auf der Erde schwierig geworden sein wird. Schon jetzt zeichnet sich ein »Sozialismus« ab, der gänzlich anders sein wird als das, was man heute darunter versteht und was Marx definierte. Güter, die einst Mangelware waren, werden im Überfluß vorhanden sein: das Brot und ganz allgemein die Nahrung (noch immer auf einem Großteil unserer Erde, in den unterentwickelten Gebieten, knapp, aber in den entwickelten Gebieten im Überfluß vorhanden). Aber Güter, die einst reichlich vorhanden waren: Raum, Zeit, Begierden, werden rar sein. Das gilt auch für Wasser, Luft und Licht. Muß es nicht zwangsläufig eine Kollektivverwaltung dieser dann selten gewordenen Güter geben? Zumindest wird das für die Produktion oder Wiedererzeugung all dessen gelten, was einst »Natur« war... Darauf läuft ein Teil der Problematik hinaus, die mit der »Natur« zu tun hat. Theoretisch entfernt sich die Natur, aber die Symbole der Natur und des Natürlichen mehren sich, treten an die Stelle der wirklichen »Natur« und ersetzen sie. Diese Symbole werden massenhaft hergestellt und verkauft: ein Baum, eine Blume, ein Zweig, ein Parfum, ein Wort symbolisieren die verschwundene Natur: trügerisches und fiktives Vorhandensein. Gleichzeitig wird die ideologische Vernatürlichung zur Besessenheit werden. Jede Werbung, ob sie Nahrungsmittel, Textilien, Wohnungen oder Urlaube betrifft, bezieht sich unablässig auf die Natur. Alle »vagen Symbole« der Rhetorik bemühen sich um die Re-Präsentantin der Natur, um einen Inhalt und einen (illusorischen) Sinn zu haben. Was sinnlos geworden ist, sucht sich über den Fetisch »Natur« wieder einen Sinngehalt zu geben. Unauffindbar, flüchtig, verwüstet, ein Überbleibsel der Industrialisierung und der Verstädterung, findet sich die Natur nun in allem wieder: im Weiblichen sowohl wie im bedeutungslosesten Gegenstand. Und die »Grünflächen«, neuestes Schlagwort des guten Willens und der schlechten städteplanerischen Vorstellungen, was sind sie anderes als ein schwacher Abklatsch der Natur, ein klägliches Trugbild des freien Raumes, des Raumes der Begegnungen und des Spiels, der Parks, der Gärten, der Plätze? Das Symbol des solcherart in entwürdigender Demokratisierung neutralisierten Raumes ist der »square«. Passiv gehorcht der Städteplaner dem Druck von Zahl und Kostensenkung; die Funktionalität, die er zu konzipieren glaubt, sinkt mangels »echter« Funktionen zur rein bildlichen Funktion herab. Kritische Phase. Black box. Architekt und Städteplaner, je nachdem als vieldeutiges Duo, als Zwillingspaar, feindliche Brüder oder als entfernte und rivalisierende Verbündete angesehen, starren auf die *black box.* Auch sie kennen den Input, sind verblüfft über den Output und wissen nicht, was drinnen vorgeht. Unser Schema sagt darüber nichts aus. Es nimmt in erster Linie an, daß die Stadt (der Stadtstaat) die Stätte schöpferischer

Tätigkeit und nicht bloßes Ergebnis, die auf den Raum projizierte Wirkung einer Schöpfung ist, die ihre Heimat anderswo hat, im Geist nämlich, in der Vernunft. Es setzt voraus, daß die *Verstädterung* zum »Ziel« werden kann, also Schöpfung sind Schöpfer, Sinn und Zweck. Was zu beweisen ist.

Drei Schichten. Drei Epochen. Drei »Felder«, auf denen nicht nur »soziale Phänomene« sichtbar werden, sondern Empfindungen und Wahrnehmungen, Raum und Zeit, Bilder und Vorstellungen, Sprache sind Rationalität, soziale Theorien und soziale Praktiken:

     – das Ländliche (Bäuerliche)
     – das Industrielle
     – das Verstädterte

mit den entsprechenden neuen Erscheinungen, Überlagerungen, Abstufungen, mit Entwicklungen, die, je nachdem, ihrer Zeit voraus sind oder ihr nachhinken und alle möglichen Unausgeglichenheiten mit sich bringen. Und insbesondere schmerzhafte Übergänge, kritische Phasen. Das also geht aus der Markierung der Raum-Zeit-Achse, aus den theoretischen Hypothesen im Lauf der Untersuchung hervor. Was geht vor zwischen zwei Epochen, in diesem Dazwischen, dem Einschnitt oder der Falte (in unserer Zeit: zwischen dem Industriellen und dem Verstädterten)? Wortgewebe, »vage Zeichen«, aus dem Zusammenhang gerissen, die dem, was sie bezeichnen sollen (Industrie, Rationalität und Praxis) nicht mehr genügen und dennoch genügen müssen. Diese Wortgewebe, hinirrend über dem Grund, aus dem sie entstanden sind, können weder einem »philosophischen Subjekt« noch einem »privilegierten Objekt«, noch einer »ganzheitlichen Geschichtssicht« zugeordnet werden. Man mag sie betrachten, wie man vom Flugzeug aus Wolkenschichten betrachtet. Da schweben ganz oben, ganz leicht, die Zirrhuswolken der antiken Philosophie. Und die Nimbostrati des Rationalismus. Und die schweren Kumuli des Szientismus. Dialekte oder Metasprachen nur auf halbem Wege zwischen dem Wirklichen und dem Fiktiven, zwischen dem Erreichten und dem Möglichen. Sie treiben dahin und entziehen sich den Beschwörungen der Magierphilosophen.

Zwischen den Feldern – keineswegs friedlichen, sondern Kraft- und Konfliktfeldern – gibt es *Blindfelder*. Sie sind nicht nur dunkel, ungewiß, kaum erforscht, sondern blind, so wie es auf der Netzhaut einen blinden Fleck gibt, der Mittelpunkt und gleichzeitig Negation des Gesichtssinnes ist. Paradoxa. Das Auge sieht sich nicht, es bedarf des Spiegels. Der zentrale Fleck des Gesichtssinnes sieht sich nicht und weiß nicht, daß er blind ist. Gelten diese Paradoxa nicht auch für das Denken, das Gewissen, das Wissen? Ist da nicht – gestern zwischen dem Ländlich-Bäuerlichen und denn Industriellen, heute zwischen dem Industriellen und dem Verstädterten – ein *Feld*, das nicht sichtbar ist?

Die Blindheit, worin besteht sie? Sie besteht darin, aufmerksam das neue Feld, die Verstädterung, zu betrachten, es aber mit Augen zu sehen, Begriffe darauf anzuwenden, die von der Praxis und der Theorie der Industrialisierung geformt sind. Sie besteht in der Anwendung einer nur fragmentarischen, im Verlaufe dieser industriellen Epoche spezialisierten Analytik, die also die entstehende Wirklichkeit reduziert. Damit aber sieht man diese Wirklichkeit nicht mehr; man stellt sich gegen sie, gibt ihr eine andere Bedeutung, bekämpft sie; man hindert sie am Entstehen und an der Entwicklung. Die Verstädterung (der verstädterte Raum, die Stadtlandschaft) ist nicht sichtbar. *Wir* sehen sie noch nicht. Liegt das einfach daran, daß unser Auge von der vorherigen Landschaft geprägt (oder verbildet) ist und neuen Raum nicht zu erkennen vermag? Wurde der Blick vom dörflichen Raum, von der Fabrik, von den Monumenten vergangener Epochen geformt? Das mag sein, aber es gibt noch andere Gründe. Nicht nur fehlen Ausbildung und Erziehung, der Blick ist außerdem getrübt. Wie mancher fähig ist, »Aussichten« zu erkennen, Winkel und Umrisse, Volumina, gerade und gebogene Linien wahrzunehmen, ohne darum imstande zu sein, sich vielfältige Bahnen, komplexe Räume vorzustellen. Er kann sich nicht von einem *Alltag* losmachen, der unter dem Zwang von Industrieproduktion und Konsum geschaffen wurde, um den Sprung zur »Verstädterung« hin zum tun, der ihn aus diesen vorbestimmten Abhängigkeiten und Zwängen befreien würde. Er kann die Landschaft nicht schaffen, die eine spezifisch städtische Vorstellung von Häßlichkeit und Schönheit kombiniert anbietet. Bevor die Wirklichkeit der Verstädterung noch entstehen und sich behaupten kann, wird sie durch das *Ländlich-Bäuerliche* (die Villenvororte, die sogenannten Grünflächen) einerseits, und durch den von der Industrie geprägten *Alltag* (funktionelle Wohneinheiten, Nachbarschaften, Beziehungen, monotone und unausweichliche Zufahrtswege) andererseits reduziert; wobei es sich um einen Alltag handelt, der von den Anforderungen des Betriebes geformt und auf die Unternehmensrationalität hin abgestimmt ist. Es handelt sich somit um einen sowohl sozialen als auch geistigen Reduktionsprozeß, der einmal im Hinblick auf Banales und zum anderen auf Spezielles vorgenommen wird. Kurz, die Verstädterung wird auf die Industrialisierung reduziert. Blindheit, Nicht-Erblicken und Nicht-Wissen setzen eine Ideologie voraus. In der Re-Präsentation machen sich die Blindfelder breit. Zuvor werden Fakten und die sich aus ihnen zusammensetzenden Ganzheiten so *präsentiert*, daß sie wahrgenommen und zu Gruppen geordnet werden können. Dann werden sie *re-präsentiert*, werden als Fakten interpretiert. Während dieser Vorgänge sind in den Zeitabschnitten dazwischen treten Verkennungen, Mißverständnisse auf. Das blind Machende (zum Dogma erhobenes Wissen) sind das blind Gewordene (Verkannte) ergänzen sich gegenseitig in der Blindheit.

Die Blindfelder? Sie sind weder ein literarisches Bild noch auch eine Metapher, trotz der paradoxen Verbindung eines subjektiven Wortes – blind – mit einer objektiven Bezeichnung – Feld – (das man sich zudem immer nur aufgehellt vorstellt). Sie sind ein Begriff, den man auf mehreren Wegen findet oder wiederfindet, der sowohl in der Philosophie als auch in der Wissenschaft auftaucht, das heißt, bei der sogenannten philosophischen Analyse und im Bereich der Erkenntnis[*]. Es geht nicht mehr um die triviale Unterscheidung zwischen dem, was im Schatten, und dem, was im Licht steht, selbst wenn man hinzufügt, daß der »Ausleuchtung« durch den Intellekt Grenzen gesetzt sind, daß sie das eine ausschließt und das andere abtut, bis hierhin reicht, aber nicht bis dorthin hin, dieses in Klammern setzt und jenes hervorhebt. Es gibt mehr: das, was man nicht weiß, und das, was nicht aufgehellt werden kann.

Auf dem Blindfeld liegt das Unbedeutende, dessen Sinn die Forschung erst entdecken wird. War Sex vor Freud schon von Bedeutung? Ja. In der abendländischen (jüdisch-christlichen) Kultur zumindest als Sünde, als Schmach. Oder in der Dichtkunst, für gewisse Dichter, als ideale Systematisierung. Ihm einen Sinn zu geben war eine Tat. Vor Freud wurde der Sex abgeschoben, zerstückelt, eingeschränkt, abgelehnt (verdrängt). Er lag auf dem von Schatten und Gespenstern bevölkerten Blindfeld, war durch einen erbarmungslosen Druck, eine Wesensentfremdung aus dein Konkreten vertrieben. Kaum etwas wäre besser für ein »mystisches Hell-Dunkel« geeignet gewesen.

---

[*] Siehe insbesondere das Buch von J.T. Desanti über die *Idéalités mathématiques*, Paris 1968.

Wäre also das *Unbewußte* Substanz oder Essenz der Blindfelder? Aber diese Felder, sie sind Felder: sie bieten sich der Erforschung an. Sie warten, sind Virtualität für die Erkenntnis und Möglichkeit für die Tat. Warum und wieso bleiben sie blind? Böswilligkeit, Mißverständnis, *Verkennen* (unrichtiges Wissen, vielleicht auch unrichtiges Bewußtsein) spielen eine Rolle. Somit wäre es richtiger, wenn man von *Verkanntem* spräche anstatt von Unbewußtem. Doch solche Termini sind unbefriedigend. Warum weigere »ich« mich (weigern »wir« uns, weigert »man« sich), dies oder jenes zu sehen, wahrzunehmen, sich vorzustellen? Warum tut man so, als sähe man es nicht? Wie gelingt einem das? Es gibt im Körper selber »brachliegende« Zonen (nicht angeeignete), der Sex gehört dazu. Aber die Blindfelder lügen und haben doch soziale Bedeutung. Um ihre Existenz begreifen zu können, muß man die Macht der Ideologien bedenken (die andere Felder erhellen oder fiktive Felder entstehen lassen) – und auch die Macht der Sprache. Entsteht das »Blindfeld« nicht entweder bei Versagen der Sprache oder bei Fülle und Redundanz der Metasprache (Reden über Reden, vage Symbolzeichen, die weit von dem entfernt sind, was sie symbolisieren sollen)?

Wir kommen zurück zum Gegensatz zwischen dem, was blind macht (blendet) und dem, was blind (geblendet) ist. Das Blendende ist die Lichtquelle (Wissen und/oder Ideologie), die das Lichtbündel aussendet, die *andernorts* erhellt. Das Geblendete ist das geblendete Auge; es ist ebenfalls die Zone, die im Dunkel bleibt. Auf der einen Seite tut sich der Forschung ein Weg auf; auf der anderen Seite muß eine Mauer durchbrochen werden, gegen ein Geheiligtes muß verstoßen werden.

Drei Felder oder, sagen wir, Bereiche. Man könnte auch sagen: drei *Kontinente* – der landwirtschaftliche, der industrielle, der verstädterte – seien entdeckt worden, seien aufgetaucht, hätten sich begründet oder seien historisch geschaffen worden. Analog zur Entdeckung der Mathematik, dann der Physik, dann der Geschichte und der Gesellschaft – die sich im Prozeß des Wissenserwerbs befindet –, eine Reihenfolge, die von der Epistemologie akzeptiert wird. Jedoch kann es sich nicht um Zäsuren im Sinne der heutigen Epistemologie handeln. Denn die Entwicklungen auf den einzelnen Sektoren gehen zuweilen gleichzeitig vor sich, sie wirken auf einander ein, Ungleichmäßigkeiten der Entwicklung sind vorhanden und die »Momente« (»Kontinente«) bestehen nebeneinander; auch würde der Begriff der »Zäsur« die Produktionsverhältnisse und die Beziehungen der Klassen untereinander in die Blindheit zurückwerfen. Zudem läßt sich sagen, daß es heute ganz allgemein typisch für die sogenannten unterentwickelten Länder ist, daß sie zur gleichen Zeit eine landwirtschaftliche, eine industrielle und eine Ära der Verstädterung durchlaufen. Die Probleme häufen sich, ohne das gleichzeitig Reichtümer angehäuft würden. Ebenfalls läßt sich sagen, diese Momente entsprächen jener Dreiheit, die sich mit jeweils anderen Akzenten in jedem sozialen Geschehen feststellen läßt: Bedarf – Arbeit – Genuß. Dem *Bedarf* würde hier die landwirtschaftliche Periode entsprechen, die Zeit der begrenzten Produktion – der »Natur« unterworfen und unterbrochen von Katastrophen und Hungersnöten; Knappheit regiert. Der *Arbeit* entspräche die Periode der Industrialisierung, einer Periode so produktiv, daß die Produktivität zum Fetisch erhoben wird, die Natur, auch die im »menschlichen Wesen« lebende oder überlebende, verwüstend. Die verstädterte Gesellschaft entspräche also dem *Genuß*? Die Behauptung allein genügt nicht, sie muß bewiesen werden. Drei Felder. Es handelt sich nicht um eine geschichtliche, wirtschaftliche oder soziologische Betrachtungsweise, sondern um eine globale Konzeption, und zwar in zwiefacher Weise: im Hinblick auf die Aufeinanderfolge der Perioden, im Hinblick auf jede einzelne von ihnen. Unter »Feld« sind nicht nur die aufeinanderfolgenden oder einander überlagernden Schichten aus Fakten und Erscheinungen zu verstehen, sondern Denk-, Handlungs- und Lebensweisen.

Das »bäuerlich-ländliche« Feld beinhaltet eine Re-Präsentation des Raums, oder, wenn man so will: ein Gitter im Raum, das Orientierung voraussetzt, Markierung, die Fähigkeit, Orte zu begreifen und zu benennen (Flurnamen, Landmarken innerhalb bestimmter Räume, die auf den Eigentümlichkeiten der »Natur« basieren) Voraussetzung ist eine Spontaneität, die in starker Abhängigkeit von der Tätigkeit einer Gemeinschaft steht. So etwas ist nicht möglich ohne geistige und soziale Besonderheiten, ohne durch den Ursprung der Gruppe bedingte Originalität (Stamm, Klima, geographischer Rahmen, »natürliche«, durch den Ackerbau verbesserte Produktion usw.). Die Eigenarten solcher Gruppen kommen bevorzugt in Form einer Mischung aus zwei an sich sehr unterschiedlichen und in ihrer Tendenz sogar gegenläufigen Tätigkeiten zum Ausdruck: Magie und Religion. Dazu sind Priester und Zauberer erforderlich. Aufgrund des Wirkens beider werden einfache Rhythmen und Zyklen (Tage, Jahreszeiten, Jahre) zum Bestandteil kosmischer Zyklen. Ein momentaner Gedanke, zugleich Gedanke des Moments (dessen, was hier und jetzt geschieht, dessen, was heute und morgen getan werden muß), wird Teil eines größeren und weiteren Denkens, das den gesamten Lebensablauf und seine Ereignisse – Geburt, Ehe, Tod und Bestattung – ebenso wie das Aufeinanderfolgen der Generationen in sich einbegreift. Das Momentane gehört den Zauberern – der Priester befaßt sich mit dem All. Müssen wir daran erinnern, daß das »Bäuerlich-Ländliche« zwar zuerst da war und lange die beherrschende Rolle spielte, ohne Zweifel aber erst unter dem Einfluß der Eroberer, der Verwalter der politischen Stadt Gestalt angenommnen hat? Eine solche

Stadt existiert nur als politisches Gebilde, sich über die Wogen des Ländlichen erhebend, sie umspielend, sie ernährend und zuweilen überflutend. Die politische Stadt ist noch nicht »verstädtert«. Kaum die Vorahnung der Verstädterung. Obwohl aber die politische Stadt so stark verwurzelt ist wie die bäuerliche Gemeinschaft, obwohl sie durch ihre (ländliche) Umgebung weitgehend geprägt ist, hat die (grundsätzliche) Arbeitsteilung unter den beiden Teilen der Gesellschaft bereits Gestalt angenommen. Gegensätze, zur Entwicklung bestimmt, folgen auf die Trennung zwischen Stadt und Land: materielle und geistige Arbeit, Produktion und Handel, Landwirtschaft und Industrie. Gegensätze, die, obwohl in sich widersprüchlich, sich anfänglich ergänzen, um später in Konflikt miteinander zu geraten. Dem Land entsprechen Formen des Grundbesitzes (Liegenschaften), deren Eigentümer der Stamm oder der Lehensherr ist. Der Stadt entsprechen andere Formen des Eigentums: bewegliches (anfänglich kaum vom unbeweglichen unterschieden), korporatives, später dann kapitalistisches. Im Verlauf dieser Vorgeschichte sammeln sich die Elemente und Formen an, die, sich trennend und einander bekämpfend, Geschichte schaffen.

Durch eine methodisch oder systematisch erzwungene Einheitlichkeit tritt das industrielle Feld an die Stelle natürlicher, oder als natürlich angesehener, Besonderheiten. In wessen Namen? Im Namen der Vernunft, des Gesetzes, der Autorität, der Technik, der Staates, im Namen der die Hegemonie innehabenden Klassen. Nichts ist so schlecht, als daß es nicht zur Legitimation, zur Inthronisation einer allgemeinen Ordnung dienen könnte, einer Ordnung, die der Logik der Ware entspricht, ihrer »Welt«, so wie sie auf Weltebene vom Kapitalismus und der Bourgeoisie geschaffen wurde. Man fragt sich gelegentlich, ob der Sozialismus imstande sein wird, sich dieser Herrschaft der politischen Ökonomie zu entziehen? Das Projekt eines verallgemeinerten Rationalismus schafft buchstäblich ein Vakuum. Es verwüstet durch den Gedanken, noch bevor es durch Leistungsfähigkeit verwüstet. Worin besteht nun das *Projekt* einer universellen Rationalität? Darin, daß eine Erfahrung: – die der für die Herstellung einer Ware erforderlichen Arbeitsteilung – auf alles sind jedes angewandt wird. Im Betrieb wurden die Arbeitsgänge so zerschnitten und organisiert, daß sie sich ergänzen, ohne daß Produkt oder Arbeitsgang über den Markt laufen müssen. Der große Plan der industriellen Ära besteht nun darin, die soziale Arbeitsteilung so leistungsfähig zu machen, wie es die Arbeitsteilung bei der Produktion ist. Es ist dies ein Projekt, das immer neu angegangen, aber niemals vollendet wurde. Die soziale Arbeitsteilung prägt sich immer schärfer aus (ohne deswegen rational organisiert zu sein); schließlich umgreift jede Beschäftigung nur mehr staubkorngroße Bereiche, sowohl auf materiellem Gebiet als auch bei unproduktiven, aber sozial notwendigen Tätigkeiten (geistigen, wissenschaftlichen). Die analytische Zerlegung wird so weit getrieben, daß die angeblich durch Religion, Philosophie, den Staat oder die eine oder andere in den obersten Rang erhobene Wissenschaft bewirkte Einheit (Synthesis) den Staub der »Disziplinen«, der Gesetze und der Fakten künstlich überlagert. Die allgemeine Organisation, d.h. die Raum-Zeit-Organisation der sozialen Praxis, erweckt den Anschein absoluter Rationalität, weil sie aus Ordnung und Zwang besteht. Das homogene Gebilde aus Zeit und Raum, das zu realisieren oder zu umschließen die Praxis sich bemüht, füllt sich mit staubkornartigen Objekten, auf winzige Teilgebiete beschränkten Tätigkeiten, Situationen und in einer Situation befindlichen Menschen; es bevölkert sich also mit Objekten, deren Zusammenhang nur ein scheinbarer ist, auch wenn dieser Schein durch zwingende Systematisierungen gestützt wird. Wir haben gezeigt, wie fragwürdig das Wesen der »Industriestadt« ist. Exi-

51

stiert sie? In diesem Sinne ja. Nicht aber in einem anderen Sinn. Sie ist eine Gespensterstadt, der Schatten einer städtischen Wirklichkeit, eine Spektralanalyse von verstreuten, äußerlichen Bestandteilen, die durch Zwang zusammengebracht wurden. Mehrere Logiken stehen sich gegenüber und prallen gelegentlich aufeinander: die Logik der Ware (die so weit getrieben wird, daß man versucht, die Produktion im Hinblick auf den Konsum zu organisieren), die von Staat und Gesetz, die der Organisation des Raumes (Gebietsreform und Urbanismus), die des Objektes, die des Alltagslebens, die angeblich der Sprache innewohnende Logik, die der Information, der Kommunikation usw. Jede Logik ist in sich restriktiv und vollständig zugleich, schaltet aus, was ihr nicht paßt, behauptet, sie solle und müsse den Rest der Welt leiten, wandelt sich zur leeren Tautologie. So gibt die Kommunikation nur weiter, was weitergegeben werden kann usw. Aber alle Logiken und alle Tautologien treffen sich. Einerseits haben sie etwas gemeinsam: die Logik des Mehrwertes. Besser denn je dient die Stadt – was von ihr übrig ist, was sie sein wird – der Kapitalbildung, das heißt also der Bildung, Realisierung und Verteilung des Mehrwertes. Andererseits vermeinen diese Logiken sind Tautologien die Natur. Eine Negation, die nichts Abstraktes, keinerlei spekulativen Charakter hat. Die industrielle Rationalität lehnt Eigenarten ab und verwüstet damit schlicht und einfach die Natur und jede Art von »Natürlichkeit«. Was zu einer Besessenheit führt, zu einer zweiten Art von Bewußtsein, Denken und Sprache.

Das analytische Denken, das sich in seiner Gesamtheit für rational hält und rational sein will (integrierend und integriert), kann nur über ein Medium wirksam werden. Die Herrschaft der rationalen Finalität wird also insofern verändert, als Medien aller Art an Bedeutung gewinnen. Es ist dies ein Rationalismus, der sich aus der mißbräuchlichen Ausweitung von Organisationsprozessen und Abläufen ergibt, wie sie im Betrieb üblich sind. Teilbereiche werden dabei sozialen Hilfskräften übergeben, die dann nach Autonomie streben: Bürokraten, Kaufleuten, Journalisten sind Werbefachleuten. Generelle Entwurzelung und Trennung werden zur Regel, das allgemeine Unbehagen wird stärker als die aus der Ideologie, dem Konsum, der Vorherrschaft des Rationalen rührende Befriedigung. Alles kann berechnet, vorausgesagt, quantifiziert und zugeordnet werden. Alles muß Teil einer durch Zwang abgestützten (fiktiven und scheinbaren) Ordnung sein. Alles, mit Ausnahme eines Restes von Unordnung und Freiheit, der zuweilen geduldet, zuweilen mit entsetzlicher Hartnäckigkeit unterdrückt wird. Das ist dann die Epoche, wo die »Geschichte« sich überschlägt, wo sie jegliche Eigenart, alles, was privilegiert oder hervorragend war, Menschen und Werke, nivelliert und zerstört. Es ist eine Zeit der Kriege und der Revolutionen, die mißlingen, sobald sie in den Staatskult einmünden, in einen Produktionsfetischismus, der die Fortführung des Geld- und Warenfetischismus ist.

Schließlich beginnt die Ära der Verstädterung. Wir begnügen uns hier damit, in groben Zügen aufzuzeigen, daß es sich dabei um ein neues, noch unbekanntes und verkanntes Feld handelt. Mit der neuen Epoche relativiert sich, was einst für absolut galt: Vernunft, Geschichte, Staat, Mensch. Diese Einheiten und Fetische, so heißt es nun, stürben. Daran ist etwas Wahres, aber die Fetische sterben nicht alle denselben Tod. Der Tod des »Menschen« berührt nur die Philosophen. Das Ende des Staates muß zur Tragödie werden. Dasselbe gilt für die Moral, die Familie. Der überlegende Geist wird sich zumeist von derlei Dramen faszinieren lassen: sein Blick wendet sich ab von dem neuen Feld, das also blind bleibt. Wenn es erforscht, gesehen werden soll, ist eine Umkehr notwendig, eine Abkehr von einstigen Blickwinkeln und Perspektiven. In der neuen Epoche sind die *Unterschiede* bekannt und erkannt, übernommen, konzipiert und bezeichnet. Diese geistigen und sozialen, räumlichen und zeitlichen Unterschiede, die von der Natur losgelöst sind, finden sich auf höherer Ebene wieder, auf einer geistigen Ebene, die all diese *Elemente* berücksichtigt. Der urbanistische Gedanke (wir sagen nicht: der Urbanismus), also die Reflexion über die Stadtgesellschaft, bringt Fakten wieder zusammen, die von der Geschichte geschaffen und getrennt wurden. Quelle, Ursprung, Schwerpunkt dieses Gedankens ist nicht mehr das Unternehmen. Er kann von keinem anderen Standpunkt als dem der Begegnung, der Gleichzeitigkeit, des Zusammenkommens ausgehen – das heißt von den spezifischen Merkmalen der verstädterten Form. Nach der Explosion (der Negation) findet er auf höherer Ebene und in anderem Maßstab die Gemeinschaft, den Stadtstaat wieder. Dieser macht sich die Schlüsselbegriffe der früheren Wirklichkeit erneut zu eigen und gibt ihnen in erweitertem Rahmen ihre Bedeutung zurück: Formen, Funktionen, städtische Strukturen. Ein erneuertes Raum-Zeit-Gebilde entsteht, eine Topologie, ganz anders als das Raum-Zeit-Gebilde aus der Zeit der Landwirtschaft (das zyklisch gewesen war und lokale Eigenheiten Seite an Seite nebeneinandergestellt hatte), anders auch als das Raum-Zeit-Gebilde der industriellen Epoche (das nach Homogenität strebte, nach einer rationalen und durch Zwangsplanung bewirkten Einheit). Sobald das verstädterte Raum-Zeit-Gebilde nicht mehr durch die industrielle Rationalität definiert wird – durch deren Streben nach Homogenität –, erscheint es differentiell, jeder Ort und jeder Augenblick existieren nur als Teil eines Ganzen, durch Kontraste und Gegensätze, die den Ort mit anderen Orten, den Augenblick mit anderen Augenblicken verbinden und somit herausheben. Dieses Raum-Zeit-Gebilde ist durch Eigenschaften definiert, wie eine *Einheit* sie besitzt (globale Eigenschaften: schaffen Ganzheiten, Gruppen um einen *Mittelpunkt*, verschiedenartige und spezifische Zentralitäten) und auch durch Dualeigenschaften. So ist die Straße eine *Schnitt-Naht*. Und es ist auch ein Unterschied – keine Trennung – zu machen zwischen Örtlichkeit und Austausch, Informationsweitergabe und dem Transport materieller Güter. Um die Eigenschaften dieses differentiellen, urbanen Raumes (des Raum-Zeit-Gebildes) zu definieren, werden neue Konzepte wie Iso-Topie und Hetero-Topie eingeführt und zusätzlich der Begriff der U-Topie. Iso-Topie wollen wir einen Ort (Topos) und das, was ihn umgibt, nennen (Nachbarschaft, unmittelbare Umgebung)*, also das, was den Ort an sich ausmacht.

---

* Die Isotopie ist definiert als »redundante Gesamtheit semantischer Gruppen, die die einheitliche Lektüre einer Erzählung ermöglichen, so wie diese sich aus der Lektüre einzelner Aussagen ergibt, sobald über die Ambiguitäten entschieden wurde; diese Entscheidung richtet sich ihrerseits nach den Erfordernissen einer einheitlichen Lektüre« (Greimas »Élements pour une théorie de l'interpretation du récit, in *Communication* Nr. 8, S. 30; vgl. auch *Sémantique structurale* S. 96). Der Begriff ist somit an die Entzifferung des urbanen Raumes (und der in den Raum geschriebenen Zeit) gebunden. Dieser Raum, der an Hand von Bildern und Stadtplänen mehr oder weniger gut lesbar wird, kann auf mehrerlei Weise entziffert werden. Er bringt mehrere Lesarten hervor, mehrere Typen von Logik, ebenso wie er dazu anregt, mehrere Wege einzuschlagen. Der Ausdruck »Isotopie« und sein Korrelat »Heterotopie« gibt an, daß Logiken und Lesarten zusammengebracht und an einen Ort gestellt werden müssen. Zu den Logiken, die neue Wege auftun können, gehören urbane Formen, Funktionen, Strukturen. Wer redet, wer handelt, wer bewegt sich im Raum? Ein Subjekt (Individuum oder Kollektiv), das soziale Beziehungen aufnimmt (zu Eigentum, Produktion, Konsum). Die Beschreibung von Isotopien und Heterotopien wird somit mit der Analyse der Handlungen und Situationen dieser Subjekte und ihrer Beziehung zu den Objekten, die den urbanen Raum bevölkern, gekoppelt sein. Was zu einer Entdeckung, oder vielmehr zu einem Wieder-Erkennen führt. Dem der Anwesenheit-Abwesenheit, die den urbanen Raum mitbevölkert, dem des *Anderswo* der U-Topie (was keine Statt hat, findet nicht statt).

Gibt es aber andererseits einen heterologen oder analogen Ort, dann fällt er in den Bereich der Isotopie. Es gibt aber neben »dem Ort an sich« noch einen weiteren, den anderen Ort. Was macht ihn zum anderen Ort? Ein Unterschied, der ihn bezeichnet, indem er ihm (sich) in bezug auf den ursprünglich untersuchten Ort einen Platz anweist. Das ist die Hetero-Topie. Der Unterschied kann zum deutlichen Gegensatz werden, ja zum Konflikt, sofern man sich auf die Menschen bezieht, die den Ort besetzt haben. In der Ganzheit der Stadt stehen sich diese Orte relativ gegenüber, was die Existenz eines neutralen hier oder dort definierten Elements voraussetzt; dieses kann Schnitt – Naht nebeneinanderliegender Orte sein, Straße, Platz, Kreuzung (Schnittpunkt von Straßen und Wegen), oder auch Garten, Park: Und jetzt ist da noch das Anderswo, der Nicht-Ort, der keinen Ort hat sind doch seinen Ort sucht. Die Vertikale, die Höhe also, die an irgend einem Punkt auf die horizontale Ebene aufgetragen wird, kann zur Dimension des Anderswo werden, zum Ort der Abwesenheit-Anwesenheit: des Göttlichen, der Macht, des halb Fiktiven, halb Wirklichen, des erhabenen Gedankens. Ebenso die unterirdische Tiefe, die Vertikale in der anderen Richtung. Es leuchtet ein, daß das U-Topische in diesem Sinn nichts mit dem imaginären Abstrakten gemein hat. Es ist wirklich. Es ist im Herzen dieses Wirklichen, es ist die urbane Wirklichkeit, die selber nicht ohne dieses Ferment besteht. Im städtischen Raum ist das Anderswo überall und nirgends. So war es, seit es Städte gibt, seit neben den Objekten und den Handlungen Situationen entstanden, Situationen der Menschen (Individuen und Gruppen), die sich dem Göttlichen, der Macht, dem Imaginären ergaben. Paradoxer Raum, wo das Paradoxe zur Kehrseite des Alltäglichen wird. Überall hin dringt das *Monumentale*, strahlt, kondensiert sich, konzentriert sich: Ein Monument reicht über sich, über seine Fassade, sofern diese vorhanden ist, über seinen inneren Raum hinaus. Zum Monumentalen gehören im allgemeinen Höhe und Tiefe, Umfang eines seine materiellen Grenzen sprengenden Raums. In den alten Städten gab es nichts, das sich dem Monumentalen hätte entziehen können, das sich immer in großer Zahl vorfand (Sakralbauten, politische Gebäude, Paläste, theaterähnliche Begegnungsorte, Stadien usw.). Was also keinen Ort hat – das Göttliche, die Majestät, das Königtum, die Gerechtigkeit, die Freiheit, der Gedanke –, ist überall zu Hause. Nicht ohne Widersprüche.

Der städtische Raum *ist* konkreter Widerspruch. Die Untersuchung seiner Logik und seiner formalen Eigenschaften führt zur dialektischen Analyse seiner Widersprüche. Der Stadtmittelpunkt füllt sich bis zum Sättigungspunkt. an; er fault, er explodiert. Manchmal kehrt er seinen Sinngehalt ins Gegenteil um, organisiert um sich herum ein Vakuum – die Seltenheit. Zumeist aber ist er Voraussetzung und Anlaß für eine Konzentration von *allem*, was es auf der Welt, in der Natur, im Kosmos gibt: Früchte des Feldes, Erzeugnisse der Industrie, Werke des Menschen, Objekte und Instrumente, Handlungen und Situationen, Zeichen sind Symbole. An welchem Punkt? Jeder Punkt kann zum Brennpunkt werden, zum privilegierten Ort, an dem alles konvergiert. So daß jeder städtische Raum in sich dieses Möglich-Unmögliche trägt, seine eigene Negation. Jeder städtische Raum war somit, ist und wird konzentrisch und *poly-(multi-)zentrisch* sein. Die Form des städtischen Raumes fordert diese Konzentration und diese Streuung heraus und provoziert sie: Menschenmengen, Anhäufung von Kolossalem, Evakuierung, abrupte Vertreibung. Das Städtische definiert sich als der Ort, wo die Menschen sich gegenseitig auf die Füße treten, sich vor und inmitten einer Anhäufung von Objekten befinden, wo sie sich kreuzen und wieder kreuzen, bis sie den Faden der eignen Tätigkeit verloren haben, Situationen derart miteinander verwirren, daß unvorhergesehene Situationen entstehen. In der Definition dieses Raumes ist (virtuell) ein Vektor Null enthalten: die Bewohner des städtischen Raumes sind besessen davon, die Entfernung zu annullieren. Das ist ihr Traum, ihr Symbol des Imaginären, das auf vielerlei Weise Gestalt annimmt: auf den Plänen, in der Hast der Begegnungen und Annäherungen, in der Lust an der Geschwindigkeit »auch innerhalb der Stadt«. Das ist die (wirkliche, konkrete) U-Topie. So vollzieht sich in einer *differentiellen Realität*, in der die Worte sich nicht mehr trennen, sondern sich zu immanenten Unterschieden wandeln, die Überwindung des Geschlossenen und des Offenen, des Unmittelbaren und des Mittelbaren, der nahen Ordnung und der fernen Ordnung. Ein Denkprozeß, der sich zur konkreten Einheit hin bewegt, nimmt (selektiv) Eigenarten wieder auf, die in den Rang von Unterschieden erhoben wurden: Unterschiede lokaler, regionaler, nationaler – ethnischer, sprachlicher – ethischer, ästhetischer Art usw. Obwohl die Technik bemüht ist, alles zu homogenisieren, obwohl willkürliche Isotopien geschaffen wurden – Trennungen und Abspaltungen also –, ist nicht ein städtischer Ort identisch mit dem anderen. Diese Analyse mag formal erscheinen. De facto gilt sie für New York, Tokio ebenso wie für Paris. Ihr Zweck ist es, die verstädterte Gesellschaft mit der ihr immanenten Dialektik zu verdeutlichen, die Vergangenheit und Zukunft auf eine neue Ebene hebt. Vielleicht treten wir mit diesem einheitlichen und differentiellen Denken in eine Epoche ein, die nicht mehr geschichtlich ist, in der sich Eigenheit nicht mehr gegen Eigenheit stellt, wo das Homogene das Heterogene nicht mehr bekämpft. Vielleicht treten Versammlung, Begegnung, Vereinigung (nicht ohne spezifische Konflikte) an die Stelle des Kampfes der durch die Trennung zu Antinomien gewordenen Elemente. Das wäre dann, in diesem Sinne, eine *Nach-Geschichte*.

Somit wird die Verstädterung als »Feld« nicht bloß zum leeren, mit Objekten angefüllten Raum. Wenn es die Blindheit gibt, dann nicht nur, weil man diese Objekte nicht sieht und weil der Raum leer erscheint. Das Städtische? Es ist ein höchst komplexes Spannungsfeld, eine Virtualität, ein Möglich-Unmögliches, das das Vollbrachte herbeiruft, eine stets erneuerte, stets fordernde Anwesenheit-Abwesenheit. Das Blindsein besteht in der Unfähigkeit, die Form des Städtischen, die dem Feld inhärenten Vektoren und Spannungen, seine Logik und seine dialektische Bewegung, seine immanente Forderung zu sehen; man sieht nur Dinge, Operationen (funktionelle und/oder symbolische), Objekte. Im Hinblick auf die Verstädterung ist die Blendung zwiefacher Art. Ihre Leere und ihre Virtualität sind durch Füllwerk verborgen. Daß dieses Füllwerk den Namen *Urbanismus* trägt, zeigt das Blinde in nur noch härterem Licht. Zudem gehört das Füllwerk einer Endperiode der Industrialisierung, der Objekte und Erzeugnisse, der Verfahren und Techniken der Industrie an. Das Städtische ist verschleiert, entzieht sich dem Gedanken, der, mit Blindheit geschlagen, sich nur auf Helligkeiten richtet, die in bezug auf das Gegenwärtige schon im Verblassen sind.

Die (relativen) Diskontinuitäten sind somit verschleiert, zwischen dem Industriellen und dem Städtischen ist die Illusion eines Zusammenhangs geschaffen (wie das auch im Fall des Landwirtschaftlichen und des Industriellen geschah und noch geschieht). Wäre man nicht im Hinblick auf die Industrie, ihre Möglichkeit und ihre Forderungen mit Blindheit geschlagen gewesen, hätte man sie kaum die Welt überfluten, die Natur verwüsten und die Erde im Verlauf einer blutigen Geschichte mit Entsetzen erfüllen lassen. Hätte man dann wohl ein so unbegrenztes Vertrauen in ihre Rationalität gehabt? Mögen derlei Erwägungen utopisch scheinen. Sie sind es! Und dennoch, Saint-Simon und dann Marx, was hatten sie im Sinn, wenn nicht die *Beherrschung* und *Orientierung* des Industrialisierungsprozesses? Für sie ging es nicht darum, einen blinden Prozeß zu verstehen, um ihn in Blindheit zu belassen; sie beschränkten sich auch nicht einfach darauf, ihn aufzuhellen. Heute wird die städtische Wirklichkeit selber mit ihrer Problematik und ihrer Praxis ins Okkulte verlegt, durch Darstellungen (in Form von Ideologien und Institutionen) ersetzt, die den Namen *Urbanismus* tragen. Der stopft das Loch zu, füllt das Dazwischen auf.*

Die Verwirrung zwischen Industriellem (Praxis sind Theorie, kapitalistisch oder sozialistisch) und dem Städtischen führt dazu, daß das eine dem anderen untergeordnet und als Wirkung, als Ergebnis oder als Mittel angesehen wird; diese Verwirrung führt zu schwerwiegenden Resultaten. Es entsteht daraus ein Pseudokonzept des Städtischen; der *Urbanismus* nämlich die Anwendung der Industrierationalität, die Ausschaltung der städtischen Rationalität.

Der – schwierige – Übergang ist somit sehr viel mehr methodologischer und theoretischer als empirischer Art.

---

* Wenn wir uns hier Konzepte und eine Terminologie ausleihen dürfen, so wäre zu sagen, daß das *Städtische* (im Gegensatz zum Urbanismus, dessen Zweideutigkeit deutlich wird) am Horizont emporsteigt, langsam auf epistemologisches Gebiet übergreift, zur Episteme der Zeit wird. Geschichte und Geschichtliches entfernen sich. Psychoanalyse, Linguistik haben, wie die politische Ökonomie, ihren Höhepunkt überschritten und beginnen zu verfallen. Das Städtische ist im Kommen. Hier ist aber nicht die Klassifizierung der Felder, der Bereiche, der »Topoi« des Wissens von Bedeutung; es ist vielmehr wichtig, Einfluß auf die Bewegung zum nehmen. Mag man diese Aktion »theoretische Praxis« nennen; das besagt nicht, daß sie irgend etwas mit einer Wissenschaftlichkeit gemein hätte, die sich zum Kriterium aufwirft und das »Erlebte« und die *Praxis* beiseite schiebt.

Jede Zeit hat ihre spezifischen Formen des Autoritarismus, des Reformismus, der Revolution. Man könnte gleichsam sagen, jede Epoche, jede Zeit oder »Sphäre« zeige typische Formen der Entfremdung und der Aufhebung der Entfremdung, die sich jeweils im Rahmen eines eigenen Prozesses bekämpfen. Auf dem ersten Feld, im Bereich der Landwirtschaft, erleben wir im Verlauf der Geschichte erst Wachstum und Blüte von Familie und Patriarchalgesellschaft (die Sklaverei kann dabei als Weiterentwicklung angesehen werden), dann von Familie und gesellschaftlichem Beziehungsgefüge im Lehenswesen (zumindest in Europa, wo das Feudalwesen auf territorialer Basis aufbaut und der Grundherr der Oberherr eines Lehens, eines oder mehrerer Dörfer ist). Soweit der Wandel der Agrarstruktur auf eine Eigentumskonzentration hinausläuft, berichtet die Geschichte von unzähligen Revolutionsbewegungen; örtliche oder allgemeine Erhebungen, Bauernaufstände, Bildung von Räuberbanden oder Zusammenschluß von Leuten, die sich der »Gerechtigkeit« verschrieben hatten und den unterschiedlichsten, häufig mystischen Ideologien anhingen. Schließlich hat die Ballung von Eigentum in der Hand verbündeter oder rivalisierender Feudalherren und in der Folge in der Hand einer mit den Feudalherren verbündeten oder mit diesen rivalisierenden Bourgeoisie zu Plänen einer *Bodenreform* geführt. Der »Landhunger« und das Programm zur umfassenden Neuverteilung des Eigentums riefen Revolutionsbewegungen hervor, die das gesamte Gesellschaftsgefüge veränderten: die Französische Revolution des Jahres 1789, die Russische Revolution 1917, die Chinesische und die Kubanische Revolution.

In der Zeit der Industrialisierung wurde der Betriebsleiter zur Vaterfigur; es ist dies ein so wohlbekanntes Phänomen, daß wir hier nicht weiter darauf eingehen wollen. (Ländliches) Patriarchat und (industrielle) Vaterherrschaft überlagerten (überlagern)

und verstärkten (verstärken) sich, um das Bild des vollkomme-
nen Staatsoberhauptes zu schaffen. Da die Forderungen der Industrialisierung sehr weit gingen (Kapitalanhäufung, Einsatz
der Mittel des gesamten Landes – geplante Organisation, die
die Unternehmensrationalität auf das gesamte Land ausdehnte),
ergaben sich widersprüchliche politische Konsequenzen: Revolution und Autoritarismus wurden in den sogenannten sozialistischen Ländern ineinander verflochten. Reformen und Revolutionen, die aus dem Industrialisierungsprozeß heraus entstanden
waren, vermischten sich und schufen das Bild einer Zeit, die
sich ihrem Ende zuneigt.
Heute brechen mit Macht Symptome hervor, die den Übergang
in die urbane Epoche anzeigen. Eine *urbane* Vaterherrschaft hat
um sich gegriffen, die sich noch unter der Maske vergangener
Epochen verbirgt; die städtischen »Honoratioren«, die die
Macht ausüben, schmücken sich mit dem Prestige des Vaters
und dem des Industriekapitäns zugleich. Die urbane Reform,
die den Boden von der Knechtung durch das Privateigentum
(und damit der Spekulation) befreien würde, ist gleichbedeutend mit einer Revolution. Ganze Kontinente gehen von der
einstigen Form der revolutionären Aktion zum Stadtguerillakrieg über, stecken sich Ziele über Lehen und Organisation
eines städtischen Daseins (ohne darum die sich überlagernden
organisatorischen Probleme auf dem Gebiet von Industrie und
Landwirtschaft beiseite lassen oder lösen zu können). Die Zeit
der Revolution der Städte hebt an. Somit bestätigt sich das
Konzept dreier in geschichtlicher Zeit aufeinanderfolgender
Felder. Man kann hinzufügen, daß das jüngste, das sich eben ab-
zeichnet, zugleich als *Katalysator* und als *Analysator* seiner oder
eher *der* zuvor bestehenden Felder (bäuerlich-ländliches, indu-
strielles Feld) wirkt. Es läßt diffuse und konfuse Züge deutlicher und schärfer hervortreten. Durch eine erstaunliche *Reakti-*

vierung erhellt es ungelöste Konflikte, Widersprüche (so in den lateinamerikanischen Ländern). Ebenso deckte die Industrialisierung mit ihren neuen (kapitalistischen) Produktionsverhältnissen das Wesen der bäuerlichen (und feudalherrschaftlichen) Gesellschaft auf, das für die, die in ihr lebten, trüb und undurchschaubar war.

Die Hierarchie dieser Gesellschaft (als verwandtschaftliche oder nachbarliche Bindung erlebt), die Ausbeutung (als Schutzbindung, als Unterwerfung der Gemeinschaft unter den die Gerichtsbarkeit ausübenden Oberherrn empfunden) zeigten sich in ihrer wahren Gestalt. So *demaskiert die Verstädterung heute die Industrialisierung* und weist diese als eine mit einem hochentwickelten Ausbeutungssystem gekoppelte Hierarchie aus. Die *(urbanen) Zentren, wo die Entscheidungen getroffen* werden, lassen dieses komplexe Beziehungsgefüge heraustreten, es lesbar werden. Sie projizieren es auf den Boden, indem sie den Gegensatz sichtbar machen, der zwischen der organisatorischen Tätigkeit der »Bestimmenden« (die von den Eigentümern und Leitern der Produktionsmittel unterstützt werden) und der Passivität der »Untergebenen« besteht, die diese Beherrschung hinnehmen. Man könnte noch hinzufügen (wiewohl das weiterer Ausführungen bedürfte), daß Gesellschaften, für die der Eintritt in die Industrialisierung ohne Krisen ablief, diese zweifellos im Verlauf der Urbanisierung durchmachen werden, denn diese beiden Ursachenordnungen können sich überlagern, sich addieren oder sich gegeneinander verschieben. An Hand derartiger Begriffe ließen sich die heutigen Verhältnisse in den USA, in Lateinamerika, im nicht-»sozialistischen« Asien untersuchen usw.

Im Verlauf dieses umfassenden Umformungsprozesses wird das Wesen des Raums offenbar – wird deutlich, was er immer war:
a) politischer Raum, strategischer Ort und strategisches Objekt;
b) Projektion der Zeit, die auf ihn reagierte und seine Beherr-

schung und damit heute seine bis zu seiner Vernichtung rei-
chende Ausbeutung möglich machte. Was die Befreiung der
Raum–Zeit ankündigt.

III. Das Phänomen der Verstädterung

Nachdem wir das *Urbane* (wir sagen nicht mehr: die Stadt) dargestellt haben, nachdem Bilder und Begriffe sich deutlich abzeichneten und eine Virtualität erkennbar wurde, wollen wir nun das Phänomen analysieren, so wie es sich bei der Untersuchung des »Wirklichen« darstellt. (Mit den Anführungszeichen bei dem »Wirklichen« kommt sowohl ein Vorbehalt als auch eine Präzisierung zum Ausdruck: Das Mögliche ist Teil des Wirklichen, es gibt ihm den Sinn, d.h. Richtung und Orientierung, weist den Weg zu offenen Horizonten.)

Das Phänomen der Verstädterung setzt uns heute durch seine Ungeheuerlichkeit in Erstaunen: seine Komplexheit übersteigt die Möglichkeiten von Erkenntnis und praktischer Aktion. Es läßt die Komplextheorie, derzufolge soziale Erscheinungen sich von einer bestimmten (relativen) zu einer höheren Komplexheit hin bewegen, fast als etwas Selbstverständliches erscheinen. Eine Theorie, die aus den sogenannten »Natur«-Wissenschaften und der Informationstheorie hervorgegangen ist, die sich zur Sozialwissenschaft hin verlagert. Soziale Beziehungen sind niemals einfach, auch nicht in einer archaischen Gesellschaft. Das kartesische Schema von der ursprünglichen Einfachheit und der Komplikation, die dadurch erreicht wird, daß einfache Elemnte miteinander kombiniert werden, dieses Schema muß aufgegeben werden. Die Komplextheorie mag philosophisch und sogar idealistisch (ideologisch) erscheinen. Tatsächlich stützt sie sich auf zahlreiche wissenschaftliche Beweise. Die »Elemente« – von der Analyse in jeder Wirklichkeit entdeckt –, die ihre innere Ordnung bewirken (ihre Widerspruchslosigkeit, ihren Zusammenhalt), sind anderswo als Ungeordnetheit zu finden, die Informationen über die Redundanz enthält (Wiederholung der Ordnung der bereits vorhandenen Gruppierung und Feststellung diskreter Informationseinheiten oder festgesetzter Bestandteile). Wer *Information* sagt, sagt Überraschung, wachsende Vielfalt, *Unordnung*, aus der ein neues Verständnis erwächst, eine neue Redundanz, eine neue, komplexere Augenblicksordnung*.

Für das Phänomen Stadt sind vor allem unterschiedliche Methoden der *Beschreibung* erforderlich. Die Ökologie beschreibt den »Lebensraum«, die Lebensbereiche, Nachbarschaftseinheiten, die Formen der Beziehungen (primäre in der unmittelbaren Umgebung, sekundäre oder abgeleitete im erweiterten Raum). Die subtilere phänomenologische Beschreibung befaßt sich mit der Bindung des Stadtbürgers an den Ort, untersucht die Umwelt, die Diskrepanz des Raumes, die Monumente, die Strömungen sind Horizonte städtischen Lebens. Die empirische Beschreibung legt die Betonung auf die Morphologie. Sie berichtet

---

* Schon jetzt läßt sich sagen, daß das *städtische* Zentrum typische Züge aufweist: Gleichzeitigkeit der im urbanen Inventar aufgeführten Elemente (Objekte, Menschen), die an der Peripherie fixiert und nach einer bestimmten (redundanten) Ordnung getrennt werden, Begegnung dieser Elemente, Unordung und maximale Information: Erhöhung des Komplexheitsgrades im Vergleich zur Pereypherie, aber auch Gefahren und Gefährdungen, die aus diesem Zusammenströmen erwachsen. Die De-Zentralität erstarrt in der Redundanz. Die analytische und formale (mathematische) Untersuchung dieser Erscheinungen läuft Gefahr, die *Dialektik der Zentralität* zu verhüllen. Kein Mittelpunkt genügt sich und kann genügen. Die Sättigung macht das unmöglich. Sie verweist auf einen *anderen* Mittelpunkt, auf eine andere Zentralität (vgl. infra).

exakt, was die Menschen innerhalb eines städtischen Rahmens, in der einen oder anderen Stadt sehen und tun, in der Megalopolis (der explodierten Stadt, die eine verwaltungsmäßige und politische Einheit bildet, urbane Funktionen hat, auch wo die alten Formen und Strukturen verschwunden sind).

Derlei Methoden heben gewisse Aspekte und Merkmale des Phänomens Stadt hervor, insbesondere seine Ungeheuerlichkeit und seine Komplexheit, von denen schon die Rede war. Wird man von diesem ausgehen, um jene besser kennenzulernen? Von einem gewissen Punkt an wird auch eine verfeinenerte Methode der Beschreibung unzureichend. Morphologie und Ökologie haben ihre Grenzen erreicht. Bestimmte soziale Beziehungen werden von der Beschreibung nicht erfaßt, weil sie im Vergleich zum Gegebenen und »Erlebten« – die konkret wirken und doch nur dem Augenblick angehören – abstrakt erscheinen. Das gilt für die Produktions- und Austauschverhältnisse sowie den Markt, oder vielmehr die Märkte. Es sind dies Beziehungen, die zugleich leserlich und unleserlich, sichtbar und unsichtbar sind. Sie projizieren sich an unterschiedlichen Orten auf den Boden: Marktplatz, Handelsbörse, Effektenbörse, Arbeitsbörse usw. An Hand der Projektion lassen sich die Beziehungen orten, nicht aber erfassen. Sobald die urbane Wirklichkeit auf dieser Ebene erfaßt wird, erscheint sie andersartig: Summe und Sitz zahlreicher Märkte, des Marktes für Agrarerzeugnisse (auf lokaler, regionaler oder Landesebene), für Industrieprodukte (empfangen, verarbeitet und verteilt an Ort und Stelle oder auf dem umliegenden Gebiet), des Kapitalmarktes, des Arbeitsmarktes und, nicht zu vergessen, des Wohnungs- und Immobilienmarktes. Auch der Kunstmarkt und der Markt des Denkens, der Zeichen und der Symbole soll nicht unerwähnt bleiben. Es genügt also nicht, das »Urbane« durch das Merkmal: Durchgangs- und/oder Austauschort zu definieren. Die städtische

Wirklichkeit ist nicht nur an den Konsum gebunden, an den »tertiären« Sektor, an das Verteilernetz. Sie beeinflußt Produktion und Produktionsverhältnisse. Auf dieser Ebene wird das Denken durch den Zwang zur Beschreibung blockiert. Man umgeht die Problematik, man vermeidet kritische Fragen (z.B. solche, bei denen es um Mittelpunkt und Zentralität geht, wobei man Gefahr läuft, entweder den Verfall der Mittelpunkte zu besiegeln oder aber zuzugeben, daß sie noch »elitärer« und autoritärer werden). Damit wird unvermittelt die Beschreibung zur Ideologie. Man muß von der Phänomenologie zur Analyse weiterschreiten und von der Logik zur Dialektik. Um in etwa die Schwierigkeiten anzudeuten, auf die die Analyse auf dieser Ebene stößt, erinnern wir an eine Untersuchung des Instituts für urbane Soziologie. In dieser Untersuchung wurde versucht, das Phänomen Verstädterung in Faktoren, Indikatoren und Indizes zu zerlegen, angefangen bei den primitivsten (Zahl der Einwohner pro Hektar, Alter der Gebäude usw.) bis hinauf zu den subtilsten (Geburtenzahl, Ausbildung qualifizierter Arbeitskräfte usw.). Die Zahl der so ausgearbeiteten Indizes belief sich auf dreihundertdreiunddreißig. Das war eine willkürliche Zahl, an Hand derer eine Analyse eingeleitet wurde; diese hätte weitergeführt und immer mehr verfeinert werden können. Nachdem man die Anfangszahl auf die typischen Indizes reduziert hatte – etwa vierzig –, war die Gesamtheit nur mehr schwer zu handhaben und auch mit Hilfe des Computers kaum zu bewältigen. Das Phänomen Verstädterung stellt sich somit als globale Wirklichkeit dar (oder, wenn man will, als totale), die das gesamte soziale Geschehen in sich einbezieht. Diese Globalität läßt sich nicht sofort erfassen. Ebene um Ebene und Abschnitt um Abschnitt müssen erfaßt werden, um so zum Globalen zu kommen. Bei jedem Schritt wird man Risiken auf sich nehmen, Hindernisse und Schwierigkeiten umgehen müssen. Um so mehr, als bei jedem Vortasten, bei jedem Schritt nach vorne eine ideologische Interpretation auftaucht, die augenblicklich zur *reduzierenden* und die Dinge *partiell* erfassenden Praxis wird. Ein gutes Beispiel für eine solche totalisierende Ideologie mit entsprechend verstümmelnden Praktiken ist in den Darstellungen vom Wirtschaftsraum und seiner Einteilung zu finden, wo der spezifisch städtische Raum einfach verschwindet, die soziale Entwicklung vom industriellen Wachstum aufgesogen und die städtische Wirklichkeit einer generellen Planung untergeordnet wird. Für die Raumpolitik ist diese Wirklichkeit nur ein homogenes und leeres Milieu, in dem Objekte, Menschen, Maschinen, Industriebetriebe, Strömungen und Netze untergebracht werden. Diese Art der Darstellung basiert auf einer Logistik der eingeschränkten Rationalität und begründet eine Strategie, die das Städtische und den Lebensraum – differenzierte Räume – reduzieren und damit zerstören.

Jede Fachwissenschaft schneidet sich aus dem Gesamtphänomen ein – ihr – bestimmtes »Feld«, einen »Bereich« – den ihren – heraus und hellt ihn auf ihre Weise auf. Wir brauchen hier nicht zwischen der These des Herausschneidens und der des Aufhellens zu wählen. Überdies spaltet sich jede Teilwissenschaft weiter in Spezialdisziplinen auf. Zur Soziologie gehören die politische, die Wirtschaftssoziologie, die Soziologie des Dorfes, die der Stadt usw. Teilwissenschaften und Fachdisziplinen gehen analytisch vor. Sie sind das Ergebnis einer Analyse und nehmen Analysen vor. Zum gesamten Phänomen Stadt steuern also die Geographie, die Demographie, die Geschichte, die Psychologie und, nicht zu vergessen, die Soziologie ihre auf der Analyse basierenden Ergebnisse bei. Es wäre ungerecht, wollte man den Beitrag des Biologen, des Arztes, des Psychiaters unerwähnt lassen. Oder den des Romanschriftstellers und des Dichters. Die Geographie untersucht vor allem den Ort der

Agglomeration und seine Lage innerhalb eines Landstrichs, eines nationalen Gebiets, eines Kontinents. Hand in Hand mit dem Geographen arbeiten der Klimatologe, der Geologe, der Spezialist für Flora und Fauna und erbringen unerläßliche Informationen. Der Demograph untersucht die Bevölkerung, ihren Ursprung, die prozentuale Verteilung von Männern und Frauen, die Geburtenzahl, die Wachstumskurven usw. Was untersucht der Wirtschaftswissenschaftler, sei er Spezialist auf dem Gebiet der städtischen Wirklichkeit, sei er am allgemeinen Wachstum interessiert? Objekte findet er in genügender Zahl: Produktion und Konsum im Rahmen der Stadt, Einkommensverteilung, Schichten und Klassen, Wachstumstypen, Bevölkerungsstruktur (erwerbstätig, nicht erwerbstätig, »sekundäre« oder »tertiäre« Bevölkerung) usw. Der Historiker befaßt sich mit der Entstehungsgeschichte der Ortschaft, mit den Ereignissen und Institutionen, die sie geprägt haben. Und so fort. Ohne das progressive und regressive Vorgehen (in Zeit und Raum) der Analyse, ohne die zahlreichen Schnitte und Zerstückelungen, die sie vornimmt, ist eine *Wissenschaft des städtischen Phänomens* unvorstellbar. Aber Fragmente schaffen noch kein Wissen.

Jede Entdeckung im Rahmen dieser Teilwissenschaften ermöglicht eine neue Analyse des Gesamtphänomens. Neue Aspekte oder Elemente der Ganzheit tauchen auf, werden aufgedeckt. Es wäre denkbar, daß man, ausgehend von der Theorie der hierarchisch gestaffelten Interaktionen (Homöostasen) gewisse Realitäten der Verstädterung wird definieren und so den alten Organizismus und seinen naiven Finalismus durch rationalere Begriffe wird ersetzen können. Ausgehend von der formalisierten Theorie der Zeichen (Bäume und Zäune) ist es nicht unmöglich, Modelle des verstädterten Raumes auszuarbeiten (siehe die Arbeiten von Christopher Alexandre: Architecture, Mouvement, Continuité, 1967 Nr. 1). Vom Standpunkt der Methodologie aus ist es sogar angezeigt, das Phänomen Stadt so anzugehen, daß zuerst die *formalen* Eigenschaften des Raumes und dann erst seine Widersprüche und seine Inhalte untersucht werden; das bedeutet, es muß nach der dialektischen Methode vorgegangen werden. In jüngster Zeit hat sich die Linguistik sprunghaft entwickelt. Damit entstand ein bedeutsamer Begriff, der Begriff des *Zeichensystems* (und der Kennzeichungen). Nichts kann uns daran hindern, das Phänomen Verstädterung an Hand dieser Methode und in diesem Licht einer Betrachtung zu unterziehen. Ob die Stadt und das Phänomen Verstädterung reich (oder arm) an Zeichen, Bedeutungen und Sinngehalten sind, ist sicher nicht uninteressant. Daß die Stadt und das Phänomen Verstädterung ein *System* darstellen (das an Hand von Zeichen definiert und mit linguistischen Modellen – denen von Jakobson, Hjelmslev oder Chomsky etwa – erfaßt werden kann), ist eine dogmatische These. Das »Zeichensystem« reicht für das Phänomen Verständigung nicht aus; wenn es eine Sprache der Stadt (oder eine in der Stadt gesprochene Sprache) gibt, wenn es das städtische Wort und die städtische »Schrift« gibt, wenn also die Möglichkeit besteht, semasiologische Untersuchungen durchzuführen, dann sind die Stadt und das Phänomen Verstädterung darum nicht auf ein einziges (verbales oder nichtverbales) Zeichensystem beschränkt, auch nicht auf eine Semasiologie.

Die urbane Praxis geht weiter als diese Teilbegriffe und somit auch weiter als die Theorie. Diese Praxis zeigt uns unter anderem, daß man Zeichen und Bedeutungen (vgl. die Werberhetorik im »Immobiliengeschäft«) produziert. Andererseits gibt es ohne Zweifel in der Stadt und beim Phänomen Verstädterung nicht nur ein (einziges) System von Zeichen und Bedeutungen, sondern *mehrere*, auf *mehreren Ebenen*: das der Alltagsmodalitäten (Objekte und Produkte, Austausch und Gebrauchssignale, Zeichen für die Auslegung einer Ware und des Marktes, Zeichen und Kennzeichnungen für Wohnraum und »Lebensraum«), das der Stadtgesellschaft und ihrer Ganzheit (Semasiologie der Behörde, der Macht, der Kultur, global oder auf Teilgebieten), das des einzelnen urbanen Raum-Zeit-Gebildes (Semasiologie der Besonderheiten einer Stadt, ihrer Landschaft und ihres Gesichtes, ihrer Bewohner). Gäbe es im urbanen Raum für Objekte oder Handlungen nur ein einziges Zeichensystem, es würde alles beherrschen; man käme nicht mehr davon los. Wie wäre man überhaupt hineingeraten? Ungeachtet der Grenzen, die der Semasiologie bei der Anwendung auf die urbanistische Wirklichkeit gesetzt sind, haben die jüngsten Entwicklungen einer Wissenschaft neue Aspekte dieser Realität aufgezeigt. In diesem Licht gesehen, steht die Forschung erst am Anfang. Sie wirft Probleme auf, die von der »Problematik der Verstädterung« nicht zu trennen sind, die aber von ihr unterschieden werden müssen.

Untersuchen wir also in der nunmehr bekannten – und »klassischen« – Weise den Akt des Sprechens, das Ereignis. Die Analyse unterscheidet (seit Saussure) dabei das Wort als Manifestation der Sprache von der Sprache selbst als *System*. Damit der Akt sich manifestieren kann (das Ereignis: ich richte das Wort an jemanden), muß ein System vorhanden sein, das System muß *virtuelle* Existenz besitzen. Möglich wird die Kommunikation, der Akt der Kommunikation, als Folge von Operationen (Codierung, Decodierung) durch ein System von Regeln: phonologischen, morphologischen, grammatikalischen, lexikalischen, semasiologischen. Dank dieser Regeln lassen sich verständliche Ganzheiten (Sätze) konstruieren – produzieren. Die Ganzheit hat kollektiven Charakter, wogegen der Akt (das Ereignis) etwas Individuelles ist. Seine Form ist kohärent (systematisiert, verständlich). Nun beherrscht aber diese systematische Ganzheit, die von Männern wie Saussure und Chomsky untersucht wurde, die Ebene des Aktes (des Ereignisses), ohne sich je zur Gänze zu manifestieren. Das System ist dasselbe, ob es sich um eine banale Wortfolge oder um eine subtile Verkettung handelt. Der Sprechende benutzt sie unwissentlich und wissentlich zugleich. Die hervorgebrachten Sätze besitzen sehr unterschiedliche Qualität (Ausdrücke, Verkettung, Beziehung zu logischen oder praktisch-empfindlichen Bezugssystemen). Jeder Gesprächspartner kennt seine Sprache, braucht die Regeln nicht zu erklären und wendet sie auf seine Weise an. Die Voraussetzung für die Wirksamkeit der systematischen Ganzheit ist das *Nichtvorhandensein* des Systems auf der Ebene der Wirkung, der Handlung, des Ereignisses; dennoch zeigt sich sein *Vorhandensein* sehr deutlich. Die Wirkung des Systems liegt in einem *Vorhandensein-Nichtvorhandensein.* Kommunikation ist nur möglich in dem Maß, in dem das redende »Subjekt«, der Sprechende im Alltag, gegenüber dem, was seine Rede bestimmt und aufbaut, *blind* bleibt: der Sprache, ihren Paradigmen, ihrer Syntax gegenüber. Sobald er darüber nachdenkt, gelangt er zur Metasprache. Und dennoch macht das Nicht-Blindsein die Qualität des Gesprochenen aus. Das System entzieht sich dem Bewußtsein und erleuchtet es dennoch mehr oder weniger, besser oder schlechter. Die notwendige Verdunkelung kann nicht absolut sein, und die Erkenntnis setzt ihr ein Ende. Wir wollen noch darauf hinweisen, daß hier wie auch anderswo für die *Musik* gilt, was für die *Sprache* gilt. Wirkung, Eindruck und/oder Empfindung sind in keiner Weise an die Kenntnis der Gesetze (der Harmonie, der Komposition) gebunden.

Läßt sich nicht die Vermutung aufstellen, daß für das Urbane ein ähnliches Modell denkbar wäre? Wären das nicht in diesem Sinne Virtualität, Anwesenheit-Abwesenheit? Unter diesem Blickwinkel würde die Liniguistik zur Analyse des Phänomens beitragen. Nicht, weil das Urbane eine Sprache oder ein Zeichensystem wäre. Sondern weil es eine Ganzheit und eine Ordnung im Sinne der Linguistik wäre.

Eine verlockende Aussicht, die man sich jedoch nicht vorschnell aneignen und mit der »Blindfeld«-Theorie und der differentiellen Analyse koppeln sollte. Tatsächlich darf man die Grenzen (auf die die vorausgegangenen Untersuchungen hingewiesen haben) der Konzeption der Sprache als eines Systems *differentieller* Elemente (die durch ihre Unterschiede genau bestimmt und definiert sind) nicht außer acht lassen. Nach dieser Theorie ergibt sich jede *Bedeutung* aus einem Differenzierungsprozeß, dessen Bestandteile (die versteckten Einheiten, aus denen er gebildet wird) ihre Bedeutung dadurch erhalten, daß sie gegeneinandergestellt bzw. kombiniert werden, obwohl sie an sich keine Bedeutung haben (es sei denn ihre Bereitschaft, in dieses System der Gegensätze und Kombinationen einzugehen). Das gilt für die Phoneme (Laute, die in den abendländischen Sprachen durch Buchstaben symbolisiert werden) und die Zeichen, soweit sie willkürlich sind. Auch die »Wörter« fallen darunter. Hier taucht eine große Schwierigkeit auf. Läßt sich die Theorie halten, die sich auf die Arbeiten von Saussure, Trubetzkoy und ihrer Schüler stützt, wenn der *Sinn* sich aus den *Beziehungen zwischen Einheiten, die an sich schon Bedeutung haben,* ergibt?[*] Das »Saussuresche« Postulat stellt eine Regel auf, wonach die Analyse *differentielle Abstände* innerhalb des Objekts festlegt, indem es dieses zerschneidet und dann so rekonstruiert, daß es verständlich wird. Ist das bei Einheiten möglich, die schon an

---

[*] Das ist die schlimmste Klippe, über die man stolpert, wenn man die Linguistik nach Saussure und das Saussuresche Modell auf die Theorie der Mythen und der Mythologie, der Literatur und der Erzählung usw. ausdehnen möchte. Vgl. die Arbeiten von Levi-Strauss, Roland Barthes. Daher die Suche nach anderen Modellen.

sich Bedeutung haben? Läßt sich der (fast schon »institutionelle«) Abstand zwischen den Gegebenheiten des »Erlebten«,
also der sozialen Praxis, und dem Gesprochenen, das über sie
aussagt, überbrücken? Der zwischen der Wirklichkeit und ihrer
Beschreibung oder »Trans-Skription«? Vielleicht insofern, als
sich die symbolträchtigen Elemente zu neuen Gegensätzen um-
gruppieren und bestimmte Verkettungen eingehen. Gilt das für
das Urbane? Es gruppiert Elemente von Land und Industrie
um. Bewirkt es, erzwingt es deren Verkettung? Sollten die bekannten Gegensätze, Zentrum und Peripherie, das Offene und
das Geschlossene, das Oben und das Unten usw. Paradigmen
und/oder Syntagmen des Urbanen sein? Vielleicht. Nur eine
eingehende Untersuchung wird sagen können, ob das Beziehungsgefüge, das zwischen Weg und Aussage entsteht, gültig ist,
welche Bedeutung diese Art der Formgebung hat und wo ihre
Grenzen sind. Man wird ohne Zweifel den von Linguistikern
und Linguistik ausgearbeiteten Begriff der Differenz erneut auf-
nehmen und weiter verfeinern müssen, um das Urbane als *dif-
ferentielles Feld* (Zeit-Raum-Gebilde) verstehen zu können.
Diese Komplexheit macht die Zusammenarbeit der einzelnen
Disziplinen unerläßlich. Das Phänomen Verstädterung kann in
seinem gesamten Umfang nicht von einer Spezialwissenschaft
bewältigt werden. Selbst wenn man als methodologisches Prinzip aufstellt, daß keine Wissenschaft sich selbst aufgeben, vielmehr jede Fachrichtung bis an die Grenzen ihrer Möglichkeiten
gehen wird, um ein Phänomen in seiner Gesamtheit erfassen zu
können, wird nicht eine behaupten können, sie habe es erschöpfend behandelt. Auch nicht, daß sie es beherrschen und lenken
könne. Wenn man das zugibt bzw. postuliert, setzen die Schwierigkeiten erst ein. Wer kennt nicht die Enttäuschungen und
Rückschläge, die man bei den sogenannten »interdisziplinären«
oder »pluridisziplinären« Konferenzen erlebt? Die Illusionen

einer Forschung, die sich als solche versteht, und ihre Mythologie sind oft genug angeprangert worden. Bald ein Dialog von Tauben, bald eine Pseudo-Begegnung ohne gemeinsame Standpunkte, wobei die Terminologie zum Hauptproblem wird, in anderen Worten: Die Sprache wird zum Problem. Selten sind sich die Teilnehmer über die Worte und Ausdrücke ihrer Ausführungen einig, noch seltener über die Begriffe. Und was Thesen und Theorien betrifft, so stellt man im allgemeinen fest, daß sie nicht miteinander zu vereinbaren sind. Konfrontation und Aufeinanderprall der Meinungen gelten als Erfolge. Die Diskussionen liegen zumeist jenseits der Kontroversen oder erfassen sie nicht. Selbst wenn es gelänge, die »Objekte« zu definieren, gelingt es praktisch nie, sich an die wohlbekannte Regel zu halten: Ersatz des Definierten durch die Definition ohne Beeinträchtigung der Logik. Die methodologische und theoretische Schwierigkeit wächst, wenn im Verlauf derartiger Diskussionen festgestellt wird, daß jeder nach der Synthesis sucht und sich als den »Mann der Synthesis« ansieht. Gelegentlich bleibt die sogenannte interdisziplinäre Forschung offen, oder vielmehr hohl und leer, ohne Abschluß. Zuweilen schließt sie sich über einer angeblichen Synthesis. So sehr das Phänomen Verstädterung als *globale Wirklichkeit* unbedingt und dringlich nach Vereinigung der Wissensfragmente ruft, so schwierig oder unmöglich ist es, diese zum Ganzen zu vereinigen. Für den Spezialisten ist eine solche Synthesis nur auf seinem Gebiet unter Zugrundelegung seiner Gegebenheiten, seiner Terminologie, seiner Begriffe und Thesen möglich. Ohne sich dessen bewußt zu sein, dogmatisiert er um so mehr, je kompetenter er ist. Regelmäßig erlebt man auf dem Gebiet der Wirtschaft, der Geschichte, der Soziologie, der Demographie usw. somit das Wiedererscheinen eines wissenschaftlichen Imperialismus. Jeder Wissenschaftler betrachtet die anderen »Disziplinen« als seine Hilfskräfte, seine Vasallen, seine Dienstboten. Man schwankt hin und her zwischen einem wissenschaftlichen Chauvinismus und »babylonischer« Verwirrung. Im Verlauf von sogenannten interdisziplinären Sitzungen wird es schlechterdings unmöglich, auf spezifischen Eigenarten zu bestehen oder ohne Zugeständnisse zu einer Einheit zu gelangen. Erschöpft einigt man sich dann auf mittelmäßige Kompromisse: weil man aufhören muß und weil der Länge der Kolloquien oder der Seminare ebenso wie den finanziellen Möglichkeiten Grenzen gesetzt sind. Die – wie man sagt – Konvergenz verliert sich, gerät außer Sichtweite...

Das Phänomen der Verstädterung manifestiert seine *Universalität*. Schon diese Tatsache würde die Gründung einer *Universität* rechtfertigen, die sich ausschließlich mit dessen analytischer Untersuchung befaßt. Allerdings sei betont, daß dieser Untersuchung nicht die Priorität vor anderen längst zur Institution gewordenen Forschungszweigen und Fachrichtungen zusteht: vor Kunst und Literatur, den verschiedenen Wissenschaftszweigen. Es würde genügen, eine Fakultät zu konzipieren, die sämtliche vorhandenen Fachrichtungen zur Analyse des Phänomens Verstädterung um sich sammelt, angefangen bei der Mathematik (Statistik, aber auch Ganzheitstheorie, Informationstheorie, Kybernetik), über die Psychologie und die Soziologie bis hin zur Geschichte, zur Linguistik. Ein solches Konzept macht eine Änderung der gängigen Lehrvorstellungen erforderlich: Eine derartige Fakultät würde sich ja nicht auf ein erworbenes (oder angeblich erworbenes) Wissen gründen, das nur zu vermitteln wäre, sondern zur Lösung einer *Problematik* geschaffen werden. Paradoxerweise kann sich eine gewisse Einheit des Wissens heute nur um ein koordiniertes Ganzes von Problemen rekonstituieren. Wissen, das als feststehend gilt, zerfällt in Fragmente; es zerbröselt trotz aller frommen Bemühungen der Epistemologen (die nichts tun, als die provisorischen Ergebnisse der geistigen Arbeitsteilung zu »Kernen« erstarren zu lassen). Indessen ist der Status einer derartigen Institution – Universität oder Fakultät – nicht klar ersichtlich. Das Projekt wirkt verführerisch, aber damit verschwinden die Hindernisse noch nicht. Es besteht die Gefahr, daß eine solche Institution nur zur Reproduktion gelegentlicher Zusammenkünfte würde. Wie soll man die Spezialisten dazu bringen, über ihre Terminologien, ihre Lexiken, über die ihnen eigene Syntax, ihre Geisteshaltung und ihren Jargon, über ihre beruflich bedingte Blindheit, ihren Hang zur Esoterik und ihre Arroganz hinsichtlich ihres eigenen Gebietes hinauszuwachsen? Der Imperialismus bleibt die Regel. So ist es heute bei Linguistik und Ethnologie, und so war es gestern bei der politischen Ökonomie! Wie wären die Spezialisten davon abzuhalten, für ihre Spezialgebiete, also für sich, die Vorrangstellung zu beanspruchen? Man weiß nur zu gut, daß, wer nicht über taktisches Geschick verfügt, sehr bald zum Schweigen verdammt und versklavt wird. Der Plan einer Fakultät der Urbanik (oder der »Urbanologie« oder »Politologie« – abscheuliche Neubildungen) bedeutet nicht, sich dem Mythos des Interdisziplinären unterzuordnen; auch nicht dem einer schließlichen Synthesis. Eine solche Forschungsstätte bewirkt keine Wunder. Ihre Gründung ist keine Gewähr für die erschöpfende Analyse des Phänomens der Verstädterung. Gibt es überhaupt eine erschöpfende Analyse dieses Phänomens? Oder die einer wie auch immer gearteten Realität?

Man kann behaupten, jede Teilwissenschaft werde um so deutlicher aufzeigen, daß es einen *Rest* gibt, je weiter sie ihre Analyse vorantreibt. Diesen Rest kann sie nicht bewältigen. Er erweist sich als wesentlich, verlangt andere Methoden. So findet sich der Wirtschaftler vor »etwas«, das sich ihm entzieht; für ihn ist das der Rückstand. Dieses »Etwas« fällt in den Bereich der Psychologie, der Geschichte usw. Allgemeiner gesprochen, Zahlen sind Aufzählungen werfen ein Licht auf Dramen, die nichts mit ihnen zu tun haben. Der Spezialist wäscht seine Hände in Unschuld. Zwar wenden Psychologie, Soziologie und Geschichte ihr Augenmerk diesen Dramen zu, ohne sie jedoch erschöpfend behandeln oder in definiertes und definitives Wissen, in bekannte und eingeordnete Begriffe fassen zu können. Das gilt für die Arbeit auf sozialwissenschaftlichem Gebiet, für die produktive Tätigkeit der Industrie, für die politische Rationalität und Irrationalität. Und es gilt noch mehr für das Phänomen Verstädterung als Zahl und Drama. Eine Wissenschaft, die sich mit diesem Phänomen beschäftigt, könnte nur aus dem Zusammenwirken aller Wissenschaftszweige erwachsen.

Wenn aber jede Disziplin einen Rest sichtbar macht, dann wird sie sehr bald von sich behaupten, sie sei im Vergleich zu anderen irreduzibel. Differenz und Irreduzibilität werden sich decken und damit wird die Konvergenz in Frage gestellt. Vielleicht wird man auch erklären, das Phänomen Verstädterung sei irreduzibel bezogen auf die Gesamtheit der Teilwissenschaften, auch auf die Wissenschaft vom »Menschen« oder der »Gesellschaft«. Eine solche Einstellung birgt gewisse Gefahren in sich. Oder aber der Mensch (allgemein gesehen), die Gesellschaft (allgemein gesehen) oder das Phänomen Verstädterung werden mit dem verbleibenden Rest identifiziert. Diese Ansicht ist theoretisch von Interesse, trägt aber andere Gefahren in sich: Irrationalität usw. Das Problem bleibt bestehen: Wie gelangt man von Wissensfragmenten zur totalen Erkenntnis? Wie soll diese Forderung nach Totalität definiert werden?

Es ließe sich auch die Vermutung aufstellen, die Komplexheit des Phänomens der Verstädterung sei nicht die eines »Objektes«. Wird aber der Begriff des Objekts (einer Wissenschaft) einer aufmerksamen Untersuchung standhalten können? Das bleibt fraglich. Wenn er auch nach außen hin präziser, schärfer umrissen als der des »Bereichs« oder »Feldes« sein mag, so leitet er doch zu gefährlichen Komplikationen hin. Das Objekt stellt sich oder wird von der/durch die Untersuchung dargestellt als etwas *Wirkliches*. Keine Wissenschaft ohne Objekt, kein Objekt ohne Wissenschaft, so heißt es. Kann man aber behaupten, die politische Ökonomie erforsche, besitze oder konstruiere ein isolierbares Objekt? Läßt sich das von der Soziologie oder der Geschichtswissenschaft sagen? Kann man sagen, die urbane Ökonomie, die urbane Soziologie und die Geschichte der Städte hätten ein Objekt? Unserer Meinung nach nicht. Um so weniger, als das Objekt »Stadt« nur noch historische Existenz besitzt. Wäre es vorstellbar, daß das Wissen über das Phänomen der Verstädterung – oder des verstädterten Raumes – aus einer Sammlung von Objekten besteht, aus denen der Ökonomie, der Soziologie, der spezialisierten Geschichtswissenschaft, nicht zu vergessen die Demographie, die Psychologie und die Naturwissenschaften wie etwa Geologie usw.? Nein. Der Begriff des wissenschaftlichen Objektes, so bequem und einfach er ist, läßt sich aber nicht ohne weiteres beibehalten, zumal er vielleicht nur einen weiteren Wunsch verbirgt: den nach einer Strategie der Zerstückelung, die auf die Proklamierung eines einheitlichen, eines synthetischen, also eines autoritären Modells hinausläuft. Ein Objekt wird isoliert, selbst wenn man es als ein System von Beziehungen auffaßt und es zu anderen Systemen wieder in Beziehung setzt. Verbirgt sich nicht unter dem scheinbar »objektiven« Begriff des wissenschaftlichen Objektes die Absicht, ein System zu schaffen? Das gesuchte System schafft sich sein Objekt, indem es sich erschafft. Danach legitimiert das geschaffene Objekt das System. Es ist dies eine um so beunruhigendere Einstellung, als das untersuchte System möglicherweise etwas »Praktisches« sein soll. Der Begriff Stadt entspricht keinem gesellschaftlichen Objekt mehr. Soziologisch gesehen ist er ein Pseudobegriff. Dennoch besitzt die Stadt eine historische Existenz, die nicht ignoriert werden kann. Noch gibt es kleine und mittelgroße Städte, und es wird sie noch lange geben. Das Bild oder die Darstellung der Stadt können weiterbestehen und unter eigenen Voraussetzungen überleben, eine urbanistische Ideologie und urbanistische Projekte ins Leben rufen. In anderen Worten: Das »wirkliche« soziologische Objekt ist in diesem Fall Bild und – vor allem – Ideologie!

Heute bietet die urbane Realität eher den Anblick eines Chaos, einer Unordnung (unter der eine noch zu entdeckende Ordnung verborgen ist), als den eines *Objekts*. Welche Tragweite hat, welche Rolle spielt das, was unter dem Namen Urbanismus figuriert? Ob nun die Städteplaner den Reihen der Architekten entstammen oder nicht, wenn sie die Gesetzmäßigkeit der Stadt bereits kennen, brauchen sie keine Wissenschaft. In ihrem Urbanismus ist bereits dieses Wissen enthalten; er erfaßt das Objekt und schließt es in sein Aktionssystem ein. Nur wer die verborgene oder im Entstehen begriffene Ordnung der Stadt nicht kennt, bedarf einer neuen Wissenschaft. Was ist er nun aber, der Urbanismus der Gegenwart? Eine Ideologie? Eine unbestimmte, partielle Praxis, die globale Ansprüche stellt? Ein System, das nur unter der Voraussetzung der Technik bestehen kann und einer Autorität bedarf, die es durchsetzt? Ein schwerer, undurchsichtiger Körper, ein Hindernis auf dem Weg, ein falsches Modell? Das sind Fragen, die gestellt werden müssen und eine klare und verläßliche Antwort fordern. So ist die Wirklichkeit des Phänomens Verstädterung weniger ein Objekt, das der Reflexion gestellt wird, als ein *virtuelles Objekt*. Wenn es hier einen soziologischen Begriff gibt, dann den der »verstädterten Gesellschaft«. Dieser aber fällt nicht nur in das Gebiet der Soziologie. Die verstädterte Gesellschaft mit ihrer spezifischen Ordnung und ihrer spezifischen Unordnung ist im Entstehen begriffen. Diese Wirklichkeit umfaßt eine Fülle von Problemen: die Problematik der Verstädterung. In welche Richtung geht dieses Phänomen? Wohin führt der Prozeß der Urbanisierung das soziale Leben? Welche neue globale Praxis oder welche Teilpraktiken setzt er voraus? Wie soll der Prozeß theoretisch gemeistert und woran praktisch orientiert werden? Vor alle diese Fragen wird der Städteplaner gestellt, alle diese Fragen stellt er den Spezialisten, die auch keine Antwort wissen, oder Antworten geben, die nichts als Mißbrauch der Sprache sind.

Damit die soziale Praxis global werden kann, damit sie ihre Inkohärenzen bewältigen kann, ist eine Synthesis erforderlich. In der industriellen Praxis ist bereits ein hohes Maß an Kohärenz und Leistungsfähigkeit erreicht: die Planwirtschaft, die Programmierung. Die urbanistische Praxis möchte hier folgen. Aber die interdisziplinäre Forschung, die analytisch vorgeht, muß auf dem Wege zur Synthesis auf Unvorsichtigkeit und Voreiligkeit verzichten. Genauer gesagt muß sie Extrapolierungen vermeiden. Man (wer? die Theoretiker und die Praktiker, diejenigen, die Begriffe schaffen, und diejenigen, die sie benutzen) ruft lauthals nach dem Mann der Synthesis. Es muß immer wieder betont werden, daß diese Synthesis nicht allein das Werk eines Soziologen noch das eines Wirtschaftlers noch irgendeines anderen Spezialisten sein kann. Allerdings erheben sowohl Architekt als auch Städteplaner, die als Männer der Praxis von sich behaupten, sie entzögen sich dem Imperialismus des Spezialistentums, Anspruch auf diesen Titel und auf diese Rolle. Warum? Weil sie entwerfen, weil sie das Know-How haben, weil sie Pläne und Projekte zur Ausführung bringen. De facto geraten sie in die zuvor beschriebene Lage. Der Imperialismus des Know-How, von Zeichnung und Zeichner, ist um nichts besser als der des Wirtschaftlers, des Demographen, ganz zu schweigen von dem des Soziologen. Wissen und Know-How sind nicht identisch, auch mit einer Summe von Techniken nicht. Wissen ist etwas Theoretisches; es ist etwas Provisorisches, das revidiert und angefochten werden kann. Oder es ist nichts. Aber irgend etwas und irgend jemanden gibt es. Das Wissen entflieht dem Dilemma des Alles oder Nichts. Was jedoch den Anspruch betrifft, durch die eine oder andere Technik, durch eine partielle Praxis (Beispiele wären der Kraftfahrzeugverkehr, der Warenverkehr oder der Informationsfluß) sei eine Synthese zu erreichen, so genügt es, diese Technokratenambition zu formulieren, um sie in sich zusammenfallen zu lassen. Wird man alle Gegebenheiten des Problems in Computer einfüttern? Warum nicht. Aber die Maschine verarbeitet nur solche Gegebenheiten, die sich aus mit »ja« oder »nein« zu beantwortenden Fragen ergeben. Sie selbst antwortet nur mit »ja« oder »nein« auf Fragen, die man an sie richtet. Wer würde zu behaupten wagen, daß damit *alle* Fakten erfaßt wären? Wer sollte die Verwendung einer solchen Art von *Totalität* legitimieren? Wer wird beweisen können, daß die »Sprache der Stadt«, soweit sie existiert, sich mit dem ALGOL, dem SYNTOL oder dem FORTRAN, den Computerdialekten, deckt, und daß die Übersetzung nicht Verrat sei? Besteht nicht überdies die Gefahr, daß die Maschine zum Werkzeug der einen oder anderen Interessengruppe, des einen oder anderen Politikers wird? Ist sie nicht schon heute eine Waffe in der Hand des Mächtigen und der Handlanger der Politiker? Man könnte die Zukunftsforschung mit der Synthese betrauen. Aber diese Wissenschaft extrapoliert an Hand von Fakten Tendenzen einer bereits bekannten Ordnung. Nun wissen wir aber, daß das Phänomen der Verstädterung sich heute in einer *kritischen Situation* befindet, in der sich weder definitive Tendenzen noch eine Ordnung erkennen und nachweisen lassen. Auf was also soll sich die Zukunftsforschung – das heißt die

Gesamtheit der Untersuchungen über die Zukunft – gründen, wenn sie die Elemente der Voraussage herausgearbeitet hat? Was könnte eine solche Forschung zu der schon formulierten Hypothese von der eines Tages hundertprozentigen Verstädterung hinzufügen, der Hypothese also, die ja gerade die kritische Phase anzeigt, in die wir eintreten? Inwiefern wird die Zukunftsforschung präziser und genauer sein als die *Perspektive*, die schon anzeigt, wie sich am Horizont die von den Teilwissenschaften freigelegten Linien treffen?

Wir wissen, daß diese fragmentarischen (spezialisierten) Erkenntnisse zum Ganzen hinstreben, daß sie von sich – zu Unrecht – behaupten, sie erfaßten das Ganze, daß sie Teilpraktiken erbringen, die ebenfalls global angewandt werden sollen (Planung von Verkehr und Straßennetz). Nun resultiert aber dieses fragmentarische Wissen aus der *Arbeitsteilung*. Diese hat im Bereich der (wissenschaftlichen und ideologischen) Theorie dieselben Funktionen und Ebenen wie innerhalb der Gesellschaft. Allerdings ist ein Unterschied zu machen zwischen der *technischen* Arbeitsteilung, die ihre rationale Rechtfertigung in Geräten und Werkzeug findet, in der Organisation der Produktionstätigkeit des Unternehmens – und der Aufteilung in *soziale Schichten,* die aus dieser Organisation ungleiche Funktionen, Privilegien, Hierarchien entstehen läßt. Nicht ohne Beziehung zur Klassenstruktur, den Produktions- und Eigentumsverhältnissen, den Institutionen und den Ideologien. Die technische Arbeitsteilung findet ihr Modell im Unternehmen. Die soziale Aufteilung in soziale Schichten bedarf unbedingt eines Zwischengliedes: des Marktes, des Austauschwertes (der Ware).

Bei den Wissenschaften wandelt sich die Arbeitsteilung zu (wissenschaftlichen, kulturellen) *Institutionen* mit ihren Kadern und Apparaten, ihren Normen und Werten und den entsprechenden Hierarchien. Diese Institutionen vertiefen Abkapselung und

Verwirrung. Die Kenntnisse werden also von verschiedenen Institutionen genährt und zugleich aus einer Ganzheit, der Kultur. Die Institutionen, die aus/in der sozialen Arbeitsteilung entstanden sind, auf dem Markt also, dienen ihr; sie machen sie sich zu eigen, indem sie sie jeweils anpassen. Sie wirken buchstäblich für die und in der durch soziale Faktoren bedingten geistigen Arbeitsteilung, verbergen diese unter den »objektiven« Anforderungen der technischen Arbeitsteilung, wandeln die »technischen« Beziehungen der einzelnen Sektoren und Bereiche, der Verfahren und Methoden, der Begriffe und Theorien in eine Hierarchie des Prestiges und des Einkommens, in Führungs- und Leistungsfunktionen um. Diese umfassende Operation basiert auf den Trennungen, die sie hervorhebt, indem sie sie bestätigt. Wie soll unter solchen Voraussetzungen die Totalität erreicht oder auch nur angestrebt werden? Die wissenschaftlichen und kulturellen Institutionen funktionieren vielleicht so gut, daß sie mehr als nur die unmittelbaren Bedürfnisse des Marktes sind der Nachfrage (nach Techniken, Spezialisten usw.) befriedigen; aber ihre »schöpferische Tätigkeit« wird kaum über die mit diesem Markt verbundenen Ideologien hinausreichen. Was sind das für Ideologien? Wie die Institutionen sind sie ein Überbau, in einer bestimmten Epoche, der Industrialisierungzeit, herausgearbeitet oder aufgestellt, und zwar ebenfalls innerhalb eines ganz bestimmten Rahmens (Kapitalismus mit Wettbewerbsprinzip, Neo-Kapitalismus, Sozialismus). Vorgestern noch versuchte der Wettbewerbskapitalismsus der Industrialisierung einen Überbau anzupassen, der von der langen Vorherrschaft der Agrarproduktion, dem bäuerlichen Dasein, gekennzeichnet war. Gestern und heute setzt der Neo-Kapitalismus diese Bestrebungen fort, die über die Urbanisierung der Gesellschaft hinausgehen. Es kann jedoch geschehen, daß eine solche Institution in die Grenzbereiche von Illusion und Schein vorstößt und die Gesamtheit für sich beanspruchen möchte, obwohl sie doch nur Trennungen bestätigt und sie allenfalls in babylonischer Verwirrung wieder vereinigt. Sollte das heute im Hinblick auf die am Horizont aufsteigende verstädterte Gesellschaft die Rolle, der Part, die Funktion des *Urbanismus* sein? Klassische Philosophie und traditioneller Humanismus hatten den Ehrgeiz, sich abseits der (technischen und sozialen) Arbeitsteilung zu halten, jenseits der Zerstückelung in partielle Wissensgebiete, jenseits auch der dieser theoretischen Situation inhärenten Probleme. Die Universität wiederum erhob über Jahrhunderte hinweg, zugleich mit der klassischen Philosophie und dem traditionellen Humanismus, Anspruch auf Universalität. Sie gibt diese »Funktion« auf in dem Maß, in dem die soziale Arbeitsteilung institutionalisiert, sie vorbereitet, modifiziert und sich daran beteiligt. Wäre es nicht auch heute ihre Aufgabe, die technische Arbeitsteilung auf geistigem Gebiet einzuführen, die auf dem der Produktion herrscht, sich also den Forderungen des Augenblicks zu beugen?

Die Wissenschaft wird (wie die urbane Realität) Produktionsmittel und damit Politikum. Und kann die Philosophie, die aus der Trennung der materiellen von der geistigen Arbeit hervorgegangen ist und später trotz und/oder gegen diese Trennung bestehen blieb, etwas Totales sein wollen oder sich als solches verstehen?

Eine schwierige Lage. Das abstrakte Denken schien die schwersten Prüfungen erfolgreich überwunden zu haben. Es schien nach dem Spekulativen Karfreitag (Hegel) und dem Tod des in der klassischen Philosophie inkarnierten Logos in der gesamten Wissenschaft wieder aufzuerstehen. Pfingsten ist darum nur noch überraschender; die spezialisierte Intelligenz empfängt vom Heiligen Geist die Gabe, in vielen Zungen zu reden; die Linguistik übernimmt die Rolle der Wissenschaft der Wissenschaften, nachdem die Philosophie, die ihrerseits glaubte, die

Religion ersetzt zu haben, diese Rolle aufgegeben hat. Unter dem Deckmantel von falscher Einheit und in einer Verwirrung, die willkürliche Zerstückelungen und Schnitte in keiner Weise ausschließt, setzt die industrielle Praxis ihre Zwänge durch.

Hier muß noch hervorgehoben werden, daß sich der *Positivismus* noch gegen die klassische Philosophie stellt, insofern er sich auf ihre Weiterführung auf das Gebiet der Spekulation erstreckt. Der Positivist haftet an den in den Bereich seiner Wissenschaft fallenden Fakten und deren Methodologie. Er hält sich an das Festgestellte und tastet sich inmitten von Begriffen vorsichtig voran. Er mißtraut Theorien. Den Positivismus gibt es auf physikalischem, biologischem, wirtschaftlichem oder soziologischem Gebiet. In anderen Worten: es gibt einen Physikalismus, einen Biologismus, einen Historismus, einen Ökonomismus, einen Soziologismus usw. Gibt es nicht auch einen urbanistischen Positivismus, der das Fait accompli akzeptiert und unterstützt? Der dieses oder jenes feststellt, fraglos, kritiklos, der es sich, wenn möglich, sogar untersagt, etwas in Frage zu stellen? Verbündet er sich damit nicht mit einem Technokratismus? Das positivistische Denken fragt nicht, ob seine Feststellungen Resultat eines Schnittes oder einer Aufhellung sind, ob er ein »Objekt« vor sich hat oder nicht. Er kennt nur Fakten, die der einen oder anderen Wissenschaft zugeordnet werden. Jedoch hat der Hang zum Positivismus niemals den Sprung vom Empirismus zum Mystizismus, von der präzisen Ausdrucksweise zum (mehr oder weniger esoterischen) Jargon verhindert. Überdies ist diese Geisteshaltung, derzufolge die Philosophie keinen Sinn mehr hat oder nie einen hatte, mit einem handfesten Imperialismus durchaus vereinbar. Der Spezialist ist davon überzeugt, daß ausschließlich seine Wissenschaft Gültigkeit besitzt; andere »Disziplinen« schiebt er beiseite oder reduziert sie auf seine eigene. So ist der logisch-mathematische Empirismus

bestrebt, allen Wissenschaften mathematische Modelle aufzu-
zwingen, und lehnt die spezifischen Begriffe der anderen Wissenschaften ab. Der Ökonomismus lehnt jede Wirklichkeit ab,
die nicht in den Bereich der politischen Ökonomie fällt, läßt
nur deren Wachstumsmodelle gelten. In jüngster Zeit zeigt sich
eine Vorliebe für linguistische Modelle, ganz, als gäbe es in dieser
Wissenschaft nur ein endgültiges Modell, das sich von seinem
ursprünglichen Platz entfernen ließe, um anderen Disziplinen,
der Psychologie oder der Soziologie, einen starren epistemologischen Status zu geben. Als ob die Wissenschaft von den Worten die Wissenschaft der Wissenschaften wäre, nur, weil alles,
was gesagt oder geschrieben wird, des Wortes bedarf! Eine derartige Auslegung gehört von Rechts wegen und tatsächlich in
den Bereich, den die Philosophie vorbereitet hat. Sie ist schon
oder noch Philosophie, wenn auch nicht mehr im Sinn der klassischen Philosophie. Wenn der Positivist sein Gebiet (seine
eigene Domäne) und seinen Tätigkeitsbereich erweitern will,
wenn er andere Bereiche bedrohen oder in sie eindringen
möchte, wechselt er von der Wissenschaft zur Philosophie über.
Bewußt oder unbewußt macht er sich den Begriff der *Totalität*
zunutze. Er hat den Bereich des Stückweisen, Teilweisen, kurz
des Analytischen verlassen. Sobald man aber Synthesis und Totalität fordert, setzt man die klassische Philosophie fort und löst
die eigenen Begriffe (Totalität, Synthesis) aus dem philosophischen Zusammenhang bzw. dem philosophischen Gebäude, aus
dem sie hervorgegangen sind. Das gilt auch für Begriffe wie System, Ordnung und Unordnung, Wirklichkeit und Möglichkeit
(Virtualität), Objekt und Subjekt, Determinismus und Freiheit.
Nicht zu vergessen Struktur und Funktion, Form und Inhalt.
Lassen sich diese Begriffe, auch wenn sie auf Grund wissenschaftlicher Erkenntnis einen Wandel durchgemacht haben,
denn überhaupt aus dem philosophischen Zusammenhang, aus

dem sie entstanden sind, herausreißen? Hier kommt die *Meta-philosophie* zu Wort.

Die Philosophie war immer bestrebt, das Ganze zu erfassen. Aber jeder Versuch der Philosophie, auf sich allein gestützt die Totalität zu erfassen, schlug fehl. Er mißlang, und sie verlor sich in abstrakten Spekulationen. Dennoch hat erst sie diese Vorstellung geschaffen. Von ihr übernehmen andere den Begriff, wenn sie mit mehr oder minder vollständigen, vermeintlich aber definitiven, Erkenntnissen extrapolieren, um daraus Regeln zur Erkenntnis des Ganzen gewinnen zu können. Auf sich allein gestellt vermögen Philosoph und Philosophie nichts; was aber vermag man ohne sie? Wäre es nicht sinnvoll, wenn man, ausgehend von der Philosophie und unter Berücksichtigung sämtlicher wissenschaftlicher Erkenntnisse, das Phänomen der Verstädterung untersuchte? Sollten der Prozeß der Verstädterung, ihr Weg, ihr Horizont und insbesondere alles, was das »Wesen des Menschen« angeht, seine Verwirklichung oder sein Scheitern in der kommenden verstädterten Gesellschaft, nicht auf einer solchen Basis beurteilt werden? Immerhin wäre es möglich, daß die Philosophie selbst und ihre Geschichte auf diesem Weg nur als ein Entwurf (wessen? des »menschlichen Wesens«) erscheinen. Erweckt die Philosophie nicht schon im Licht der Industrie und der heraufkommenden industriellen Praxis diesen Anschein? Warum sollte sie, nachdem diese Phase überwunden ist, nicht den Sinn wiederfinden, den sie einst in Stadtstaat und Stadt hatte? Warum sollte nicht aus der Philosophie die *Meta-philosophie* so hervorgehen wie aus der explodierenden Stadt die verstädterte Gesellschaft? Diese Meditation liegt nicht diesseits der Philosophie, fällt nicht in ihren Bereich, sondern führt über die Philosophie als in sich selbst spezialisierte, eigenständige und zur Institution erhobene Tätigkeit hinaus. Womit die *Meta-philosophie* definiert ist.

Da die Metaphilosophie über die Philosophie hinausführt, macht sie sich von institutionellem Gedankengut frei, das an die Philosophie als (Universitäts-, Kultur-) Institution gebunden ist.

Seit Hegel ist die Philosophie ja *Institution*; sie ist ein öffentlicher Dienst im Dienste des Staates, und das philosophische Gedankengebäude muß somit ideologisch ausgerichtet sein. Von dieser Knechtschaft befreit sich die Metaphilosophie. Was ist unter diesem scheinbar rätselhaften Wort (das auf anderer Ebene der *Metaphysik* des Aristoteles entspricht) zu verstehen? Erstens einmal, daß das Denken die von der *gesamten Philosophie* (angefangen bei Plato bis zu Hegel) erarbeiteten Begriffe berücksichtigt, und nicht nur die Begriffe eines bestimmten Philosophen oder eines bestimmten Systems. Was für allgemeine Begriffe sind das nun? Sie lassen sich aufzählen: Theorie und Praxis, System und Totalität, Element und Ganzheit, Entfremdung und Aufhebung der Entfremdung usw.

Dabei ist das Ziel nicht der Wiederaufbau des alten Humanismus, der zum Kompromiß wurde, seit Marx und Nietzsche ihn einer überaus scharfen theoretischen Kritik unterzogen. Vielmehr soll festgestellt werden, ob die verstädterte Gesellschaft dazu angetan ist, einen neuen Humanismus zu ermöglichen, nachdem die sogenannte Industriegesellschaft – kapitalistisch oder nicht – den alten praktisch dementiert hat. Dabei ist nicht ausgeschlossen, daß diese Frage, die das metaphilosophische Denken unter Zugrundelegung der Philosophie stellt, zu nichts weiter als einem neuen Mißerfolg führt. Angesichts der Problematik der Verstädterung ist diese Möglichkeit nicht von vornherein auszuschließen, man verfiele denn wieder in die alten, angeblich idealistischen, Kategorien von Glauben und Herausforderung.

Was beinhaltet der Geist der Philosophie? Einmal den Geist der radikalen Kritik überhaupt. Dann eine radikale Kritik an den

Teilwissenschaften als solche. Dieser Geist lehnt jeden Dogmatismus ab, dem der vorhandenen Totalität wie den der fehlenden, sowohl die Unternehmungen der Teilwissenschaften als auch den Anspruch jeder dieser Wissenschaften auf Erfassung und Erhellung des Ganzen, ebenso die Beschränkung der einzelnen Teilwissenschaft auf ein sorgfältig abgetrenntes »Objekt«, einen »Sektor«, ein »Feld« oder eine »Domäne«, auf ein als Privatbesitz angesehenes »System«. So definiert die radikale Kritik einen methodologischen und theoretischen *Relativismus*, einen *epistemologischen Pluralismus*. Die »Objekte« (einschließlich der *Unterlagen*, die für und durch eine bestimmte Untersuchung zusammengestellt wurden, zu der also auch das Phänomen Verstädterung gehört, wenn man es als »Zusammenstellung von Fakten und Unterlagen« ansieht) unterliegen diesem Relativismus. Und die Modelle, die immer provisorischen Charakter haben. Keine Methode bietet die Gewähr für eine absolute – theoretische und praktische – »Wissenschaftlichkeit«. Von allem nicht auf dem Gebiet der Soziologie (der Stadt oder eines anderen Themas). Weder Mathematik noch Linguistik garantieren das vollendete und wirklich strenge Verfahren. Es gibt »Modelle«; keines ist vollkommen oder hundertprozentig befriedigend; keines kann außerhalb des »Sektors«, für den es konstruiert wurde, ohne größte Vorsicht angewandt, übertragen, exportiert oder importiert werden. Die Methodologie der Modelle nimmt die der Begriffe auf und entwickelt sie weiter. Es gibt spezifische, einer Teilwissenschaft eigene Begriffe; keiner bestimmt ein »Objekt« vollständig, umreißt oder erfaßt es absolut; die effektive Verwirklichung eines solchen »Objektes« birgt große Risiken in sich; auch wenn der Analytiker »Objekte« konstruiert, sind sie etwas Provisorisches und das Resultat einer Reduktion. Folglich gibt es zahlreiche Modelle, die noch kein kohärentes und vollendetes Ganzes bilden. Die Konstruktion von Modellen ganz allgemein und die jedes einzelnen Modells zieht freilich Kritik auf sich. Das Modell hat nur Wert, wenn es benutzt wird, und sich seiner zu bedienen, besteht in erster Linie darin, den Abstand zwischen den Modellen und den zwischen ihnen und dem Wirklichen zu ermessen. Das kritische Denken ist somit geneigt, anstelle des Modells die *Orientierung* zu setzen, die *Wege* und einen *Horizont* auftut. Eben das möchten wir hier tun: weniger ein Modell der Verstädterung konstruieren als vielmehr den Weg aufzeigen, der dahin führt. Die Wissenschaft, oder vielmehr die Wissenschaften, stoßen vor, vergleichbar dem Straßenbau oder der Landgewinnung aus dem Meer. Wie wäre da ein wissenschaftliches »Material« (corpus scientiarum) denkbar, etwas, das ein für allemal gegeben ist? Und unveränderliche Kerne? Das hieße die experimentelle Forschung mit der theoretischen, die empirische mit der begrifflichen verwechseln und infolgedessen beweisbare, also zu verfälschende *Hypothesen* verwenden (vgl. R. Boudon: A quoi sert la notion de structure, S. 195 ff); solche Hypothesen ließen sich revidieren und enthielten immer einen Teil der Ideologie, sobald sie in eine Form gebracht und axiomatisch erfaßt waren. Was durch die Demonstration fixiert scheint, wandelt sich, erscheint anders und/oder wird anders erscheinen, auch die Axiome und die reinen Denkformen. Früher oder später zeigt die radikale Kritik in jedem Modell eine Ideologie auf, vielleicht sogar in der »Wissenschaftlichkeit« selber!

Der Geist der Philosophie ermöglicht heute die Beseitigung des Finalismus. Der traditionelle Finalismus, der aus der Philosophie, oder genauer, aus der Metaphysik hervorgegangen ist, bricht unter der Kritik zusammen. Für das geschichtliche Werden und im Angesicht der Aktion gibt es kein definiertes, vorfabriziertes Ziel, das von vornherein vorhanden und somit von vornherein von einem Gott oder in seinem Namen, durch eine absolute Idee oder einen absoluten Geist erreicht wird, kein Ziel, das (von jetzt an reales) Objekt wäre. Umgekehrt sind ein gedanklich gesetzter Zweck, ein rational zum Sinn der Aktion und des Werdens erklärtes Ziel nicht mehr unmöglich. Es gibt keine von vornherein vollendete Synthesis. Es gibt keine ursprüngliche und endliche Totalität, mit der verglichen jede relative Situation und jeder relative Akt und jeder relative Augenblick nicht selbst entfremden und entfremdet würden. Umgekehrt dementiert nichts die Forderung, den Willen nach und die Vorstellung von einem Totalen, nichts blockiert den Horizont, es sei denn eine entfremdend-entfremdete Einstellung, die die ausschließliche theoretische und praktische Existenz eines *Dings* gebietet. Die Verstädterung (die verstädterte Gesellschaft) ist ein Fertig-Zweck, sie ist nicht das Endziel einer (von wem) vorgefertigten Geschichte. Die verstädterte Gesellschaft trägt Ziel und Zweck der Industrialisierung nur insofern in sich, als sie aus ihr hervorgegangen ist, sie umfaßt und sich auf ein *Anderes* hin bewegt. Das ist nicht mehr die metaphysische, naiv-historische Vorstellung von der Finalität. Aus wem und aus was kann die Totalität hervorgehen? Aus einer Strategie und einem Plan, die die Philosophie der Vergangenheit auf höherer Ebene fortsetzen. So behauptet der Philosoph (oder vielmehr der *Metaphilosoph*) nicht mehr von sich, er könne Finalität, Synthesis, Totalität herbeiführen. Geschichts- und Gesellschaftsphilosophie lehnt er genauso ab wie die klassische Metaphysik und die klassische Ontologie. Seine Aufgabe besteht darin, die Totalität aufzuzeigen, also daran zu erinnern, daß es unmöglich ist, sich mit der Zerstückelung abzufinden und die Trennung als endgültig zu betrachten. Rücksichtslos kritisiert er den Finalismus im allgemeinen, aber auch die einzelnen Finalismen, den Ökonomismus, den Soziologismus, den Historismus. Die zur Metaphilosophie gewandelte Philosophie läßt nicht mehr eine vollendete oder aus der Bahn geworfene Wirklichkeit, den »Menschen«, erkennen. Sie zeigt einen Weg, eine Richtung. Wenn sie auch einige begriffliche Werkzeuge zur Verfügung stellt, den Weg zum Horizont zu ebnen, so ist sie schon nicht mehr das Gelände, auf dem die Zeit sich erfüllt. Sie zeigt den Umfang der Problematik und deren immanente Widersprüche, deren wesentlichster das Verhältnis zwischen einer sich behauptenden, sich entwickelnden und sich wandelnden Rationalität und der alten, in sich zusammenbrechenden Finalität ist. Folglich schien sich der Finalismus aus dem Rationalismus zu ergeben und ergab sich auch tatsächlich aus dessen Spekulationen über das Universum. Wenn die Rationalität aber von der Vermutung weg und zur globalen rationalen Praxis hin gelangen soll, wenn aus dem politischen der soziale Rationalismus und aus dem Industrierationalismus der Rationalismus der Verstädterung werden sollen, dann nur, indem dieser immanente Widerspruch aufgelöst wird. Das Ziel? Der Zweck? Sie können konzipiert, geplant werden; sie erklären sich und können sich nur durchsetzen, wenn sie eine möglichst umfassende Strategie zulassen.

Die heutigen Diskussionen über den Menschen, das Humane und den Humanismus nehmen in wenig origineller Form die Argumente Marx' sind Nietzsches gegen die klassische Philosophie und deren Folgerungen wieder auf. Das Kriterium, das im Verlauf dieser Kontroversen aufgestellt wird, das Kriterium der rationalen Kohärenz, die anstelle der Harmonie und des Maßes aller Dinge, das der Mensch ist, treten soll, entspricht ohne Zweifel einer Notwendigkeit. Die heutige Gesellschaft treibt auf ein solches Chaos zu, daß sie lauthals nach Kohärenz schreit. Damit ist allerdings noch nicht bewiesen, daß diese Kohärenz auch genügt. Der Weg, der sich auftut, ist der zu einem in, durch und für die verstädterte Gesellschaft geschaffenen Humanismus. Dem im Entstehen begriffenen »menschlichen Wesen«

bahnt die Theorie den Weg. Dieses »Wesen« hat Bedürfnisse. Infolgedessen wird die Analyse der Bedürfnisse notwendig. Damit ist keine Philosophie der Bedürfnisse gemeint, die sich vom Marxismus, der Soziologie, der Psychologie, der industriellen Rationalität herleiten würde. Im Gegenteil. Vielmehr würde es sich um eine »positive« Untersuchung der Bedürfnisse zu deren Feststellung und Einordnung handeln, und die Erkenntnis würde sich aus der Analyse der Irrtümer und Unzulänglichkeiten in der Praxis der Architektur und der Ideologie der Verstädterung ergeben. Wäre da eine indirekte und negative Methode nicht richtiger als der soziologische Positivismus? Wenn es »funktionierbare« Bedürfnisse gibt, so gibt es, neben diesen in den Dingen und in der Sprache enthaltenen Bedürfnissen auch die Begierde oder die Begierden. Das Bedürfnis nach einem Anderswo wird nur als Funktion der Gebote der Wirtschaft, als Funktion sozialer Normen und »Werte« berücksichtigt, angenommen, eingeordnet. Klassifizierung und Benennung der Bedürfnisse haben somit zufälligen Charakter und sind, paradoxerweise, Institutionen. Unterhalb der Bedürfnisse erheben sich die Institutionen, beherrschen, klassifizieren und strukturieren diese. Jenseits der Bedürfnisse liegt, global und unklar, irgendein »Ding«, das kein Ding ist: der Impuls, der Schwung, der Wille, das Wollen, die Lebenskraft, der Anstoß – wie immer man es benennen möge. Warum sollte man diese Unterschiede nicht ins Begriffe wie soziales »Es«, »Ich«, »Über-Ich« fassen können? Das »Es« wäre die Begierde, das »Über-Ich« Institution und das »Ich« ein Kompromiß? Ja, warum eigentlich nicht? Trotzdem besteht die große Gefahr eines Rückfalls in die Philosophie der Bedürfnisse und die Ontologie der Begierden. Was nutzlos wäre. Um auf dem Gebiet der Erfahrung und des Alltagsgeschehens zu bleiben, wollen wir feststellen, daß das menschliche Wesen erst Kind ist, dann Jugendlicher und schließlich alternder Jugendlicher. Das unreife Wesen strebt nach Reife und damit seinem Ziel zu. So und an diesem Punkt endet es. Die dialektische Anthropologie, die von den Überlegungen über die Verstädterung (den Wohnraum) her entwickelt wird, könnte sich biologisch auf die Theorie vom Entstehen des Fetus (Bolk) stützen. Die Eierleger überlassen ihren Nachwuchs dem Zufall; sie legen ihre Eier – oft in riesigen Mengen –, und die ausschlüpfenden Jungen sind dann fertig und imstande, sich selbst zu versorgen. Im Mutterleib ist das Junge geschützt; wenn es aber auf die Welt kommt, ist es nicht in der Lage, sich selbst zu versorgen. Daraus ergibt sich eine lange Periode der Kindheit, der Jugend, wo der Mensch gestaltlos, hilflos ist. Ja sogar »knetbar«. Dieses jämmerliche Dasein wird dadurch aufgewogen, daß der Mensch erziehbar, bildungsfähig ist; aber schon gibt es Mißtöne. So tritt die sexuelle Reife nicht gleichzeitig mit der allgemeinen, physiologischen und sozialen Reife ein; sie erfolgt früher. Daraus ergehen sich Störungsanfälligkeiten (die Psychoanalyse hat sie erforscht). Jede Menschengruppe besteht aus gestaltlosen Wesen, von denen einige unendliche (unbestimmte) Möglichkeiten in sich tragen, und aus reifen, also beendeten Wesen. Wie soll nun eine Form, der *Wohnraum*, beschaffen sein, damit diese Gruppe günstige Lebensverhältnisse vorfindet? So stellt sich, anthropologisch formuliert, die Frage des Wohnraums (der Architektur). Eine solche Konzeption rückt (endlich) willentlich vom philosophischen Finalismus ab, der Auffassung vom reibungslosen, widerspruchslosen Aufstieg des Menschen, der von Anfang an vorhandenen Harmonie, die immer noch in einigen angenehmen Visionen überlebt: im offiziellen Marxismus, in der Doktrin Teilhard de Chardins und der humanistischen Theologie. Man weiß, daß das langsame Heranreifen des menschlichen Wesens, das ihm von der Familie, der Behausung und dem »Wohnen«, der Umgebung und dem Phänomen der Verstädterung abhängig macht, Voraussetzung für seine Erziehbarkeit und seine erstaunliche Formbarkeit ist. Dieses wachsende und sich ungleichmäßig entwickelnde »Wesen« hat Bedürfnisse, die sofort befriedigt werden müssen und andere, die aufgeschoben werden können. In sich trägt es Elemente, die es seinen Vorfahren gleich, seinen Mitgeschöpfen ähnlich und solche, die es anders werden lassen. Sein Elend macht seine Größe aus; seine Disharmonien und seine Dysfunktionen stoßen es nach vorne, seinem Ende zu. Niemals gibt es seine Ambiguität auf. Seine Bedürfnisse und seine Wünsche stehen miteinander in dramatischem Widerstreit und sind somit anthropologisch von Bedeutung. Diese noch unsichere Wissenschaft kann nur dialektisch, unter Berücksichtigung der Widersprüche, begründet werden. Das menschliche Wesen hat das »Bedürfnis«, anzuhäufen und zu vergessen. Es hat gleichzeitig oder sukzessive das Bedürfnis nach Sicherheit und Abenteuer, braucht Geselligkeit und Einsamkeit, Zufriedenheit und Unzufriedenheit, Ausgeglichenheit und Unausgeglichenheit; es muß entdecken und erschaffen, arbeiten und spielen, sprechen und schweigen können. Das Haus, die Behausung, die Wohnung, die Nachbarschaft, das Viertel, die Stadt, die Agglomeration entsprachen dem einen oder anderen seiner Bedürfnisse, entsprechen diesem noch oder nicht mehr. Thesen von der »Umwelt«, die die Familie bildet – der Umwelt, die durch die Arbeit geschaffen wird –, vom »funktionellen Rahmen« oder vom »räumlichen Rahmen«, die seinen Bedürfnissen angeboten werden, sind schlicht und einfach dogmatische Ungeheuerlichkeiten, die sehr wahrscheinlich aus den ihnen ausgelieferten menschlichen Larven Ungeheuer machen werden.

Die heutige (soziale und urbane) Wirklichkeit deckt gewiß einige Grundbedürfnisse auf – nicht direkt, sondern dadurch, daß sie sie unter repressiver Kontrolle hält, filtert, belastet oder umlenkt. In der Rückschau werden sie erkennbar. Die Vergangenheit wird eher aus der Gegenwart verständlich als die Gegenwart aus der Vergangenheit. Damit findet eine Gechichtlichkeit ohne Historismus ihren legitimen Platz. Theorie und Verfahren, auf die Marx sehr genau hinwies. Ausgehend von der Problematik der Verstädterung entwickelt sich eine dialektische Anthropologie. Dieses Wissensgebiet bereichert seinerseits die Problematik um Vorgegebenheiten und um Lösungsmöglichkeiten für miteinander verbundene Probleme zugleich. Es kann die Probleme in ihrer Gesamtheit weder stellen noch lösen. Es fügt sich in die besprochenen Disziplinen ein ohne eine andere Besonderheit, als daß es mit der untersuchten Problematik zugleich entstanden ist.

Eine derartige Anthropologie sammelt in sich gewisse Elemente oder Aspekte, die zur alten Philosophie gehören. Was lehrt sie? Daß es eine Art »menschliches Material« gibt, das zwar gewissen (biologischen, physiologischen) Gesetzen unterworfen ist, aber auf der Ebene der sogenannten sozialen oder menschlichen Wirklichkeit keine von *vornherein festgelegte Form* besitzt. Auf der Habenseite besitzt dieses Material eine außerordentliche Formbarkeit, eine bemerkenswerte Erziehbarkeit und Anpassungsfähigkeit. Geplante und gewollte Formen treten auf, die imstande sind, dieses Material nach unterschiedlichen Postulaten und Möglichkeiten zu modellieren. Die Wirkung dieser Formen ist auf unterschiedlichen Ebenen zu erkennen. Sieht es nicht so aus, als zeigte sich am Horizont des Möglichen eine neue Form, diejenige, welche die verstädterte Gesellschaft geben will?

Auch Spezialisten, die sich für Allround-Gelehrte halten, rufen nach der Rationalität. Wissen sie nicht, daß dieser allgemeine Begriff ohne die Philosophie nicht denkbar ist, auch und vor allem dann nicht, wenn die Ratio der Philosophie nur ein Element der Rationalität ist? Wenn man die Rationalität aus dem Zusammenhang reißt und dann proklamiert, verstümmelt man sie und läßt sie erstarren. Um Kontroversen über diesen entscheidenden Punkt möglich zu machen, geben wir nachstehend eine Tabelle der aufeinanderfolgenden Formen der Ratio. Auf die *logische Vernunft*, so wie sie von den griechischen Denkern formuliert wurde (Aristoteles), folgte die *analytische Vernunft* (Descartes und die abendländische Philosophie), dann die *dialektische Vernunft* (Hegel und Marx und die heutige Forschung). Jede Denkform kritisiert die vorangegangenen Denkformen, ohne sie zu zerstören, was gewisse Probleme aufwirft. Analog dazu folgte auf die *philosophische Vernunft*, wie sie aus der abendländischen Tradition hervorging, die *praktische Vernunft der Industrie* (Saint-Simon, Marx usw.), heute überragt von der aufkommenden *urbanen Rationalität*. Die Rationalität der *öffentlichen Meinung*, die nicht mehr auf geistiger, sondern auf sozialer Ebene liegt, ist der *organisatorischen Rationalität* gewichen, die ihrerseits nicht umhin kann, die Frage nach der Finalität und denn Sinn zu stellen, die eigentlich in den Bereich der Rationalität der *Vollendung* fällt. Auf der Ebene der Finalität und des Sinns konnte sich ein *abstrakter* (liberaler und klassischer) Humanismus erst halten, als er von einem *kritischen Humanismus* auf die Probe gestellt worden war. Aus diesem wiederum entwickelte sich der *konkrete Humanismus* (der nach dem *Ganzen* strebt). Der ersten Etappe des Humanismus entspricht das Bild des menschlichen Wesens, der abstrakte Entwurf vom Menschen, das die Philosophen immer wieder vorgestellt haben. Dann, in der zweiten Phase, werden Sinn und Zweck in Frage gestellt. Im dritten Stadium entwickeln sich Begriff und Wille zur (beendeten, relativen, aber »totalen«) Fülle.

Vernunft und Rationalität

logisch ....philosophisch .....öffentliche Meinung
analytisch ......industriell ....Organisation
dialektisch .....urban ....Vollendung

Humanismus

abstrakter Humanismus ....Bild und Entwurf
kritischer Humanismus ....Zweifel
entwickelter Humanismus ....Finalität (Projekt)

Ganz gewiß wird der (soziale, urbane, wirtschaftliche, episte-
mologische) *Raum* nicht in der Lage sein, Form, Sinn, Finalität
zu geben. Dennoch läßt sich überall das Aufkeimen einer These
feststellen: der vom Raum als Regel, Norm, überlegener Form,
um den herum ein Consensus der Gelehrten, vielleicht sogar
eine Wissenschaft entstehen könnte. Aber der Raum ist nur Medium, Umgebung und Mittel, Werkzeug und Zwischenstufe.
Mehr oder weniger geeignet, also günstig. Er existiert niemals »an
sich«, sondern verweist auf ein Anderes. Auf was? Auf die Zeit,
die existentiell und gleichzeitig essentiell ist, den Rahmen dieser
philosophischen Determinationen sprengt, subjektiv und objektiv, Faktum und Wert zugleich ist. Weil sie denen, die recht und
schlecht leben, »weit« überlegen ist, weil sie Zweck wie Mittel
ist. Das ist aber nicht mehr die Zeit der Philosophen. Noch
auch die der Wissenschaftler – der Physiker, Biologen, Historiker, Soziologen. Das gesprochene Wort »Raum-Zeit« oder, wenn
man so will, die Be-Zeichnung »Zeit im Raum«, wird zum Wis-
senobjekt. Ist das ein Objekt in der akzeptierten Bedeutung,
läßt es sich isolieren und sind seine Umrisse definierbar? Sicher
nicht. Sollte es sich um ein soziologisches Objekt handeln?
Vielleicht, aber vor allem im negativen Sinn, als Faktor der
Nicht-Entsprechung. Es zeigt sich bei der Beziehung zwischen
Zeit und Raum, die dem Raum die absolute Priorität zugesteht,
daß es sich um eine soziale Beziehung handelt, einer Gesell-

schaft inhärent, in der eine gewisse Form der Rationalität deshalb eine dominierende Rolle spielt, weil sie die Dauer beherrscht. Damit wird die Zeitlichkeit reduziert und, im Extremfall, zerstört. Ideologie und Wissenschaft vermischen sich. Diese Beziehung ist Teil einer auf den Kopf gestellten Welt. Auch sie muß »wieder auf die Füße gestellt« werden. Befassen wir uns mit den Beziehungen der Teilwissenschaften untereinander. Wie muß man sie sich vorstellen? Mehrere Hypothesen bieten sich an:

a) *Konvergenz*. Aber wo? An welchem Punkt? In der unmittelbaren Umgebung? Das ist die Hoffnung auf und der Mythos von der interdisziplinären Begegnung. Man glaubt, die Konvergenz auf dem umliegenden Gebiet definieren zu können, als wäre sie eine Straßenkreuzung. Aber diese Kreuzung läßt sich nicht definieren und wird nie erreicht. Wenn es eine Konvergenz gibt, dann liegt sie am Horizont, in der Aussicht auf ein Zukünftiges. Und da müßte noch bestimmt werden, »von wo aus« diese Aussicht zu erblicken sein soll. Hier und jetzt orientieren wir uns nicht am traditionellen »Menschen«, sondern am »menschlichen Wesen«, so wie es, unter einem neuen Blickwinkel und neu konstruiert, sich aus der entstehenden verstädterten Gesellschaft ergibt.

b) *Integration* (von Fragmenten, die im Rahmen der einzelnen Teildisziplinen definiert sind). Aber in was? In eine von ihnen, die zur Hauptwissenschaft befördert wird? Unzulässig. In eine *Praxis*? So verstanden bricht aber der Begriff *Praxis* unter den Schlägen der radikalen Kritik zusammen. Wenn sie keine Klassenstrategie ist, dann ist sie ein Hilfsmittel, das längst schon hätte benutzt werden müssen. Wahrscheinlich ohne Erfolg. Insbesondere aufgrund ärgerlicher Präzedenzfälle: z.B. des Mißerfolges des *Ökonomismus*, einer Ideologie und einer Praktik, die auf einem Teilkonzept beruht.

c) *Pragmatismus.* Gemeint ist die Verwendung von Angaben, von Informationen, hier und dort gesammelt, von dem oder jenem gegeben (einem Soziologen oder wem immer). Genau das geschieht häufig. Die Wissenschaftlichkeit verkehrt sich in ihr Gegenteil: das Fehlen eines strengen Kriteriums.

d) *Operativismus.* Dieser ist eine Variante des Pragmatismus und überdeckt sich mit einer Ideologie, der der Technokratie und der Bürokratie mit sämtlichen schon angeprangerten Mythen. Nur Begriffe, die ein Handeln ermöglichen, werden akzeptiert. Die Gültigkeit der Konzepte braucht nicht mehr bewiesen zu werden. Man begnügt sich damit, sie zur Klassifizierung, d.h., administrativ heranzuziehen. Manchmal geht man noch weiter. Handelnder und Manipulierender gehen gemeimsam vor.

e) *Hierarchisierung.* Ja, aber wer wird die Rangordnung der Werte schaffen? Wer wird bestimmen, ob der Soziologe höher steht als der Geograph oder der Demograph? Die Normen werden die der Institutionen und ihrer Rivalitäten sein, letzte Spuren des freien Wettbewerbs. Gelehrte und Wissenschaftler werden den Politikern die Schlüssel zum wissenschaftlichen Stadtstaat übergeben. Diese werden die Entscheidungen treffen, werden bestimmen, was normal und was das Gegenteil von normal ist: anomisch (anormal, pathologisch), je nach Willen und Darstellung. Diese These läßt sich ausgehend von dem (methodologischen) Begriff der *Ebene* halten. Wenn aber jeder Spezialist in einer Hierarchie eine Ebene besetzt, dann werden Fragen der Priorität und des Vorrangs wesentlich. Was, um das mindeste zu sagen, lästig erscheint.

f) *Experimentalismus.* Hier würde der Analytiker provisorisch »abstrakte« Objekte abtrennen, sie mit Hilfe und Unterstützung unterschiedlicher und für den Augenblick als nützlich angesehener Objekte untersuchen. Anschließend würde er sie mit den Erfahrungen (Versuchen) an Ort und Stelle vergleichen. Ein durchführbares Verfahren. Man gibt dabei aber die Totalität und mit ihr das Ziel, wenn nicht gar das Objekt, also Sinn und Zweck auf. Mit der Totalität geht die Finalität verloren und zweifellos auch die so sehr gesuchte Kohärenz und die ebenso gesuchte Rationalität. Damit besteht die Gefahr des Hin- und Herschwankens zwischen abstraktem Utopismus und kurzfristigem Realismus, zwischen Irrationalität und Utilitarismus. Überdies läuft man Gefahr, gewissen Anderen (sie hier zu nennen, ist nicht einmal sinnvoll) Entscheidungen zu überlassen.

Keine dieser Möglichkeiten kann als rational befriedigend angesehen werden. Eins steht fest: Es ist unmöglich, die Spezialisten (der Teilwissenschaften) an einen Tisch zu bringen, und auf diesen Tisch ein zu erkennendes oder zu konstruierendes »Objekt« zu bringen; die Fähigsten werden die Schlimmsten sein. Unmöglich, sich von einer solchen Begegnung etwas zu versprechen. Unmöglich, die einzelnen und verstreuten Erkenntnisse, die erstellten Analysen sind die unterschiedlichen Terminologien zu addieren, denn die einzelnen »Standpunkte« und Zukunftsvisionen sind allzusehr getrennt, partikularistisch und beschränkt.

Was tun? Wir kommen nun zum Begriff der *Strategie der Verstädterung.* Damit wird postuliert, daß es Unterschiede gibt zwischen politischer und sozialer Praxis, zwischen der Alltags- und der revolutionären Praxis, anders ausgedrückt, man setzt eine *Struktur der Praxis* voraus. Die soziale Praxis läßt sich als industrielle und urbane Praxis analysieren. Das erste Ziel der Strategie bestünde darin, die soziale Praxis von der industriellen zu trennen, um sie auf eine urbane Praxis hin auszurichten, so daß diese die Hindernisse bewältigen kann, die ihr den Weg versperren.

IV. Ebenen und Dimensionen

So wie sich das Phänomen der Verstädterung heute der Analyse anbietet (oder, wenn man will, so wie es ihr widersteht), kann es in methodologisch bekannte Begriffe gefaßt werden: Dimensionen, Ebenen. Diese Begriffe ermöglichen die Schaffung einer gewissen Ordnung in den wirren Debatten über die Stadt und die Verstädterung, in denen Texte und Kontexte, Ebenen und Dimensionen bunt durcheinandergewürfelt werden. Es läßt sich über diese Begriffe sagen, daß sie die Erstellung getrennter, nebeneinander liegender oder sich überlagernder Kodices ermöglichen, an Hand derer die Botschaft (das Phänomen der Verstädterung wird als Botschaft verstanden) entziffert werden kann. Oder auch, daß sie die Lesarten von Wortlaut und Schrift der Verstädterung, die des Plans einerseits sind die der auf dem Boden fühlbaren, sichtbaren und ablesbaren »urbanen Dinge« andererseits, darstellen. Kann man sagen, es gäbe eine Lesart auf geographischer Ebene, eine wirtschaftliche, eine soziologische Lesart und so weiter des urbanen Wortlautes? Zweifellos. Es ist klar, daß die Anordnung der Fakten aufgrund dieser Begriffe andere Betrachtungsweisen, andere Klassifizierungen, andere Lesarten, andere (geopolitische, organisatorische und administrative, technologische usw.) Reihenfolgen nicht ausschließt. Zum Problem der Konvergenz haben wir, zumindest provisorisch, bereits Stellung genommen.
Wir haben die wirtschaftliche und soziale Entwicklung oder, wie es etwas unbestimmt heißt, die durch die »Gesellschaft« er-

reichten Ebenen diachronisch auf der Raum-Zeit-Achse sehr deutlich markiert (ohne jedoch echte Schnitte zu legen). Wir kürzen ab und sagen, *Landwirtschaft, Industrie, Verstädterung* folgen eins aufs andere. Dabei handelt es sich also um eine synchronische Tabelle, die sich auf den letzgenannten Begriff stützt. Wir werden also in Wirklichkeit unterscheiden zwischen einer *globalen* Ebene, die wir G nennen wollen – einer *gemischten* Ebene, die wir mit M bezeichnen – einer *privaten* Ebene (P), der des Wohnsraums.

Auf der globalen Ebene wird die Macht ausgeübt, wirkt der Staat als Wille und Vertretung. Als Wille: die staatliche Gewalt und die Menschen, die sie ausüben, haben eine oder mehrere politische Strategien. Als Vertretung: die Staatsmänner haben ein ideologisch untermauertes politisches Konzept vom Raum (oder dieses Konzept fehlt ihnen, so daß diejenigen, die ihre eigenen Vorstellungen von Zeit und Raum anbieten, freie Hand haben). Auf dieser Ebene kommen zu den Strategien Logiken hinzu, von denen sich unter gewissen Vorbehalten sagen läßt, es handle sich um »Klassenlogiken«, denn sie bestehen im allgemeinen aus einer Strategie, die bis in die letzten Konsequenzen vorangetrieben wird. Mit einigen Vorbehalten kann man in diesem Sinn von einer »Sozio-Logik« und einer »Ideo-Logik« sprechen. Die politische Macht verfügt über entsprechendes (ideologisches und wissenschaftliches) Werkzeug. Sie hat die Möglichkeit zu handeln, kann die Verteilung der Mittel, der Einkommen des durch die produktive Arbeit geschaffenen Wertes (also des Mehrwerts) modifizieren. Es ist bekannt, daß es heute in den kapitalistischen Ländern zwei Strategien gibt: den *Neo-Liberalismus* (der dem Privatunternehmen die größtmögliche Initiative beläßt – im Bereich des »Urbanismus«, den Banken und den Wohnungsbaugesellschaften) und den *Neo-Dirigismus* (der die Betonung auf eine zumindest in Richtlinien festliegende

Planung legt, der auf städtebaulichem Gebiet das Eingreifen der Spezialisten und der Technokraten, des Staatskapitalismus fördert). Ebenfalls ist bekannt, daß es Kompromisse gibt: Der Neo-Liberalismus räumt dem öffentlichen »Sektor« und der konzertierten Aktion staatlicher Stellen einen gewissen Raum ein; der Neo-Dirigismus greift nur behutsam auf den »privaten Sektor« über. Schließlich ist bekannt, daß unterschiedliche Sektoren und Strategien nebeneinander bestehen können: Hang zum Dirigismus, nämlich zur Sozialisierung der Landwirtschaft – Liberalismus auf dem Immobiliensektor – (behutsame) Planung in der Industrie, vorsichtige Überwachung der Wertpapierbewegungen und so weiter. Die globale Ebene ist jene, auf der *ganz allgemeine, also ganz abstrakte,* aber wesentliche Beziehungen zum Tragen kommen: Kapitalmarkt, Raumpolitik. Sie reagiert darum nur um so mehr und um so besser auf Praktisch-Vernünftiges und auf das, was im Augenblick geschieht. Diese globale sowohl soziale (Politik) als auch geistige Ebene (Logik und Strategie) schlägt sich in einem Teil des Baubereichs nieder: Bauten, Monumente, städtebauliche Projekte in großem Maßstab, neue Städte. Ebenso schlägt sie sich im nicht bebauten Bereich nieder: Straßen und Autobahnen, allgemeine Organisation des Verkehrswesens, des Stadtgewebes und der neutralen Räume, Schutz der »Natur«, Aussichtsplätze und so weiter. Das ist dann die Ebene dessen, was wir den *institutionellen Raum* nennen wollen (mit der sich aus ihm ergebenden Konsequenz, den institutionellen Urbanismus). Das setzt entweder ein klares Aktionssystem oder Aktionssysteme oder zumindest eine systematisierte Aktion (oder sogenannte »konzertierte«, systematisch durchgeführte Aktionen) voraus. Allein die Möglichkeit solcher Logiken, solcher Einheitssysteme auf Staatsebene zeigt, daß die alte »Stadt-Land-Trennung« im Begriff ist, zu verschwinden. Das will nicht heißen, daß sie schon überholt wäre.' Es ist sogar fraglich, ob der Staat, der ihre Aufgabe übernehmen will, in der Lage ist, sie zu bewältigen. Die *soziale* Arbeitsteilung – die über den Markt (der Produkte des Kapitals und auch der Arbeit) geht, scheint nicht mehr spontan zu funktionieren. Sie erfordert die Kontrolle einer übergeordneten Organisationsmacht. Umgekehrt hat diese Macht als oberste Institution den Hang die Voraussetzungen für ihre Existenz zu verewigen, die Arbeit weiterhin in manuelle und geistige Tätigkeit aufzuteilen und ebenso eine Trennung in Beherrschte und Beherrschende, vielleicht auch in Stadt und Land beizubehalten. Hier stellt sich also die Frage ob im Staat nicht einfach nur neue Widersprüche auftauchen. Wird der Staat als Wille nicht die Stadt-Land-Trennung transzendieren? Damit würde er veranlaßt, die Entscheidungszentren so sehr zu verstärken, daß die Kerne der Verstädterung zu Bollwerken der Macht würden. Wird er Urbanisierung und allgemeine Flurbereinigung nicht gleichzeitig dezentralisiert darstellen und somit in Zonen aufteilen wollen, die in einzelnen Fällen zur Stagnation, zum Verfall, zum »Zurück zur Natur« verurteilt sein werden? Der Staat würde so die ungleichmäßige Entwicklung organisieren, um sie in seinem Bestreben nach globaler Homogenität nutzen zu können.

Die (gemischte, mittlere oder dazwischenliegende) *Ebene M* ist die im eigentlichen Sinne verstädterte Ebene. Es ist die der »Stadt« in des Wortes gängiger Bedeutung. Nehmen wir an, daß im Verlauf des Denkprozesses auf einem Stadtplan (der so groß sein muß, daß diese Abstraktion sinnvoll wird) auf der einen Seite die zur globalen Ebene, zum Staat und der Gesellschaft gehörigen Dinge erfaßt (entfernt) werden, also Gebäude wie Ministerien, Behörden, Kathedralen – und auf der anderen solche, die auf der *Ebene P* figurieren: die privaten Gebäude. Auf dem Plan verblieben ein bebautes und ein unbebautes Gebiet: Straßen, Plätze, Alleen, öffentliche Gebäude wie Bürgermeistereien, Pfarrkirchen, Schulen und so weiter. In Gedanken würde also – bei Ausscheidung des Globalen – alles erfaßt, was direkt übergeordneten Institutionen und Instanzen untersteht. Übrig bleibt für das geistige Auge eine Form, die in Beziehung zum Ort (der unmittelbaren Umgebung) und der Lage (weitere Umgebung, globale Verhältnisse) steht. Dieses spezifisch städtische Ganze zeigt dann die für die soziale »Wirklichkeit« typische Einheit, die Gruppierung: Formen-Funktionen-Strukturen. Man kann in ihrem Fall von Doppelfunktionen sprechen (*in* der Stadt und *von* der Stadt: urbanistische Funktionen im Hinblick auf das umliegende Gebiet, und interne Funktionen) und ebenfalls von Doppelstrukturen (z.B. die der »Dienstleistungen«, des Handels, des Transports, wobei die einen im »Dienst« der Umgebung – Dörfer, Flecken, Kleinstädte – stehen, die anderen im Dienst des eigentlichen städtischen Lebens).

Wir kommen zur Ebene P, in der man (zu Unrecht) etwas Geringfügiges, wenn nicht sogar etwas zu Vernachlässigendes sieht. Hier braucht nur das bebaute Gebiet, die Bauten (Wohnungen: Hochhäuser, Bungalows und Villen, Baracken, Slums) berücksichtigt zu werden. Wir scheuen uns nicht, eine seit langem bestehende Kontroverse wieder aufleben zu lassen und machen einen deutlichen Unterschied zwischen *Wohnraum und Lebensraum*. Der letztgenannte Ausdruck bezeichnet einen »Begriff« oder vielmehr die Karikatur eines Pseudobegriffs. Um die Wende des 19. Jahrhunderts schob eine (wenn man so sagen darf) urbanistische Denkschule, die einen deutlichen, wiewohl unbewußten Hang zur Reduktion hatte, den *Wohnraum* beiseite, klammerte ihn buchstäblich aus; sie schuf den Begriff des *Lebensraums*, einer vereinfachten Funktion, wobei das »menschliche Wesen« auf einige elementare Lebensäußerungen: Essen, Schlafen, Zeugen, beschränkt wurde. Es läßt sich nicht einmal sagen, daß diese von Grund auf funktionellen Handlungen tierisch seien. Das Tier besitzt eine komplexere Spontaneität. Die Ebene P kann summarisch behandelt werden, wobei das »mikrosoziale« oder molekulare Geschehen, und das »makrosoziale« – große Aggregate oder große Strukturen – einander gegenübergestellt werden. Sie ist nicht nur der Ort, an dem sich zweitrangige wirtschaftliche und soziologische »Agenzien« befinden wie die Familie, die Gruppe der Nachbarn, und wo »primäre« Beziehungen aufgenommen werden (ein Ausdruck aus der Ökologie und der sogenannten »Chicagoer Schule« in Amerika). Der *Lebensraum*, Ideologie und Praxis zugleich, hat den *Wohnraum* sorgfältig beiseite geschoben oder ins Unterbewußtsein verdrängt. Bevor es den Lebensraum gab, war der Wohnraum etwas, das seit Jahrtausenden bestand, sprachlich und begrifflich nur schlecht formuliert, mehr oder weniger lebendig, auch degradiert, dennoch aber konkret, also zugleich funktionell, multifunktionell, transfunktionell geblieben. Unter der Herrschaft des Lebensraumes verschwand das, was Wohnraum gewesen war, aus dem Denkprozeß und wurde in der Praxis immer stiefmütterlicher behandelt. Erst mit dem metaphilosophischen Denken, den Gedankengängen Nietzsches und Heideggers, tauchte erneut der Versuch auf, dem *Wohnraum* einen Sinn zu geben. Der Lebensraum hatte in Ideologie und Praxis schließlich die elementarsten Merkmale städtischen Lebens unterdrückt: die Verschiedenheit der Lebensweisen, der Verstädterungstypen, der »patterns« – kultureller Modelle und Werte, die mit den Modalitäten und Schwankungen des Alltagslebens im Zusammenhang stehen. Der Lebensraum wurde von oben her installiert: Anwendung eines globalen, homogenen und quantitativen Raums, Zwang für das »Erlebte«, sich in Schachteln, Käfigen oder »Wohnmaschinen« einschließen zu lassen.

Zwar läßt sich der *Wohnraum* nicht ohne Vorbehalte und Vorsichtsmaßregeln dem Unbewußten in Sinne der Psychologen und Psychoanalytiker gleichsetzen, eine Analogie besteht aber sicher; so sicher, daß das Verkennen des Wohnraums zur Illustration der Theorie vom Unbewußten dienen kann. Um den Wohnraum und seinen Sinn wiederzufinden, um diese auszudrücken, sind Begriffe und Kategorien erforderlich, die ins Diesseits des »Erlebten« des Bewohners hinabsteigen, ins Unbekannte und Verkannte der Alltäglichkeit, und die darüber hinausreichen, zur allgemeinen Theorie, der Philosophie und der Metaphilosophie. Heidegger hat den Weg dieses Wiederfindens markiert, als er die vergessenen oder unverstandenen Worte Hölderlins kommentierte: » lebt (er – der Mensch) als . . . Dichter . . .« Das besagt, daß die Beziehung des »menschlichen Wesens« zur Natur und zu seiner eigenen Natur, zum »Sein« und zu seinem eigenen Wesen, ihren Ort im Wohnraum hat, sich dort realisiert und ablesbar wird. Auch wenn diese »dichterische« Kritik des »Lebensraumes« und des Industrieraumes als eine Kritik der Rechten, als Sehnsucht und »Vergangenheitsgläubigkeit« angesehen werden kann, so hat sie doch die Problematik des Raumes enthüllt. Es ist dem menschlichen Wesen unmöglich, etwas zu bauen, darin zu bleiben, also eine Bleibe zu haben, in der es lebt, ohne etwas, mehr (oder weniger) als es selbst: seine Beziehung zum Möglichen wie zum Imaginären. Die Philosophie hat diese Beziehung jenseits oder diesseits des »Wirklichen«, des Sichtbaren und Lesbaren gesucht. Sie glaubte, es in einer Transzendenz oder in einer Immanenz zu finden, die beide verborgen sind. Wenn diese Beziehung aber verborgen ist, dann durch ihre Evidenz. Man braucht nur hinzuschauen, und schon fällt der Schleier. Die Beziehung findet sich in der Behausung und im Wohnraum, findet sich in Tempeln und Palästen bis hin zur Hütte des Holzfällers, zum Schäferkarren. Das Haus und die

Sprache sind zwei sich ergänzende Aspekte des »menschlichen Wesens«. Fügen wir noch hinzu: die Logik und die Realität der Verstädterung mit ihren Unterschieden und ihren geheimen und/oder offensichtlichen Beziehungen. »Das menschliche Wesen« (wir sagen nicht »der Mensch«) kann nur als Dichter leben. Schenkt oder bietet man ihm nicht die Möglichkeit, dichterisch zu wohnen oder Poesie zu erfinden, so wird er sie auf seine Weise fabrizieren. Auch der banalste Alltag trägt in sich eine Spur von Größe und spontaner Poesie, es sei denn, er werde zur bloßen Werbung, zur Inkarnation der Welt der Ware, wo der Austausch den Gebrauch beseitigt oder überdeterminiert hat. Hinsichtlich dieser Poesie des Wohnraums können wir viel vom Orient – China, Japan – lernen. Im japanischen Haus steht in einer Ecke — »tokonoma« genannt – ein einziges Objekt, einfach oder kostbar, Blume oder Gefäß, der Jahreszeit (Zeit) gemäß ausgewählt. Ob es nun geschmackvolle oder geschmacklose Objekte sind, ob sie den Raum der Wohnung ausfüllen, ein System bilden oder nicht, und seien sie selbst der übelste Kitsch, sie sind die Karikatur einer Poesie, mit der das menschliche Wesen sich umgibt, um nicht aufzuhören, Dichter zu sein. Das ändert nichts an der Tatsache, daß diese Beziehung des »menschlichen Wesens« zur Welt, zur »Natur« und seiner eigenen Natur (zu seinen Begierden, zu seiner Körperlichkeit) nie zuvor in ein so großes Elend gestürzt wurde wie unter der Herrschaft des Lebensraums und der angeblich »urbanistischen« Rationalität.

Was bedeuten diese Häuser? Wahrlich keine große Seele stellte sie hin, sich zum Gleichnisse.

Nahm wohl ein blödes Kind sie aus seiner Spielzeugschachtel...?

Und diese Stuben und Kammern?

Können Männer da aus- und eingehen...? (Zarathustra III, »Von der menschlichen Tugend, die klein macht.«)

Wir haben schon auf die analytisch erfaßte Beziehung des »menschlichen Wesens« zu der Form hingewiesen, die ihm mit dem »Wohnraum« gegeben wird, die es von diesem empfängt. Von diesem menschlichen Wesen sagt uns die philosophische Erkenntnis, es sei ein Widerspruch an sich: Begierde und Vernunft, Spontaneität und Rationalität. Unterstützt von anderen Teilwissensgebieten, lehren uns Anthropologie und/oder Soziologie, daß es unterschiedliche Lebensalter und Geschlechter gibt. Diese Behauptungen erscheinen nur auf den ersten Blick einfach. Das Nebeneinander von Altersgruppen, so notwendig es ist, wenn es Gruppe und Kollektiv»Subjekt« (Familie, Nachbarschaft und freundschaftliche Bindungen) geben soll, ist auch zur konkreten (sozialen) Wahrnehmung der Zeit unerläßlich. Diese Zeit hat nichts mit der Uhrzeit zu tun. Sie ist die einer Prüfung, die der Endlichkeit, die jeden Augenblick zu etwas Ernstem, jeden Moment zu etwas Kostbarem macht. Das Kind wird nicht als »tabula rasa« geboren, indessen ist es ungeformt. Es muß anders als zur Form, zur Reife hinstreben, die sein Ende anzeigt in vielfachem Sinn: Finalität, Sinn, Vollendung, Vollkommenheit, Ziel, Beendung, Abschluß). Reife ist Vollendung und schon Tod. Dem Erwachsenen gebührten weder Stolz noch Hochmut, denn er hat sein Ende schon erreicht. Kindheit, Heranwachsen und Jugend, so arm an Wirklichkeit, ungeschickt, anmaßend, ja sogar stupide (vgl. die Schriften Gombrowitschs), besitzen so unvergleichlich viel mehr von jenem größten und trügerischsten aller Reichtümer: der Möglichkeit. Wie soll ein »Wohnraum« beschaffen sein, der Form verleiht, ohne arm zu machen, eine Schale, die der Jugend ihr Heranwachsen gestattet, ohne sich zu früh zu schließen? Welche »Behausung« soll diesem zwiespältigen »menschlichen Wesen« geboten werden, das seine Zwiespältigkeit erst mit dem Greisentum verliert, das, kaum geformt und darum so großartig, voller Widersprüche steckt, deren keiner den anderen endgültig überwinden kann, ohne dieses menschliche »Wesen« schwer zu verstümmeln, das doch mit seiner widersprüchlichen Lage fertig werden muß? Schon diese Probleme setzen ein subversives Denken voraus, das das »Modell« des Erwachsenen umkehrt, dem Mythos der Vaterschaft ein Ende macht und die Reife, die »Ende« ist, vom Thron stürzt. So also stellt sich, unter Einbeziehung wissenschaftlicher Erkenntnisse und metaphilosophischer Denkprozesse, korrekt die Frage nach der Problematik des Wohnraums. Sei diese Ebene auch »mini«, sie ist darum nicht weniger komplex als die anderen. Eine sehr merkwürdige und absonderliche Ideologie. Vom Cartesianismus und einem degenerierten analytischen Denken abstammend, identifiziert sie das Kleine mit dem Einfachen, das Große mit dem Komplexen. Der Wohnraum darf nicht als Überrest, als Spur oder Ergebnis sogenannter »überlegener« Ebenen untersucht werden. Er muß, er kann schon als Quelle, als Grundlage, als essentielle Funktionalität und Transfunktionalität angesehen werden. In Theorie und Praxis nähern wir uns schon einer Umkehrung der Situation, des Sinngehaltes; was untergeordnet schien, wird – wieder – in den Vordergrund gerückt.

Die Vorherrschaft des Globalen, des Logischen und des Strategischen ist noch Teil der »auf den Kopf gestellten Welt«, die es wieder aufzurichten gilt. Wir bemühen uns hier um eine Decodierung der städtischen Wirklichkeit, nicht der üblichen, sondern umgekehrt, ausgehend vom *Wohnraum* und nicht vom *Monumentalen* (das dabei nicht verurteilt, sondern einer neuen Betrachtungsweise unterzogen wird). Die dialektische und widersprüchliche Bewegung um den Lebens- und Wohnraums, theoretisch und praktisch zugleich, rückt in den Vordergrund. Nicht ausgeschlossen, daß bei dieser Analyse der Semasiologe einiges zu sagen haben wird – ob es um das Verständis nichtverbaler Zei-

chen und Symbole innerhalb oder außerhalb der »Behausungen«
geht, oder um die Ausdrücke und Verkettungen bei Debatten,
Monologen und Dialogen von Architekten und Urbanikern.
Die kritische Analyse darf sich aber nicht auf die Semasiologie
beschränken, noch auch nur Methoden aus der Linguistik ein-
setzen. Andere Begriffe müssen zur Anwendung kommen. So
darf die (nicht nur unbekannte, sondern offenbar verkannte)
Beziehung zwischen Eros und Logos, zwischen Wunsch und
Raum, zwischen Sexualität und Gesellschaft nicht vernachlässigt werden. Wenn es stimmt, daß in der industriellen Epoche
das »Wirklichkeitsprinzip« das »Lustprinzip« völlig ausschal-
tete, dann ist offenbar in der verstädterten Gesellschaft der Augenblick gekommen, wo das Lustprinzip Rache nehmen kann.
Gehört die Sexualität nicht in den Bereich des »Gesellschaftli-
chen-Außer-Gesellschaftlichen«: in den Bereich des Gesellschaftlichen, weil sie von der Gesellschaft modelliert, geformt,
kultiviert und entfremdet wird – in den Bereich des Außerge-
sellschaftlichen, weil die Begierde den Hang zum Anomischen
hat, Mysterium, Seltsamkeit, Geheimnis, ja sogar Vergehen sein
will und ist, um sich den sozialen Normen und Formen zu entziehen. Die eheliche oder nichteheliche Liebe strebt nach »Inti-
mität«. Je sündiger sie sich erscheint, je mehr sie sich verfolgt
weiß, um so intensiver und leidenschaftlicher wird sie, ist Gesel-
lung und Vergesellschaftung nur gegen die Gesellschaft. Wie soll
diese Situation des unfertigen und von einander widersprechen-
den Virtualitäten erfüllten »menschlichen Wesens« baulich und
städtisch zum Ausdruck kommen? Auf der sogenannten höchsten
Ebene schaffen die »Objekte« ein System. Es ist dies die soziologische Ebene. Jedes Objekt, Träger der Welt der Ware, über-
mittelt jeder Aktion sein Bedeutungssystem, das ihm aus dieser
Welt der Ware erwächst. Jedes Objekt versucht jede Aktion;
und das ist richtig so. Dennoch sind die Systeme nichts Erfülltes

und Vollendetes, wie man aufgrund der These von der Logik des Raumes oder des Dings glauben möchte. Überall sind Sprünge, leere Stellen, Lücken. Und Konflikte, einschließlich derer zwischen Logiken und Strategien. Die dem Zwang zum Wachstum unterworfene Logik des Raumes, die Logik des Urbanismus, die des politischen Raumes und die der Wohnung prallen aufeinander und zertrümmern sich zuweilen gegenseitig. Das gilt auch für die Logik der Dinge (Objekte) und die des Spiels (oder der Spiele). Die sozialen Logiken befinden sich auf unterschiedlichen Ebenen, zwischen ihnen bestehen oder entstehen Risse. Durch die Risse dringt die Begierde. Andernfalls würde das ungeformte »Menschenmaterial« sehr rasch in eine absolute, vom Staat garantierte und kontrollierte Form gepreßt, vom Staat, der fest auf der Masse der »Subjekte« und »Objekte« ruhen würde. Andernfalls würde der Alltag rettungslos uniform. Und sogar der Umsturz würde zu etwas Unvorstellbarem!

Neben der Unterscheidung in Ebenen wäre noch folgendes anzuführen:

A. *Die Dimensionen des Phänomens Verstädterung.* Darunter sind nicht die Größe, sondern die »wesentlichen Eigenschaften« des Phänomens zu verstehen, nämlich:

1. *Die Projektion der sozialen Beziehungen auf den Boden.* Darunter fallen auch die abstraktesten Beziehungen, die global aus der Ware und dem Markt, den Verträgen oder vertragsähnlichen Abmachungen zwischen den »Agenzien« herrühren. Von diesem Blickwinkel aus können das Phänomen der Verstädterung und der verstädterte Raum als »konkrete Abstraktionen« angesehen werden. Wir haben bereits darauf hingewiesen, daß schon diese Dimension eine Vielfalt enthält (die verschiedenen nebeneinander, übereinander gelagerten, miteinander in Konflikt befindlichen oder nicht in Konflikt befindlichen Märkte: Produkte, Kapital, Arbeit, Werke und Symbole, Wohnungen und Boden);

2. Das Phänomen der Verstädterung und der verstädterte Raum sind nicht nur die *Projektion der sozialen Beziehungen,* sondern *Ort und Gelände, wo die Strategien auf einanderprallen.* Sie sind keineswegs Sinns und Zweck, sondern Mittel und Werkzeug der Aktion. Einschließlich dessen, was spezifisch auf die Ebene M gehört, also Institutionen, Organismen und städtische »Agenzien« (Honoratioren, lokale Führer);

3. Das Phänomen der Verstädterung und der verstädterte Raum verlieren darum durchaus nicht eine spezifische Wirklichkeit und Vitalität. Das heißt, es gibt eine *städtische Praxis,* die weder auf globale Ideologien und Institutionen, den Raum und seine Organisation betreffend, reduziert werden kann – noch auch auf solche Aktivitäten, die den Namen »Urbanismus« tragen und Mittel zu einem häufig unbekannten Zweck sind.

B. Unterschiede und Unterscheidungen im Hinblick auf die *topologischen* Eigenschaften des städtischen Raums, Eigenschaften, die als solche bezeichnet werden und theoretisch ein Netz oder System der in diesem Zusammenhang auftauchenden Gegensätze (Paradigma) bilden:

– das Private und das Öffentliche;
– das Hohe und das Niedere;
– das Offene und das Geschlossene;
– das Symmetrische und das Nicht-Symmetrische;
– das Beherrschte und das Übrigbleibende usw.

Man findet hier eine durch ihre Dimension wohlbekannte Analyse wieder: die *symbolische* Dimension, die im allgemeinen die Monumente und infolgedessen Ideologien und Institutionen in Gegenwart oder Vergangenheit erfaßt – die *paradigmatische,* eine Gesamtheit oder ein System von Gegensätzen – die *syntagmatische,* Verkettungen (Bahnen).

Wenn man davon ausgeht, daß es unterschiedliche Ebenen gibt und man die entsprechenden Gegensätze einführt, läßt sich ein

Gitter des städtischen Raums konstruieren. Jeder Ebene wird ein entsprechender Index der topologischen Eigenschaften beigegeben. So gehören zur globalen (G) und zur öffentlichen Ebene, die im allgemeinen in die Höhe (h +) konstruiert ist, weit offene Räume, und andere, fest abgeschlossene (o-), die Orte der Macht oder der Göttlichkeit, oder beider vereint. Zuweilen zeigt dieser Raum der Größe und Erhabenheit imposante Symmetrie (s+), zuweilen setzt er dissymmetrische Elemente (s -) »frei«*.

---

* Dieses Gitter wurde in Kyoto (Japan), einem außergewöhnlichen urbanen Raum, konstruiert und getestet; die Bau- und Städteplanungsbehörden haben dem Autor freundlicherweise sämtliche Informationen zur Verfügung gestellt: geschichtliche, katasteramtliche, demographische usw. Im Verlauf eines allzu kurzen Aufenthalts in Japan (von etwa zwei Monaten) wurde selbstverständlich eine erste Approximation, eine Untersuchung des städteplanerischen und baulichen Raums des Landes, durchgeführt, und zwar unter Zugrundelegung westlicher analytischer Kategorien und westlichen Gedankenguts. Die vielversprechenden Aussichten einer solchen Untersuchung, die einerseits auf der Kenntnis der Ideogramme und der Raum-Zeit-Assoziierung beruht, andererseits auf der Kenntnis der asiatischen Produktionsweise und deren Varianten — Voraussetzung dafür ist die Kenntnis Chinas —, konnten dabei gerade erahnt werden. Es handelt sich um einen geschichtlichen Raum, der älter als Kapitalismus und Industrie, dennoch aber überaus komplex ist.

Das hier angekündigte Werk, das der Analytik des Raumes gewidmet sein wird (oder vielmehr der des Raum-Zeit-Gebildes), wird folgendes erläutern:

a) das Prinzip der Interaktion, der gegenseitigen Durchdringung und Überlagerung der Räume (Bahnen);

b) die Begriffe *Polyfunktionalität* und *transfunktionell*;

c) die Dialektik der Zentralität;

d) die Widersprüche des Raumes;

e) den Begriff *Produktion* des Raumes (des Raum-Zeit-Gebildes) usw.

Wir werden das Raumgitter hier nicht näher besprechen. Warum? Weil es in einem Werk dargestellt werden wird, das nicht dem Phänomen der Verstädterung im allgemeinen, sondern der Raumanalytik und -politik, der Topologie der Stadt gewidmet sein wird. Und weil damit der Beitrag der vorliegenden Analyse und ihre Stellung verschleiert werden könnten. Das Wesentliche, die Grundlage, der Sinn kommen vom *Wohnraum* her. Und nicht von anderen Ebenen. Beschäftigt man sich aber nur mit dem Gitter, so scheint auf allen Ebenen eine allgemeine Kohärenz, eine Raumlogik zu herrschen. Dieser Standpunkt kann nicht ohne sofortige *Kritik* dargelegt werden.

Aus dem Vorstehenden ergibt sich, daß die *Bedeutung* der Ebenen relativ ist. Für den Staatsmann ist selbstverständlich die staatliche Ebene entscheidend. Sie ist ja wirklich die Ebene, auf der Entscheidungen getroffen werden, zumindest auf dem bürokratischen Papier. Diese Leute neigen ja ohnedies dazu – und haben darin die Unterstützung der Gewalt –, die anderen Ebenen und Dimensionen des Phänomens nur im Hinblick auf ihr eigenes Wissen (Darstellungen) und ihre Macht (Willen) zu begreifen. Auf dieser Ebene wird die industrielle Praxis, die des Betriebes, zur Ideologie (Darstellung) und zur (reduzierenden) Absicht. Der Staat und seine Repräsentanten reduzieren somit ihrem Wesen nach und oft aus einer Angriffsstellung heraus. Das uns so mehr und um so besser, als Ebenen und Dimensio-

Wird man nach diesen Folgerungen (die vom Abstrakten zum Konkreten hinführen, von der Logistik zur dialektischen Erforschung der Widersprüche des Raumes), von einer urbanistischen Epistemologie sprechen können? Vielleicht, aber unter Vorbehalten. Die Schaffung angeblich endgültiger »Kerne« oder »Zentren« des Wissens ist niemals ungefährlich. Rationale Solidität und »Reinheit« haben sogar in der Theorie den Hang zu merkwürdiger Absonderung.

nen im Verlauf der *kritischen Phase* die Tendenz haben, miteinander zu verschmelzen. Die Stadt explodiert, die Verstädterung kündigt sich an, die vollständige Urbanisierung bereitet sich vor; und dennoch weigern sich die einstigen Führungskräfte (an alte Formen, Funktionen, Strukturen gebundene Institutionen und Ideologien), sich der neuen Situation anzupassen. Die zweite Ebene (M) mag als wesentlich erscheinen. Stellt man sie aber als wesentlich dar, so taucht die Frage auf, ob man nicht auf theoretischem Gebiet zum Verfechter der städtischen Wirklichkeit wird. Und trotzdem ist sie – global gesehen – nichts als eine (gemischte) Zwischenebene zwischen Gesellschaft, Staat, den Gewalten und dem Wissen, den Institutionen und den Ideologien auf der einen Seite – und, auf der anderen, dem *Wohnraum*. Wenn das Globale das Lokale beherrschen will, wenn das Allgemeine glaubt, das Besondere absorbieren zu dürfen, dann kann die mittlere Ebene (die gemischte: M) eingeschaltet werden: als Gelände für Verteidigung und Angriff, für den Kampf. Sie bleibt dazwischen. Sie kann nur provisorisch und für eine Strategie, die die Karten aufdecken und ihr Spiel zeigen muß, zum Zweck werden. Die bestehenden städtischen Institutionen schützen? Vielleicht. Sie fördern? Sie zum Kriterium und zum Modell erheben? Warum? Um auf die (virtuelle und mögliche) städtische Gesellschaft die Institutionen und Ideologien der (überholten) Stadt auszudehnen? Nein. Unmöglich. Wenn die *Städtereform* solcherart verfahren kann, dann bestätigt ein tieferreichendes, radikaleres Denken, eines, das an die Wurzel der Dinge reicht und somit noch revolutionärer ist, das dauernde Primat des *Wohnraums*.

Zusammenfassend lassen sich die beiden kritischen Phasen, die die Verstädterung im Verlauf der geschichtlichen Zeit durchlaufen hat, folgendermaßen definieren. Erste Phase: Die Landwirtschaft (Agrarproduktion, ländliches Leben, bäuerliche Gesellschaft), lange Zeit dominierend, fällt in eine untergeordnete Stellung zurück. Untergeordnet wem? Einer städtischen Wirklichkeit, die ihren Anstoß von Handel und Industrie erhielt, aber sehr bald durch diese verwüstet wird. Zweiter Sturz, zweite Sinnverkehrung: Die dominierende Industrie wird der städtischen Wirklichkeit untergeordnet. Im Innern dieser Wirklichkeit tritt ein Umsturz ein: die von allem Anfang an als nebensächlich angesehene Ebene wird wesentlich: nämlich der *Wohnraum.* Er kann nicht mehr als Wirkung, Ergebnis oder Zufall im Rahmen der spezifisch städtischen Ebene angesehen werden, und noch weniger im Rahmen des globalen Geschehens, das sich immer noch in Abhängigkeit von der industriellen Epoche befindet (der Produktionsideologie, dem politischen Raum, den Wachstumsforderungen unterworfen ist). Das Städtische definiert sich durch die Einheitlichkeit dieser letztgenannten Ebenen, wobei die letzte dominiert (Index P). Dank dieser Verwirrung also ist in der kritischen Phase eine derartige Verkehrung des Sinngehaltes denkbar und projizierbar. Sie anzustreben bedeutet noch nicht, sie auch zu erreichen. Die Verwirrung ist auch gegenläufigen Unternehmungen, deren Reichweite wir abmessen werden, förderlich. Unter dem hier vorgeschlagenen Blickwinkel gibt es also ein *Primat der Verstädterung, und dem Wohnraum wird Priorität zuerkannt.* Für eine solche Priorität sind Erfindungsfreiheit und die Fixierung völlig neuer Beziehungen zwischen Architekt und Urbaniker erforderlich, wobei die Architektur das letzte Wort sprechen muß. Diese reagiert auf eine unklare soziale *Forderung*, die bislang nie zum *sozialen Befehl* werden konnte. Die theoretische Subversion besteht in folgendem Satz: die implizite *Forderung* wird zum expliziten *Befehl*. Bis heute werden soziale Befehle durch das industrielle Wachstum hervorgebracht, also durch Ideologien und Institutionen auf der Ebene G, der des Staates. Anders ausgedrückt heißt das, der Städteplaner beugt sich den Forderungen der Industrialisierung, auch wenn ihm das widerstrebt und er etwas anderes wahrnimmt oder wünscht. Der Architekt dagegen *kondensiert* (im Sinn des von den sowjetischen Architekten zwischen 1920 und 1925 geprägten Ausdrucks vom »sozialen Kondensator«) die bestehenden sozialen Beziehungen*. Ob er will oder nicht, er konstruiert entsprechend den Zwängen, die von Einkommen (Löhnen und Gehältern), Normen und Werten ausgeübt werden, also von Klassenkriterien, die unweigerlich zur Absonderung führen, auch wenn der Wille zur Integration und zur Verschmelzung vorhanden ist. Allgemeiner könnte man sagen, der Architekt ist in der »Welt der Ware« gefangen, ohne zu wissen, daß es sich um eine Welt handelt. Unbewußt, das heißt mit bestem Gewissen, setzt er den Gebrauch höher an den Austausch und den Gebrauchswert höher als den Austauschwert. Der soziale Befehl ist gebieterisch, und die einzige Forderung, die an den Tag dringt, ist nur direkter oder indirekter Ausdruck dieses Befehls. Strebt dieser verwirrende Befehl nach anderem, so wird er unterdrückt. Alle Angriffe sind jedoch kein Grund, die alten Städte und die virtuelle Verstädterung aufzugeben. Im Gegenteil. Auch wenn die Ebene M definitionsgemäß nur eine (gemischte) Zwischenebene ist und nicht als wesentlich oder zentral angesehen werden kann, ist sie dennoch Gelände und Einsatz des Kampfes.

Fallen wir nicht von einem Paradox ins andere? Sicherlich. Es wimmelt von unformulierten Paradoxa, und wer sie formuliert, hat sie darum noch nicht erschaffen. Genausowenig wie derjenige, der Katastrophen oder Erschütterungen ankündigt, diese verursacht. Mancher, wirklich oder nur vorgeblich naiv, macht dem

* Vgl. A. Kopp: Ville et révolution, Paris 1968.

Meteorologen Vorwürfe, wenn der Sturm ausbricht. Während eine allgemeine Verstädterung und Ausweitung des Stadtgeländes Platz greift, möchte man die städtische Wirklichkeit beseitigen. Ist das kein Paradox? Eine sinnlose Wette? Eine Ideologie? Zweifellos. Aber diese Ideologie beseelt zahlreiche Projekte, oder vielmehr, versteckt sich hinter Projekten, und das mit sehr unterschiedlichen Motivationen.

Angriffe gegen die »Stadt« sind nichts Neues. Wir wollen hier noch einmal die Argumente ihrer Gegner zusammenfassen. Schon um 1925 fällten sowjetische Theoretiker ein hartes Urteil über die Großstadt, die Metropolis, die damals noch nicht *Megalopolis* hieß. In der Metropolis sahen sie eine Schöpfung des Kapitalismus, ein Resultat der Manipulationen der Bourgeoisie zur besseren Unterjochung der Arbeiterklasse. Das war zwar nicht falsch, besaß aber nur relativen und momentanen Wahrheitsgehalt. Sie zeigten deren Nachteile auf, nicht ohne kleine Kunstgriffe. Ihre Argumente wurden häufig wieder auf gegriffen – sogar in den Vereinigten Staaten. Die Großstadt, das vielarmige Ungeheuer, ist immer etwas Politisches. Sie schafft das dem Entstehen einer autoritären Macht günstigste Milieu, eines, in dem Organisation und Überorganisation herrschen. Die Großstadt besiegelt die Ungleichheit. Bei der Wahl zwischen der schwer erträglichen Ordnung und dem immer drohenden Chaos wird die Macht, gleich welcher Art, die staatliche Macht, sich immer für die Ordnung entscheiden. Die Großstadt hat nur ein Problem: die Zahl. In ihr entsteht unweigerlich eine Massengesellschaft. Aus ihr erwächst die Notwendigkeit, Zwang auf die Massen auszuüben, und Gewalt und Unterdrückung werden zum Dauerzustand. Was ist vom Gegensatz »Stadt-Land« zu halten? Daß er unüberwindlich ist, und daß die Interaktionen zu Katastrophen werden. Das Land weiß, daß es im Dienst der Stadt steht, und die Stadt vergiftet die Natur; sie verschlingt sie, um sie im Imaginären neu zu schaffen, damit die Illusion der Tätigkeit andauere. Die städtische Ordnung beinhaltet und verbirgt eine grundlegende Unordnung. Die Großstadt ist ausschließlich Laster, Verschmutzung (geistige, moralische, soziale), Krankheit. Die städtische Entfremdung umgibt und verewigt alle anderen Entfremdungen. In ihr, durch sie wird die Absonderung zum Allgemeinzustand: die Trennung nach Klassen, nach Stadtvierteln, nach Beruf, nach Alters- oder Volksgruppe, nach Geschlecht, Menge und Einsamkeit. Der Raum wird zu einer Seltenheit, zu etwas Kostspieligem, zum Luxus und zum Privileg, durch eine Praktik (das »Zentrum«) beibehalten und erhalten. Gewiß, die Stadt wird reich. Sie zieht alle Reichtümmer an, monopolisiert die Kultur genauso, wie sie Machtkonzentrationen schafft. An ihrem Reichtum birst sie. Je mehr Lebensmöglichkeiten sie konzentriert, um so weniger läßt sich in ihr leben. Das Glück der Großstadt? Das intensive Lehen der Großstadt? Die vielfältigen Möglichkeiten des Amüsements, der Freizeitgestaltung? Täuschung und Mythos. Wenn es eine Verbindung gibt zwischen den sozialen Beziehungen und dem Raum, zwischen dem Ort und der menschlichen Gruppe, dann müßte man, wollte man einen Zusammenhalt schaffen, die Raumstrukuten radikal verändern. Hat der städtische Raum überhaupt eine Struktur? Die Großstadt ist eigentlich doch nur chaotische Verflechtung, sobald sie aufhört, Absonderung und Trennung zu sein! Begriffe, die Orte und die Eigenschaft des Raums zu bezeichnen scheinen, bezeichnen im Grunde doch nur soziale Beziehungen in einem indifferenten Raum: Nachbarschaft, Umgebung usw.

Man kann weitergehen und annehmen, daß nur das Dorf -oder die Pfarrgemeinde – eine soziale und räumliche Struktur besaßen, die es einer Gruppe von Menschen möglich machten, ihre *eigenen* Lebensvoraussetzungen zu finden (Umwelt, besetzte Orte, Organisation der Zeit). Allerdings waren die Voraussetzungen für den Bestand dieser (sozialen) Organismen, die harmonisch waren oder dafür gehalten wurden, eine strenge Hierarchie, ein Gleichgewicht der Kasten. So besaß nur der Raum seinen vollen Sinn, besaß vollkommene *Bedeutung* und gab jedem (also jedem Angehörigen einer Kaste, einer Altersgruppe, eines Geschlechts) Verbotenes und Erlaubtes deutlich zu verstehen. Der Ort legte die Rolle fest. Für die Erhaltung des Gleichgewichts innerhalb der Gemeinschaft waren Tugenden, Respekt, Unterwürfigkeit und ein als Absolutum wahrgenommenes Brauchtum erforderlich. All das verschwand in der Großstadt.

Eine Reihe sowjetischer Theoretiker formulierte um 1925 das Problem des *Optimums*, ohne jedoch aus der Gemeinschaft (Stamm, Dorf, Pfarrgemeinde) einen Fetisch zu machen und die »Nicht-Stadt« zu proklamieren. Diese Frage wurde seitdem endlos diskutiert. Wie soll das Optimum einer Stadt aussehen, welche Zahlen sollen gelten (im Hinblick auf Oberfläche, Anzahl der Einwohner)? Welche Kriterien sollen angewandt werden? Alle Versuche sind bisher auf ernsthafte Kritik gestoßen. Nehmen wir einmal an, das erstrebenswerte, weil »verwaltbare« Optimum (in welchem bürokratischen Rahmen verwaltbar?) sei auf 300 000 Einwohner festgelegt. Solch eine Stadt wird nur in Ausnahmefällen eine große Universität, ein großes Theater, eine Oper unterhalten oder dem Gast der Stadt teure, weil technisch gut ausgerüstete Unterkunftsmöglichkeiten bieten können usw.

In jüngster Zeit wurden Pläne ausgearbeitet, nach denen die großen Verkehrsadern Frankreichs die Straßen einer zukünftigen Megalopolis sein sollten, womit einerseits nachbarliche Beziehungen und eine gewisse Zentralität (an den Kreuzungen) gewährleistet würden, andererseits Naturzonen und »jungfräuliche«, von den Industriezonen getrennte Räume geschaffen werden könnten. Wie wahr ist doch die Behauptung, daß es in diesem Bereich nur utopisches Denken gibt! Ein derartiger Plan nimmt die allgemeine Urbanisierung vorweg. Wenn dem aber so ist, mit welchem Recht bringt man dann den städtischen Raum wieder in den ländlichen ein, indem man die städtische Gesellschaft entlang der alten Verbindungsstraßen konstruiert? Wozu diese Umkehr, dieser Weg zurück, der sich nicht mit dem Umweg der Gemeinschaftsideologie deckt (die sich auf eine Ethnologie stützt), sich aber auch nicht von dieser abhebt?

Die Argumente gegen die »Verstädterung« und für die »Nicht-Stadt« und die diesbezüglich formulierten Prinzipien sind mehr moralischer Art, auf einer Verbindung zwischen dem Wirklichen und dem Möglichen gegründet. Die Probleme sind schlecht gestellt. Ohne damit die Kontroverse wieder aufleben zu lassen, möge die Bemerkung genügen, daß die allgemeine Verstädterung und die Ausdehnung des Stadtgewebes über sie hinausgehen. Schon jetzt sieht sich die Gesellschaft vor Problemen ganz anderer Art: entweder städtisches Chaos oder städtische, und als solche konzipierte, Gesellschaft. Konkreter gesagt, der Angriff gegen die (alte) Stadt und die (virtuelle) Verstädterung, absichtlich oder unabsichtlich in einen Topf geworfen, wird auf zwei Gebieten geführt: von der oberen Ebene G aus – von der unteren Ebene P aus.

Der Angriff, der, sozusagen, von oben kommt, beinhaltet ein globales Projekt, aufgrund dessen das nationale Gebiet »bereinigt« werden soll, und zwar im Hinblick auf die Forderungen der Industrialisierung. Doppelte Forderung, doppeltes Postulat: der gesamte Raum soll geplant werden – die Eigenheiten des Ortes und der Lage sollen angesichts eines allgemeinen, durch die Technik motivierten Zwangs verschwinden. Von diesen Zeitpunkt an wird die *Mobilität* zu etwas Wesentlichem für eine Bevölkerung, die wechselnden Zwängen unterworfen ist, die ihrerseits von erfaßten Variablem, den Energiequellen, den Rohstoffen usw., bedingt sind. Die an sich geringe Wohnmobilität wird einer immer größeren beruflichen Mobilität weichen (so verlagert sich die lothringische Metallindustrie – Arbeitskräfte und Investitionen — auf Dünkirchen zu, weil im dortigen Hafen das Erz aus Mauretanien ankommt; Mourenx wird nach Erschöpfung der Erdgaslager verschwinden oder zu etwas anderem werden usw.). Von diesem Standpunkt aus ist es unzulässig, daß »Arbeitskraft-Vorkommen« nicht erschlossen werden können, weil die Arbeitskraft am Boden haftet, unter Schichten von Geschichtlichkeit bewegungslos bleibt, weil sie angeblich mit dem Boden verwurzelt ist. Auf Weltebene träfen derlei harte Wahrheiten zu, überall da also, wo unter dem Druck wirtschaftlicher, finanzieller, technologischer Gegebenheiten die (lokalen, regionalen, nationalen) Strukturen ins Wanken geraten und vergeblichen Widerstand leisten.

Auf der Ebene P konvergieren jedoch die sehr andersartigen Motivationen mit den Sorgen der Technologen oder Technokraten. Die Lust am Vergänglichen und am Nomadentum, das Bedürfnis nach unablässigem Aufbruch würden an die Stelle der einstigen Verwurzelung mit der Behausung, der traditionellen Bindung an den Geburtsort treten. Was verlangt das menschliche Wesen? Einen Unterschlupf. Wo auch immer. Y. Friedman konstruiert also tragende Strukturen und Einheiten (Kästen), die so kombiniert werden können, daß daraus ein Raum, mehrere Räume, ein kleiner oder ein großer Saal, eine kurzfristige Gruppierung entstehen. Unter diesem Gesichtspunkt würde das Luxusleben des Milliardärs, der von Palast zu Palast, von einem Schloß ins andere reist oder an Bord einer Yacht lebt, für die Allgemeinheit erreichbar und demokratisiert. Womit alles Glück der Erde erreichbar wäre. So scheint es.

Für hoch und niedrig wäre somit das Ende des Wohnraums und das Ende des Städtischens als Ort und Gesamtheit von Gegensätzen, von Zentren gekommen. Dieses Ende des Städtischen ergäbe sich aus einer *industriellen Organisation* als einem System von Handlungen und Entscheidungen; ergäbe sich aus dem Ende des *historischen Wertes* im Bereich der Werte, aus einem *Wandel des Alltagslebens* im Bereich der *patterns* oder der Kulturmodelle. Bei den Widerständen diesem zwiefachen Druck gegenüber ist zwischen reaktionären Kräften und revolutionären Kräften zu unterscheiden. Anders ausgedrückt: Die Kritik kommt bald von der »Rechten«, bald von der »Linken« her. Und da ist noch, in zweiter Instanz, die *Kritik der Kritik*. Die Kritik an der Stadt, die im Namen der einstigen (Stammes-, Dorf-, Provinz-) Gemeinschaft geübt wird, sehen wir als eine Kritik der Rechten an; dagegen betrachten wir die hier an der Stadt (und der Nicht-Stadt) geübte Kritik als eine Kritik der Linken. Gegen das Verschwinden der Stadt protestieren Leute, die an der Tradition hängen, volkstümelnde Regionalisten und solche, für die die Welt jenseits der Dorfgrenze zu Ende ist. Der Protest, der, meist von bäuerlicher Seite, zugunsten von *Eigenheiten* formuliert wird, darf weder mit einem gegen repressive Instanzen gerichteten Widerstand noch mit dem Bewußtsein und der Feststellung von *Unterschieden* verwechselt werden. Die Bestätigung von Unterschieden kann (selektiv, also im Verlauf einer kritischen Überprüfung ihrer Kohärenzen und ihrer Echtheit) dazu führen, daß ethnische, sprachliche, lokale und regionale Eigenheiten zu neuem Leben erstehen, allerdings auf anderer Ebene, wo Unterschiede nur als solche wahr- und hingenommen werden, also als Bezugselemente und nicht nur mehr isoliert wie die Eigenheiten. Der Fortbestand von Konflikten zwischen Unterschieden und Eigenheiten ebenso wie von denen zwischen den gegenwärtigen Interessen und den Möglichkeiten ist kaum zu vermeiden. Desungeachtet definiert sich das Städtische als der Ort, wo die Unterschiede sich kennen, und indem sie sich erkennen, erproben – wo sie sich also bestätigen oder aufheben. Angriffe gegen dieses Städtische nehmen kaltblütig oder leichtfertig das Verschwinden der Unterschiede in Kauf, die oft als folkloristische Eigenarten identifiziert oder mit solchen verwechselt werden. Die Ideologie der Insdustrie, der Technokratie oder des Individualismus homogenisiert.

Es wird den Verfechtern der entstehenden urbanen Gesellschaft schwerfallen, jede Zweideutigkeit zu vermeiden, einen Weg aufzutun, von dem man nicht abirren kann. Nehmen wir uns das Problem des Zentrums und der Zentralität vor. Keine Stadt, keine städtische Wirklichkeit ohne Zentrum. Ja, mehr noch: Der städtische Raum, haben wir gesagt, ist durch den Vektor Null definiert; er ist ein Raum, wo jeder Punkt virtuell *alles* auf sich ziehen kann, was die Umgebung bevölkert Dinge, Werke, Menschen. An jedem Punkt kann der Raum-Zeit-Vektor, der Abstand zwischen Inhalt und Beinhaltendem gleich Null werden. Das ist zwar *unmöglich* (utopisch), charakterisiert aber die dialektische Bewegung (den immanenten Widerspruch) um das städtische Raum-Zeit-Gebilde. Es ist somit theoretisch verboten, die Stadtkonzentration mit all ihren aus der Sättigung, der Unordnung erwachsenden Gefahren und ihren Möglichkeiten zu Begegnung, Information, Konvergenz nicht zu verteidigen. Sie anzugreifen, sie zu zerstören, das rührt von einem Empirismus her, der mit der Zerstörung des Denkens beginnt. Das Zentrum kann sonst nicht umhin, sich in partielle und sich bewegende Zentralitäten aufzulösen (Polizentralität), deren konkrete Beziehungen untereinander aufgrund von Vermutungen bestimmt werden. Da dem so ist, läuft man Gefahr, sich für Entscheidungsstrukturen, Machtzentren einzusetzen, also Orte, an denen sich Elemente des Reichtums und der Macht zu kolossaler Dichte sammeln. Kein Ort der Freizeitgestaltung, der Feier, des Wissens, der mündlichen oder schriftlichen Übertragung, der Erfindung, der Schöpfung ohne Zentralität. Solange jedoch gewisse Produktions- und Eigentumsverhältnisse nicht anders geworden sind, wird die Zentralität von denen beherrscht sein, die diese Verhältnisse nutzen und davon profitieren. Im günstigsten Fall wird sie »elitär« sein, im ungünstigsten von Militär und Polizei beherrscht werden. Was ist anderes zu tun, als die Ambiguität und Widersprüchlichkeit zu akzeptieren, also das *dialektische* Wesen der Situation und des Prozesses? Eine Lage akzeptieren heißt nicht, sich für die Diktatur der Machtzentren und der autoritären Planung einzusetzen. Weit gefehlt. Oder vielmehr: umgekehrt.

Zur *Mobilität* wäre zu sagen, daß es sich bei der von den Planern (Bereinigern – Umsiedlern) gewünschten sozialen und beruflichen Mobilität um etwas Oberflächliches handelt; nicht um die intensive Mobilität, die nur in der Umgebung eines Zentrums möglich ist, sondern um die Verschiebung von Populationen oder Materialien, bei der das soziale Beziehungsgefüge intakt bleibt. Zweifellos kann diese Art der Mobilität in einem Chaos enden; allerdings scheint eher die Gefahr zu bestehen, daß sie zu einem »Gleichgewicht«, einer »Stabilität« führt, bei der die Verschiebung des Menschen und seiner Tätigkeiten weitgehend »programmiert« und »strukturiert« sein wird. Eine Unordnung, die weder der Information noch der Begegnung dienen, sondern Langeweile und Neurosen hervorbringen wird. Trotzdem läßt sich nicht leugnen, daß ein Widerspruch auftaucht, der sich im Verlauf eines Denkprozesses, den wir »Urbanismus« nennen, auflösen mag. Ordnung und Unordnung, Gleichgewicht und Bewegung, Stabilität und Mobilität, wie anders soll der Denkprozeß sie herbeiführen, noch durch Konzentrierung der Zwänge, indem er eine Homogenität durchsetzt, eine *Raumpolitik*, eine rigorose Programmierung, bei der sowohl Symbole als auch Information und Spielverhalten unterdrückt werden? Die Urbaniker bewältigen das Problem nur schlecht, wenn sie provisorische Konstruktionen vorschlagen, die dann bleiben: eine monotone Morphologie, die des Unabänderlichen, für Menschen, die vorbeikommen, weil sie Lust haben, anderswohin zu gehen, um endlich etwas anderes zu finden. Zu allem Überfluß verschmelzen hier Urbaniker und Architekt miteinander. Wie leicht hält der Architekt sich für einen Städteplaner, oder gar umgekehrt. Beide empfangen – ob gemeinschaftlich oder als Rivalen – Kommandos und gehören einem einheitlichen sozialen Befehl. In schöner Gemeinsamkeit geben sie schnell das Körnchen Utopie auf, den sanften Wahnsinn, der ihre Werke wieder herausheben, um dessentwillen man sie des bösen Willens, des Ungehorsams, des Nonkonformismus zeihen könnte. Zur Raumpolitik gehört eine Strategie, die Ebenen und Dimensionen begradigt und gleichmacht. Die Ordnung? Sie hüllt sich in Moral und Wissenschaftlichkeit. Die Diktatur des rechten Winkels verschmilzt mit der der Industrialisierung und des neokapitalistischen Staates. So orientierte sich von Anfang an *Gropius'* großer Plan, als er die logische und systematische Koordinierung bei der Behandlung baulicher Probleme konzipierte, als er bei der Gründung des Bauhauses eine »totale« *Architektonik* vorhersagte, die im Rahmen einer »kohärenten, operationellen und systematischen« Lehre weitergegeben würde. Handelt es sich denn nicht beim Wohnungs-Nomadentum, das den Glanz des Vergänglichen heraufbeschwört, lediglich um eine extreme, auf ihre Weise utopische Form des Individualismus? Das Vergängliche wurde zum (Wohn-)Schachtelwechsel. Die Befreiung durch Nomadentum, wie von *Y. Friedman* vorgeschlagen, der einen Lebensraum im Reinzustand aus Metallträgern und Blechplatten (einen riesigen Baukasten) schaffen möchte, ist lächerlich. Wenn, was denkbar wäre, das Vergängliche sehr bald an Bedeutung gewänne, worin würde es bestehen? In der Tätigkeit gewisser Gruppen, die, selbst vergänglich, Werke ersinnen und verwirklichen würden. Die ihren. Wobei ihr Dasein oder ihre Existenz als Gruppe sich darin verwirklichte und erschöpfte, daß sie sich einen Augenblick lang vom Alltäglichen löst. Was für Werke? Was für Gruppen? Die Antwort würde die grundlegende Frage, die nach der Schöpfung, sinnlos werden lassen. Die Gruppen, sofern sie entstünden, würden ihre Augenblicke und Taten, ihren Raum und ihre Zeit, ihre Werke selbst zustande bringen. Zweifellos auf der Ebene des Wohnraums, oder aber von dieser ausgehend (ohne auf ihr zu verharren, d.h. also durch die Gestaltung eines zweckentsprechenden städtischen Raumes). Emsige Versuche in dieser Richtung, das System oder die Systeme der Dinge zu durchlöchern, das Unmögliche zu ermöglichen, beweisen noch nichts, weder durch ihren Erfolg noch durch ihren Mißerfolg. Solche Versuche würden erst im Verlauf eines revolutionären Umsturzes der verkehrten Welt an Tragweite gewinnen. Jetzt und in Zukunft sind sie das Werk von vermutlich »links« genannten Gruppen, deren Konzepte zu übernehmen die jetzige Gesellschaft versuchen wird. Vorausgesetzt, die *Bewegung* griffe nicht auf sie über und führte sie nicht auf andere Wege. Die Initiativen der Architekten? Die der Städteplaner? Es wäre naiv, heute so zu denken wie Hans Meyer im Jahre 1928, als er als Nachfolger Gropius' die Leitung des Bauhauses übernahm: »Bauen heißt das soziale, psychologische, technische, wirtschaftliche Leben organisieren«*. Die Rolle des Halbgottes, die

* Texte aus dem Manifest des Jahres 1919, dem Katalog und der Bauhaus-Zeitschrift (Nr. 4, 1928), die bei der Bauhaus-Ausstellung des Jahres 1969 im Musée d'Art Moderne in Paris auflagen.

der Architekt hier übernimmt, ist Teil der Mythologie und/oder der Ideologie der Verstädterung, die schwer voneinander zu trennen sind. Übrigens besaß Gropius bereits so viel Weitblick, daß er dem Architekten in seiner Eigenschaft als Koordinator die Vereinheitlichung der Probleme vorschlug und meinte, der Architekt müsse über die funktionelle Untersuchung des Hauses hinauswachsen, diese auf die Straße, auf die Stadt ausdehnen und schließlich die regionale und nationale Planung übernehmen. Leider trat das Gegenteil ein: Die strukturierende Planung unterwarf darunterliegende Grade und Ebenen ihren Zwängen. Die Situation umkehren? Aber das Mögliche ist heute unmöglich geworden, setzt einen Wandel der Gesellschaft voraus. Nicht der Architekt kann »ein neues Lebenskonzept definieren«, dem Individuum die Möglichkeit zur höheren Entwicklung bieten, indem er ihm die Last des Alltäglichen von den Schultern nimmt, wie Gropius das für möglich hielt. Ein neues Lebenskonzept erst ermöglicht das Werk des Architekten, macht ihn wieder zum »sozialen Kondensator«, allerdings nicht zu dem eines kapitalistischen Gesellschaftsgefüges und der dieses reflektierenden Befehls, wohl aber zum Kondensator eines im Fluß befindlichen und eines neuen im Entstehen begriffenen Beziehungsgefüges. Vielleicht kann er sogar zum »sozialen Akzelerator« werden. Die Verhältnisse allerdings, unter denen diese Möglichkeit sich verwirklichen ließe, müßten sorgfältig untersucht werden, um nicht von Worten – vom äußeren Schein – überlistet zu werden.

Nach dieser Verkettung von Argumenten stellt sich das Raum-Zeit-Schema folgendermaßen dar:

Ebene G (global; logische und politische Raumstrategie)

0————————————————————————100%

Ebene M (gemischt; mittleres Milieu)

Ebene P (privat: Wohnraum)

1. *Kritische Phase*	2. *Kritische Phase*
(die Landwirtschaft wird der Industrialisierung untergeordnet [Zeit: 1. Jahrhundert) in Europa; Renaissance und Reformation])	a) Unterordnung der Industrie unter die Verstädterung b) Unterordnung des Globalen unter die Verstädterung und der Verstädterung unter den Wohnraum

Hier findet eine doppelte Umkehrung statt. Die Unterordnung der urbanen Wirklichkeit unter ihre Vorläufer und Voraussetzungen wächst über sich selbst hinaus, und das gilt ebenfalls für das Abhängigkeitsverhältnis des Wohnraums von angeblich übergeordneten Ebenen in der sozialen Praxis. Weswegen eine *grundlegende* Reorganisation (von Grund auf und in ihren Grundfesten) erforderlich wird.

Eine außerordentlich kühne – wiewohl sehr einfache – Interpretation des marxistischen Denkens sieht in Marx' Werken (im *Kapital*, aber auch in den als philosophisch und politisch geltenden Werken) eine Darstellung der *verkehrten Welt* sowie das Projekt ihres Umsturzes, den Plan also, sie wieder auf die Beine zu stellen. Nicht nur Hegelianische Philosophie und Dialektik haben den Kopf unten und die Füße in der Luft, eine sehr hinderliche (entfremdende) Stellung, die nur deshalb nicht absonderlich erscheint, weil man an sie gewöhnt ist. Nach Marx ist die verkehrte Welt eine Gesellschaft, wo

a) der Vermittler an die Stelle des Produzenten (Arbeiters) und des schöpferisch Tätigen (des Künstlers, Erfinders, Erzeugers von Wissen und Ideen) tritt, sich auf deren Kosten bereichern kann, indem er sich der Ergebnisse der Tätigkeiten bemächtigt und den in Armut beläßt, der das Risiko des Schaffens auf sich genommen hat. Wer sind diese Vermittler? Die Händler und noch viele andere, denen es gelingt, sich zwischen die Produktion und dem Konsum, und umgekehrt, einzuschalten. In vorderster Linie: der erwerbstätige oder von seinem Vermöges lebende Kapitalist;

b) der Staat, der der gesamten Gesellschaft dienen und ihr seine Organisationsfähigkeit und seine Rationalität zur Verfügung stellen müßte, genau das Gegenteil bewirkt: er verstärkt die Ausbeutung der gesamten Gesellschaft, stellt sich über sie und behauptet von sich, er sei das Wesen des sozialen Daseins und dessen Struktur, obwohl er doch nur ein Zufallsprodukt dieses Daseins ist (ein Oberbau);

c) die Bürokratie Eigeninteressen und die Mittel zu deren Befriedigung erwirbt, wo Fähigkeit und Wissen zum Mittel einer bürokratischen Selektion werden;

d) infolgedessen die Wirkung zur Ursache wird, der Zweck zum Mittel und das Mittel zum Zweck.

Der Theorie von der verkehrten Welt haben wir nur einige Artikel hinzugefügt, die den Plan eines Umsturzes dieser Welt stützen und das marxistische Projekt einer Revolution innerhalb der industriellen Organisation durch das Projekt zur Revolution der Stadt ergänzen. Es läßt sich unschwer aufzeigen, daß jede andere Interpretation des marxistischen Denkens eben nichts als eine Interpretation ist, eine abgeschwächte Version, die den einen oder anderen Aspekt der verkehrten Welt, die eine oder die andere Institution schonen will: den Staat, die Philosophie, die Arbeitsteilung, die bestehende Morphologie usw.

Ebenso leicht läßt sich nachweisen, daß ohne einen derartigen totalen Umsturz alles, was über dieses Beziehungsgefüge gesagt wird, nur eine ideologische Schlußfolgerung ist. Seit Marx wird oft behauptet, das »Wesen« des »Menschen« sei nicht in einem isolierten Individuum zu finden, sondern bestehe aus einer Ganzheit konkreter (praktischer) sozialer Beziehungen und Bindungen. So daß die Gattung Mensch (im allgemeinen) nur eine Abstraktion ist. Durch welches Bezugssystem lassen sich die Merkmale des Individuellen erkennen? Lange Zeit wurde ein *biologisches Bezugssystem* verwendet; man machte Anleihen bei der Pawlowschen Reflexologie, bei der Gehirnphysiologie. Durch Cortex und Viszera wurde das Individuelle definiert. Ebenfalls wurde und wird ein *technologisches* (also wirtschaftliches) Bezugssystem verwendet. Das Beziehungsgefüge, das (im persönlichen Dasein) das Gewissen ausmacht, wurde im Hinblick auf die produktive Arbeit konzipiert und bestimmt, und zwar in dem Maß, in denn man nicht ins Leere hineinschwatzt und nach einer *Praxis* strebt. Wer wird leugnen wollen, daß der Bezug auf die industrielle Praxis oder die Biologie von Bedeutung ist? Das gilt genauso für den Bezug auf die Begierde, das »Unterbewußtsein«, es sei denn, man mache einen Fetisch aus diesem Unterbewußtsein, sehe in ihm ein dinghaftes Wesen. Ist aber eine Untersuchung dieser Fragen – nach dem Bewußtsein, nach der Entwicklung des Individuums (innerhalb seiner engen Gruppe und innerhalb der Gruppen, deren Mitglied es ist: angefangen bei der Familie bis zum weltweiten Verband) – möglich, ohne daß die Morphologie und die durch den Ort, die Beziehungen dieser Orte und der Institutionen zueinander (Schule, Universität, Betrieb, Armee, Staat usw.) bedingten Formen Berücksichtigung fänden? Derlei Spekulationen verharren in deliriöser Abstraktion, die sich hinter einer Maske oder einem philosophischem Schleier verstecken*.

Mit der Einführung der Topologie (analytischer Überlegungen über die *Topoi* im geistigen und sozialem Raum) bleibt der philosophische Umfang der Konzepte erhalten, die Folgen einer philosophierenden (spekulativen) Einstellung jedoch werden unterbunden.

* Unsere Bemerkungen richten sich genauso gegen *R. Garaudy* und seinen »marxistischen Humanismus« wie gegen *L. Althusser* (Pour Marx) und *L. Sive* (Marxisme et théorie de la personnalité) usw. Besonders eigenartig ist es, im marxistischen Denken (im sogenannten marxistischen Denken) den Auswirkungen philosophierenden Gehabes nachzugehen, den Bestrebungen, diese beizubehalten und abzustützen, um ihre Abstraktion zum Privateigentum eines Apparates zu machen (der damit das Privateigentum an den Ideen für sich beansprucht.

Untersucht man das soziale Beziehungsgefüge, ohne dabei die Orte (an denen das Beziehungsgefüge sich auswirkt) und die (materielle) Morphologie zu berücksichtigen, dann verfällt man eigentlich in einen reinen Idealismus. Die Einstellung dieser Philosophen, die sich ja für materialistisch halten, läßt sich nur durch die ideologische Macht des Apparates erklären.

V. Stadtmythen und Ideologie

Wer wird bestreiten, daß die Agrarzeit ihre Mythen und eine ideologische Weiterführung dieser Mythen besaß? Niemand. Dennoch muß darauf hingewiesen werden, daß die Mythen der Agrarzeit darum noch lange keine landwirtschaftlichen Mythen sind, daß sie Elensente (Themen, symbolische Einheiten) auf nehmen, die entweder aus der Nomaden- und Hirtenzeit stammen oder sich mnit einer produktiven Tätigkeit (Jagd, Fischfang, Handwerk) befassen, die nichts mit der Landwirtschaft zu tun hat. Die Verwendung dieser Elemente ist somit nicht an einen bestmmten Zeitpunkt gebunsden. Das ist richtig. Wir werden also die Mythen aus der Agrarzeit nicht an Hand ländlicher Eigemsschaften der Themen, Gestalten, handelnden Personen definieren, sondern aufgrund der Tatsache, daß sie den Fragen und Problemen einer bäuerlichen Gesellschaft entsprechen (in der die Landwirtschaft, auch da, wo sie politische Städte in sich einbegreift, eine Vorrangstellung einnimnt). Wenn Fourier glaubt, die Befreiung der Gemneinwesen und die Beseitigung der Arbeitsteilung sei nut Hilfe eines Arbeitstypus, wie ihn die Landwirtschaft hervorbringt, möglich, dann kommt darin nicht ein Agrarmythos, sondern nur ein Industriemythos (aus der Anfangszeit der Industrie) zum Vorschein, der Elemente aus der Landwirtschaft verwendet. Ein solcher Mythos ist einer Ideologie so ähnlich, daß zwischen beiden kaum noch ein Unterschied besteht. Das utopische System der Phalanstères ist dabei Vorbereitung und Ankündigung der machtvollsten Forderung der industriellen Epoche, einer Forderung, die Marx in ihrer Gänze wiederaufnahm und mitten ins Herz des revolutionären Denkens hineinbrachte: die Überwindung der Zerstückelung der Arbeit. Die Analyse eines Mythos muß zweifach durchgeführt werden: Sie sucht nach den Bestandteilen des Mythos und bestimmt deren Handhabung im anderem Zusammenhang. Die Bestandteile können einer Zeit entstammen, ganz anders als die, in der sie zusammengefügt, wieder aufgenommen und manipuliert werden. Diese ist maßgeblich für die Datierung des Mythos, nicht jene.

Kann man den Mythos von *Atlantis* in Platons *Kritias* als Stadtmythos, als Vorwegnahme oder Vorahnung ansehen? Der Mythos zeigt die Gleichzeitigkeit, die keineswegs friedliche Koexistenz von Land und Stadt seit Beginn der abendländischen Kultur auf. Landwirtschaftliche Produktion und bäuerliche Beziehung zur Natur lassen nur ein zyklisches Bild von der Zeit erstehen, die keinen Sinn (keine Richtung) hat oder, vielmehr, keinen anderen Sinn (keine Auslegung), als das große Jahr und die ewige Wiederkehr. Die Stadt als Abbild einer Zeit, die sich auf ihr Ende zu bewegt, als Abbild eines harmonisch in einen Lichtraum eingefügten Kosmos, prägt das Denken. Atlantis, die herrliche, harmonische Stadt, wird eins mit dem Gebiet, das sie organisiert und beherrscht. Ist in Platons mythischer Erzählung nicht die griechische Vorstellung von der orientalischen Stadt, das bis nach Europa gedrungene Echo der »asiatischen Produktionsweise« enthalten? Dabei ist die politische Stadt Griechenlands etwas sehr Kraftvolles und unterscheidet sich in mancher Hinsicht von der orientalischen Stadt. Sie sammelt um sich bäuerliche Gruppen, Dörfer, Produzenten (Synözie). Sie wirkt wie eine Insel der Seligen im Ozean der ländlichen Umgebung, der Felder, Forsten, Urwälder, Wüsten. Sie gibt vor, diejenigen, die sie um sich sammelt, nicht zu unterdrücken oder gar auszubeuten. Aus der wechselseitigen Spannung der Elemente schafft sie die Harmonie, vergleichbar der der Leier Heraklits, der des Bogens. Sie scheint Erinnerung an einen verschwundenen Kontinent, wo die Trennung der Lebenden und der Arbeiten weder Sinn noch Ort hatte und haben konnte. Daß Platon den Mythios wieder aufgriff und ihm eine Form gab, besagt nur, daß das philosophische Denken (das aus der Teilung und Trennung der Aktivitäten in eben dem Augenblick hervorgeht, da es sie bekämpft, um die Totalität wiederherzustellen) sich des Problems des antiken Stadtstaates, seiner vernunftbedingten (Logos, der spricht und wirkt) und dennoch bedrohten Institutionen bemächtigt.

Umgekehrt vermittelt der Stadtstaat der philosophischen Reflexion neue Einsichten in seine politische Existenz – als Zentrum – inmitten der endlosen ländlichen Umgebung. Was kündigt sich in diesen Überlegungen an? Welche Prophetie? Welche möglich-unmögliche Zukunft? Eine Art von städtischen Kommunismus, der, weder bäuerlich noch asketisch noch handwerklich, etwas spezifisch Städtisches sein wird, ohne dabei etwas mit den bestehenden, der Stadt eigenen Institutionen zu tun zu haben. Utopie, dem städtischen Denken inhärent, durch die der mythische Text seinen Kontext transzendiert. Und sie wird Folgen haben: die Gottesstadt, die Sonnenstadt. Der utopische Kommunismus hat seine Wurzeln im Städtischen genauso wie im Bäuerlich-Ländlichen. Wenn der Atlantis-Mythos klassifiziert und datiert werden soll, dann möge man ihn den Stadtmythen zuordnen! Läßt sich aber der *Kritias*, der philosophische Erzählung, gemischte Logik ist – Mythos, Ideologie, Utopie – überhaupt irgendeiner Kategorie zuordnen? Der Mythos würde als *nicht institutionelles logisches Gedankengut* definiert (den Zwängen der Gesetze und Institutionen nicht unterworfen), das seine Elemente aus den Kontext herausholt. Die Ideologie wäre ein zur Institution erhobenes Gedankengut, das die bestehenden Institutionen legitimiert – oder sie auch kritisiert, ablehnt, verwirft –, sich aber auf derselben Ebene befindet wie sie. Die Utopie wiederum würde danach streben, alles zur Institution Gewordene ins Transzendente zu verlagern, wobei sie sich Mythos, Problematik des Wirklichen sowie des Möglich-Unmöglichen zunutze machen würde. Selbstverständlich kann das nicht institutionalisierte Gedankengut nicht überall und nicht von jedem verkündet werden. Es stammt von einer spezifischen, vielleicht sogar spezialisierten, Gruppe mit einem Hang zur Anomie (sozial, außer-sozial). Die Philosophen sind solch eine Gruppe. Sie erarbeiten einen eigenen Code, um Texte und Zusammenhänge entziffern zu können. Sie stellen sich auf die Ebene der *Kosmologie*, die keine *Institution* sein kann. Wenigstens nicht in Griechenland. Nicht vor Hegel.

Angesichts dieses Dreierbündnisses – Mythos, Ideologie, Utopie – lösen sich Konflikte und Widersprüche wie durch Zauberschlag: sie werden der Vergangenheit zugeordnet oder in die Zukunft verlegt. Wo also stellen sie sich dar? Im Kunstwerk. Wie ist die griechische Tragödie zu verstehen? Die politische Stadt – Flecken oder organisierter Stadtstaat – begreift ihren Konflikt mit dem Land, mit dem ihr zugehörigen Land. Sie nimmt die von den Bauern erlebten und gespielten bäuerlichen Themen auf; sie gibt ihnen einen neuen Sinn. Die Stadt gebiert den apolhinischen Geist, das Land gehört dem Dionysos. Das Schauspiel des von den Seinen hingeschlachteten und aufgefressenen Gottes wird zum Spiel zweiten Grades: Es wird an einem bestimmten Ort neu geschaffen oder wiederholt, um die Mächte des Bösen darzustellen. Auf der Theaterbühne exorziert die Stadt – der Ort des Logos, die apollinische Macht – die chtonische Brutalität mit Hilfe einer geordneten *Mimesis*. Denen, die in Gefahr sind, den dionysischen Mächten zu verfal-

len, schenkt sie den Abstand der Re-Präsentation, der katharti-
schen Wiederholung. Sie bietet die Zukunft der Stadt an. Die
Tragödiendichter schreiben zu Athenas Preis, um die Probleme
zu lösen, die aus der Konfrontation von Gesetz und Brauchtum,
von Gerechtigkeit und Gewalttat, der Konfrontation des einzelnen mit der brutalen Gemeimischaft entstehen. Das Aufeinanderfolgen der Tragödiendichter *(Äschylos, Sophokles, Euripides)*
läßt sich anders nicht verstehen, auch nicht die aufkeimende
Enttäuschung, die leichte Bitterkeit*. So viele Bedrohungen lasten auf der Stadt! Die Themen der Tragödie können dem Städtischen zugeordnet werden, obwohl sie aus dem bäuerlichen
Themenkreis stammen und von der Stadt nur aufgegriffen wurden. Aber das sind keine Mythen. Sind Stadtmythen im eigentlichen Sinn überhaupt möglich, solange der große Umschwung
nicht stattgefunden hat, aufgrund dessen die gesamte Gesellschaft sich der städtischen Wirklichkeit zuwendet und das spezifische Gewicht der Landwirtschaft, des ländlichen Daseins,
der bäuerlichen Probleme mindert? Erst von diesem Augenblick
an setzt sich die Stadt durch. Sie schreibt sich auf Plänen nieder.
Bald wird ihre Schrift andere Formen annehmen: Träume, Be-
kenntnisse, Romane, Melodramen. Auch hier werden die bäuerlichen Elemente – Mythen, Ideologien, Utopien – wieder aufgegriffen und als symbolträchtige Einheiten in einem anderen
Sinn verwendet werden. Ist die Stadt bei Rousseau der Ort des

---

* Wir gehen nicht weiter auf das bereits angedeutete und in der Schwebe
gelassene Problem ein. Wie gehen Einheiten, die bereits Symbolwert
besitzen, in andere Einheiten ein? Findet ein Wandel statt, eine Erfindung, eine Sinngebung? Oder wird etwas kombiniert, das noch unbekannte Kombinationen an den Tag bringt? Oder entsteht nur eine Metasprache, die Rede über die ursprüngliche Rede? Bei der Beziehung
Text-Kontext neigen wir zur erstgenannten Lösung.

Verfalls, der Korruption, in einem Wort: der Zivilisation? Besteht zwischen ihr und der Natur der gleiche Gegensatz wie zwischen Gleichheit unsd Ungleichheit, zwischen Luxus und Mäßigkeit? Jean-Jacques Rousseau denkt und arbeitet im Rahmen der Ideologie, also auf der Ebene der Institutionen. Daher seine Bedeutung. Zuweilen dringt er bis zum Mythos vor. Selten. Dieses Herausreißen bäuerlicher Themen aus ihrem Zusammenhang und ihrem ursprünglichen Sinn, diese Umwandlung antiker Mythen in eine Stadtmythologie tritt bei Restif de la Bretonne deutlicher hervor als bei Rousseau. Ein phantastisches Werk, das ausschließlich Mythos und Utopie ist (nicht Ideologie entsprechend der zuvor angeführten Definitionen, was besagt, daß es Institutionen weder rechtfertigt noch ablehnt, sie vielmehr ignoriert), und darin seine Grenzen und seine Größe findet. Ist es nicht erstaunlich, daß genau zu dem Zeitpunkt, da die Physiokraten ihre Theorien über die schwindende Vorrangstellung von Natur und Land gegenüber der Stadt formulieren, da die Mischung aus Ideologie und Wissen hinter der sozialen Praxis herhinkt, die Mischung aus Mythos und Utopie an Boden gewinnt und zugleich verkündet, was ist und was kommnen wird?

Man könnte sagen, um die Mitte des 18. Jahrhunderts steige am Horizont die Natur als Abbild und Begriff, als Sehnsucht und Hoffnung empor und wende sich gegen die Stadt. Zur gleichen Zeit entthront die Musik, das heißt die Harmonie, die Architektur und wird zur wichtigsten und richtungweisenden Kunst. Ein Jahrhundert später jedoch hat die Stadt die Natur entthront. Die Re-Präsentation der Natur ist nur noch durch und für die urbane Wirklichkeit, die als solche Gestalt angenommen hat, möglich. Die Natur ist nur noch Bedauern, Wehmut, Schmuck der Jahreszeiten. Um auf die Dimensionsanalyse zurückzukommen, so kann man sagen, die symbolische Dimension der Stadt werde durch/bei Victor Hugo aufgedeckt, ihre paradigmatische durch/bei Baudelaire, ihre syntagmatische bei den vielen Dichtern, die die Stadt durchwandern und von ihren Wegen berichten: es sind die kleinen Romantiker, die weniger bedeutenden Dichter, angefangen bei Gérard de Nerval bis zu Lautréamont und Rimbaud. Durch den Mythos, die Ideologie, die Utopie ersteht so ein Bild der Stadt, das zu einen Begriff hin tendiert (also auf eine Erkennstnis zu). Und zwar benerkenswerterweise Dimension um Dimension, Form um Form. Hugo beschreibt und bespricht die Symbole auf den Gebäuden, in den Straßen, in der Gosse (Der Glöckner von Notre-Dame, Die Elenden). Baudelaire zeigt alle für die Stadt typischen Gegensätze auf (Wasser und Stein, das Bewegliche und das Unbewegliche, Menge und Einsamkeit usw.) und befreit sie. Hier muß hinzugefügt werden, daß die Großstadt Paris mit ihrem starken Gegensatz zur Natur bereits in das Stadium der Explosion eingetreten ist. Baudelaire erlebt die Umwandlung von Paris durch den Urbanismus Haussmanns, Rimbaud die Kommune, die Revolution der Stadt. Schon vermischen sich bei der Erzählung, bei der von mythischen Themen erfüllten Beschreibung, Ideologie und Utopie. Das Paradies ist nicht mehr in der Natur, im Ursprünglichen vor dem Sündenfall zu Hause. Die Sehnsucht sucht nach dem künstlichen Paradies (Baudelaire), das an die Stelle des natürlichen getreten ist. Aber das künstliche Paradies ist deutlich ein städtisches Paradies. Zwar stammen gewisse Bestandteile dieser Paradiese aus der Natur: Wein und Drogen, Stoffe und Metalle, fleischliche Begierde und Gewalt; aber sie haben einen neuen Sinn erhalten.

So steigt die Verstädterung am Horizont als Form und Licht (aufhellende Virtualität) empor und gleichzeitig als eine im Vordringen begriffene Praxis, als Quelle und Grundlage einer anderen Natur oder einer Natur, die anders ist als die ursprüngliche.

Und zwar durch zusammengesetzte Re-Präsentation hindurch, die hier in einer kurzen Analyse nur summarisch aufgeschlüsselt werden können: Mythos und Utopie, Ideologie und Wissenschaft. Die Problematik der Verstädterung kündigt sich an. Was wird aus dem Herd hervorgehen, aus diesem Hexenkessel? Aus dieser dramatischen Intensivierung der schöpferischen Kräfte, aus der Gewalt? Aus diesem generalisierten Austausch, der nicht mehr sichtbar macht, was da ausgetauscht wird, es sei denn, es zeige sich nur allzu deutlich: Geld, enorme, vulgäre Leidenschaften, verzweifelte Subtilität. Die Stadt setzt sich durch und explodiert. Und die Verstädterung kündigt sich an, nimmt Gestalt an: nicht als metaphysische Ganzheit, sondern als auf einer Praxis basierende Einheit. Im Akt, in der Stadt oder besser im Urbanen begegnen sich *Welt* und *Kosmos*, die alten Themen der Philosophie: Die Welt, ein Vorangehen in der Finsternis – der Kosmos, harmonische Stufung über leuchtenden Konturen. Die Dichtkunst feiert die Schönheit des Kosmos, sein wunderbares »Zusammenspiel« nicht mehr – auch nicht die Hieroglyphen des Geistes, den Sinn des Weges, der im Schatten, im Dunkel eines Tunnels oder auf gewundenen Wegen durchmessen wurde. Die Dichtung wird »Entfaltung des Ursprungs im Anfang« (M. Blanchot). Der Weg des Wissenchaftlers unterscheidet sich nicht von dem des Dichters.

Was bleibt nun, von dem, was jeder kennt, abgesehen, über den Urbanismus im Sinne Haussmanns zu sagen? Ausweidung von Paris nach einer Strategie, Deportierung des Proletariats in die Peripherie, gleichzeitige Erfindung der Vororte und des Lebensraums, Verbürgerlichung, Entvölkerung und Verfaulen der Zentren – all das wurde oft und oft vorgebracht. Wir wollen trotzdem gewisse Aspekte dieses urbanistischen Denkens betonen. Es deckt die der Klassenstrategie inhärente Logik auf und kann die rationale Kohärenz, die von Napoleon und dem absolutistischen Staat stammt, auf die Spitze treiben. Haussmann schneidet ins urbane Gewebe, zieht erbarmungslos gerade Linien. Noch ist das nicht die Diktatur des rechten Winkels (von der Bauhaus und Le Corbusier künden), doch es ist bereits die Ordnung der Regel, der Begradigung, der geometrischen Perspektive. Solch eine Rationalität ist nur möglich, wenn sie von einer Institution stammt. Die oberste, die allerhöchste Institution, der Staat greift ein. Er beschließt eine Tendenz, die in der Antike, in Rom und über Rom hinweg vom Orient aus ihren Anfang nahm. Von allem Anfang an bringt sich der Staat durch Leere zum Ausdruck: weitläufige Räume, ungeheure Alleen, riesige Plätze, die für gewaltige Aufmärsche gedacht sind. Im Bonapartismus wird nur eine Tradition weitergeführt und auf eine historische Stadt, einen hochkomplexen urbanen Raum angewandt. Er verändert die Stadt mit einem Schlag. Er bestimmt Logik, Strategie, Rationalität. Den Zeitgenossen erscheint die Ideologie, die diese Rationalität durchläuft und stützt, die sie als etwas Absolutes darstellt, nicht als Ideologie. Die meisten bewundern sie. Und die Widerstrebenden? Man stört sie, man beseitigt das Malerische, verdirbt die Seele. Das sind die Vergangenheitsgläubigen. So mag man denen, die um die Vergangenheit trauerten, entgegengehalten haben, sie beweinten das Ende der Elendsviertel. Dennoch dürfte die Wahrheit (die Explosion der Stadt durch ihre Verbürgerlichung) den Zeitgenossen kaum klargeworden sein. Was war notwendig, um die Wahrheit mit einem Eklat zu verdeutlichen? Die Kommune, die mit ihrem Mythos, ihrer Ideologie, ihrer Utopie (Dezentralisierung, Föderalismus im Sinne Proudhons) als revolutionäre urbane Praxis angesehens wurde. Die Arbeiter, aus dem Zentrum vertrieben und zur Peripherie abgedrängt, machten sich auf den Weg zurück ins Zentrum, das von der Bourgeoisie mit Beschlag belegt worden war. Sie überwältigten es *manu militari* – mit etwas Glück, aber vor allem, weil die Zeit reif war. Wenn der Sozialismus versucht, die Zukunft vorauszusehen oder sie sich vorzustellen (Marx lehnte das ab, weil es für ihn nur den Weg gab und nicht das *Modell*), dann hat er kaum anderes zu bieten als verbesserte Arbeitsbedingungen (Löhne und materielle Verhältnisse im Betrieb). Dabei kann es nicht bleiben. Er steht vor der Problematik der Verstädterung und ist nur mit infantilen Begriffen und Ideologien ausgerüstet. Unter diesen Gesichtspunkt wurde noch keine vergleichende Untersuchung der sozialistischen Arbeiterbewegung angestellt. Welche Auswirkungen haben die Probleme der Verstädterung auf die verschiedenen Parteien? Auf die Zweite und Dritte Internationale? Der Munizipalsozialismus, beschränkt, ohne Horizont, war ein kläglicher Fehlschlag; er mißlang schneller und kläglicher als der Staatssozialismus, der zwar keinen Sozialismus (im Sinne Marx') hervorgebracht hat, dafür aber große und mächtige Staaten. Was erreichten die »Munizipalsozialisten«? Sie haben die Klassenverhältnisse in Kapitalismus »überstürzt« (kondensiert). Was beweist das? Daß die Reformisten als Reformisten an ein Problem herangegangen waren, das weder reif war noch seinen heutigen Umfang erreicht hatte. Wie wurde dieses Problem nach der Oktoberrevolution in der UdSSR untersucht, gelöst oder auch nicht gelöst? Wie in den sogenannten sozialistischen Ländern nach dem Zweiten Weltkrieg, in China im Verlauf einer der Episoden einer Revolution, die von sich behauptet, sie höre nie auf? Wie und warum wurde die Kommune nicht als *urbane Revolution* konzipiert, sondern als eine Revolution des Industrieproletariats gegen die Industrialisierung, was nicht der geschichtlichen Wahrheit entspricht.

Diese Gesamtheit historischer, politischer und anderer Probleme muß hier kurz gestreift werden. Es scheint, als wäre der junge, unsichere Sozialismus weder dem Mythos noch der Ideologie, noch auch der Utopie aus dem Weg gegangen. Die sozialistische Denkschule stellte mit schönem Selbstvertrauen dogmatische Behauptungen auf und glaubte, die »Stadt-Land«-Trennung aufheben zu können, genauso wie sie die Arbeitsteilung in geistige und manuelle Arbeit, den Markt, das Geld, das Gesetz vom Wert, die Rentabilität überwinden zu können glaubte.

Wie sollte der Gegensatz zwischen Stadt und Land aufgehoben werden? Durch das Verschwinden der Großstädte, dadurch, daß überall auf dem Land Betriebe entstehen würden? Nach Kopp setzte diese Bewegung der stadtfeindlichen Städteplaner kurz nach der Oktoberrevolution ein. Wenn sie auch vom Architektonischen her bemerkenswerte Versuche unternahm, als urbanistisches Projekt scheiterte sie. Das Wachstum der sowjetischen Städte, deren Produktion und deren politisches Gewicht anstieg, ist noch nicht zum Stillstand gekommen. Mit anderen Worten, trotz aller Bemühungen von Leuten, die dann reine Utopisten waren, als sie sich für höchst realistisch und rationalistisch hielten, nimmt die Revolution der Städte in den sogenannten sozialistischen Ländern ohne andere städteplanerische Ideen als in den kapitalistischen Ländern ihren Fortgang. Und die politischen Pläne scheinen nur die Schlagworte der Anti-Stadt aufzugreifen. Noch heute, in Kuba und anderswo.

Man behauptet, die Kulturrevolution in China werde in Zukunft den Unterschied zwischen Stadt und Land, zwischen landwirtschaftlichem Arbeiter und Industriearbeiter ebenso beseitigen wie den zwischen manueller und geistiger Arbeit. Damit werden Marx' Projekt und die Wünsche der sowjetischen Ideologen erneut aufgegriffen. Wenn es sich dabei nur darum handelt, die Intellektuellen zu einer Arbeitskur aus der Stadt zu schicken, damit sie auf dem Feld oder in fernen Unternehmen manuelle Arbeit leisten, so ist das nichts Neues. Wird damit die Arbeitsteilung überwunden? Ein Witz. Ist das Projekt einer Revolution nur auf sehr hohem technologischem Niveau möglich?

Begleitet es nicht die Ausdehnung des Stadtgewebes, das Verschwinden von Land und landwirtschaftlicher Tätigkeit als solcher, das durch die Industrialisierung, Mechanisierung, die vollständige Automatisierung verursacht wird? So daß auf dieser Ebene die Überwindung der einstigen Situation einen neuen Sinngehalt gewänne? Inzwischen prangert – so scheint es – die marxistisch-leninistische Denkschule in China die Metropole als Zentrum despotischer Macht an (was nicht ohne Wahrheitsgehalt ist). Sie betrachtet die Stadt als gegen das Bauerntum gerichtetes Bollwerk und als Festung. Die Großstädte, die Sitz der Betriebe und der Banken, der Handelsunternehmen und der Ämter zur Vermittlung menschlicher Arbeitskraft sind, die hungernden Millionen in ihren Bann ziehen, sollen zerschmettert werden. Weltstadt, umgeben von Weltland und Weltbauerntum – das ist das Aktionsziel der Revolution. Die Kommune (im chinesischen Sinn) ist das Mittel, die Etappe auf dem Weg zur Urbanisierung des Landes und zur Verländlichung der Städte. In der Kommune gibt es Krankenhäuser, Schulen, kulturelle Zentren, Zentren des Handels und der Freizeitgestaltung. Sie kennt weder Elendsquartiere noch Übervölkerung. Sie allein ist fähig, die Gruppen, aus denen sie besteht, und die Individuen, die die Gruppen bilden, zum kollektiven »Wir« zu integrieren. Sie macht weder seßhaft noch schafft sie Nomaden. Die Technik wirkt nicht mehr zerstörerisch, sondern wird vom Kollektiv unter Kontrolle gehalten. Niemand hat unbegrenzte Macht. Die chinesische Kommune könnte geeignet sein, an Stelle der einstigen weiblichen, beschützenden, passiven Stadt und des einstigen männlichen, aktiven und unterdrückenden Stadtstaates zu treten. Das zumindest behaupten manche Verfechter des »Anti-Stadt«-Projektes.

Fragwürdige Argumentation: ideologischer sowohl als politischer Art (dient sie kurzfristig einer Politik und bedient sich einer kurzfristigen Politik), die überdies noch Utopie ist, nichts Neues enthält. Nach allen bisherigen Informationen setzt sich im China von heute so wie in der UdSSR von gestern das Wachstum der Städte so schnell wie das der Industrie fort, vielleicht sogar schneller. Wie überall. Die demographischen Ursachen, die soziologischen Gründe, die wirtschaftlichen und politischen Vorteile der Stadt sind in China die gleichen wie anderswo. Auf lange Sicht nimmt die Urbanisierung also zu. Die sozialistischen Länder haben dieselbe Definition des städtischen Raums wie jedes andere Land. Die Problematik der Stadt, der Urbanismus als Ideologie und Institution, die Verstädterung als globale Tendenz sind Fakten von weltweiter Gültigkeit. Die Revolution der Städte ist ein Phänomen, das die ganze Erde erfaßt hat.

Die »Weltstadt« ist für den Theoretiker, der sich mit dem »chinesischen Weg« befaßt, von Interesse, während die »Vervorstädterung«, die einen Großteil der Welt erfassen dürfte, für die urbane Strategie nicht weniger Bedeutung hat. Kann sich diese aber dabei von einer strategischen Hypothese inspirieren lassen, derzufolge das Land die Stadt einkreisen, bäuerliche Partisanen gegen die Zentren der Verstädterung Krieg führen würden? Diese Vision, dieses Konzept des Klassenkampfes auf Weltebene scheint heute überholt. Die bäuerliche Fähigkeit zur Revolution nimmt nicht zu. Eher scheint sie, wenn auch ungleichmäßig, resorbiert zu werden. Dagegen scheint eine Art allgemeiner Kolonisierung des Raumes von den »Entscheidungszentren« aus einzusetzen. Dabei bildet sich offenbar zwischen den Zentren des Reichtums und der Information, des Wissens und der Macht und den davon abhängigen Gebieten eine Art feudalherrschaftliches Verhältnis heraus. In diesem Fall verläuft die Grenzlinie nicht mehr zwischen *Stadt* und *Land*, sondern im Innern des Phänomens der Verstädterung, zwischen der beherrschten Peripherie und dem beherrschenden Zentrum. Die weltweite Bedeutung des Phänomens Verstädterung — genauer gesagt, der Problematik und der kritischen Phase — erscheint in den Science-FictionRomanen, noch ehe sie der Erkenntnis bewußt wird (außer in der doppelsinnigen Mischung aus Ideologie und Wissen, die wir unter dem Namen *Urbanismus* analysieren). In den Sience-Fiction -Erzählungen sind, wie man weiß, nur selten *optimistische* Voraussagen und Zukunftsvisionen zu finden; *pessimistische* Prophezeiungen sind sehr viel häufiger. Die diesen mythischen Erzählungen inhärente Ideologie ist sehr oft die Weiterführung der Forderungen der industriellen Planung; die sich aus dem Phänomen der Verstädterung ergebenden Konsequenzen werden jedoch nicht alle aufgezeigt. Trotzdem ist dieser allgemeine Pessimismus Teil der Problematik. Krankheit von Menschheit und Raum, Milieu, das jedem Laster, jeder Deformation, jeder Gewalttätigkeit förderlich ist – das ist im Zukunftsroman die zukünftige geborstene oder wuchernde Stadt. Wir hier wollen vorerst nur auf die Vielzahl der für das Phänomen der Verstädterumig möglichen Lesarten hinweisen. Der Mythos hatte in der Hauptsache eine Lücke ausgefüllt, die durch das Fehlen einer an der Praxis orientierten Erkenntnis verursacht wurde. Noch immer nimmt er – eine Mischung aus Utopie und Ideologie – denselben Platz ein. Für dieses außerordentlich komplexe Phänomen existiert eine *morphologische* Lesart (die des Geographen und vielleicht auch des Urbanikers). Weiterhin existiert eine technologische Lesart, die des Verwalters, des Staatsmannes und des Politikers, der nach Mitteln zur Intervention sucht. Und es gibt eine Lesart, die sich an *Möglichen* (und *Unmöglichen*) orientiert, die eine Vorstellung von den Varianten eines beendeten Daseins, dem des menschlichen Wesens, vermittelt, und an Stelle der traditionellen Einheit das urbane Leben anbietet. Bei aller Enge beinhaltet diese Einheit

»Impulse« und Werte. Vielleicht vereint die mythische Erzählung, gestern von Philosophen und Dichtern, und heute von Schreibern von Science-Fiction-Romanen, die verschiedenen »Lesarten« des Phänomens der Verstädterung in sich, ohne sich allzusehr um ihre Herkunft oder Bedeutung zu kümmern. Vielleicht *reduziert* diese Erzählung weniger als die Lesarten und Teilwissenschaften, die sie benutzt, indem sie sie aus ihrem Zusammenhang und ihrer Isolierung löst. Vielleicht aber kann sie nur die Projektion der urbanen Problematik sein, indem sie deren Widersprüche verbirgt. Die Bühne der Zukunft ist noch nicht aufgerichtet.

VI: Die Urbane Form

Wie haben wir bisher das Phänomen der Verstädterung definiert, soweit es dabei um Wesen und Inhalt dieses Phänomens
ging? Wir haben es – genau gesagt – nicht durch einen Gehalt,
nicht durch irgendeinem Inhalt definiert. Alle Funktionen,
Strukturen, Formen (in der üblichen Bedeutung dieses Ausdrucks) waren zwar notwendig, für eine Definition aber nicht
ausreichend. Die Funktionen? Wir haben sie erfaßt und auf dem
Zeitschema die politische und administrative, die kommerzielle
Funktion, die (handwerkliche, gewerbliche, industrielle) Pro-
duktionsfunktion geortet oder in der klassischen Stadt heranwachsen sehen. Wir haben angedeutet, daß es sich um *Doppel-*
Funktion handelt, einerseits auf das verwaltete, beherrschte,
von den städtischen Zentren aus netzartig umschlossene Gebiet
bezogen – und andererseits auf die Stadt selber, die verwaltet
und beherrscht ist (insofern und weil sie die Beherrschende ist),
auch sie in das Netz von Produktions und Verteilung eingeglie-
dert. Das Wesen des Phänomens der Verstädterung liegt offenbar
im Zusammentreffen dieser Doppelfunktionen, in ihrer Artiku-
lation. Es genügt also nicht, die Funktionen aufzuzählen. Weit
entfernt. Sie werden beschrieben, detailliert analysiert, aber das
nur stückweise, der Disziplin (politische Ökonomie, Soziologie
usw.) entsprechend. Eine endgültige Aussage ist dabei nicht
möglich. Die Analyse reicht nur bis zur Unterscheidung von
Organisationen und Institutionen, soweit sie die äußeren und
inneren Funktionen der Stadt kontrollieren, also zusammenfas-

sen. Die Strukturen? Auch sie sind zweifacher Art: morphologischer (Orte und Situationen, Gebäude, Straßen und Plätze, Monumente, Nachbarschaft und Stadtviertel) und soziologischer (Verteilung der Bevölkerung, Alters- und Geschlechtsgruppen, Haushalte, erwerbstätige oder nicht erwerbstätige Bevölkerung, sogenannte sozialberufliche Kategorien, Herrschende und Beherrschte). Zur Form im üblichen Sinn des Wortes, einer geometrischen oder plastischen also, wäre zu sagen, sie stelle eine räumliche Anordnung dar: in Quadrate oder in konzentrische Kreise aufgeteilt. Eine solche Anordnung wird aber nur Gewicht haben, wenn man sich vor allem mit dem Verkehr befaßt, wenn man also die urbane Problematik als reine Verkehrsproblematik sieht. Überdies bietet die Erfindung neuer Formen (X-Form, Schnecke, Schraube, Krater usw.) ein einfaches Verfahren zur Bewältigung dieser Problematik der Stadt. Wir haben das Wesen des Phänomens der Verstädterung in der *Zentralität* entdeckt, aber in einer Zentralität, gekoppelt mit der dialektischen Bewegung, die sie einsetzt und zerstört, sie schafft oder zerbricht. Der Sinn des urbanen Raum-Zeit-Gebildes ist darin zu sehen, daß jeder Punkt zentral werden kann. Die Zentralität ist nichts Indifferentes, im Gegenteil, sie bedarf des Inhalts. Dieser Inhalt jedoch kann irgendein Inhalt sein. Anhäufung von Projekten und Produkten in Lagern, Berge von Obst auf den Märkten, Menschenmassen, Leute, die sich gegenseitig auf die Füße treten, Zusammenballungen vielfältiger, nebeneinander, übereinander liegender, zusammengetragener Objekte: das macht die Stadt aus. Wenn sich die Stadt selbst zur Schau stellt – von einer Terrasse, einem Kirchturm, einem Hügel, einem hochgelegenen Ort aus (der das *Anderswo* ist, von wo aus das Urbane erkennbar wird) – so nicht, weil der Beschauer damit ein äußeres Abbild der Realität erblickt, sondern weil der Blick sammelt, zusammenfaßt. Es ist die der städtischen Wirklichkeit selbst, die sich offenbart. Alles in der urbanen Wirklichkeit verläuft, als ob alles, woraus sie sich zusammensetzt, sich näherkommen könnte, immer wieder und immer mehr. So stellt sich die Verstädterung dar, so nimmt sie sich wahr, so träumt sie sich. Die Landwirtschaft installiert sich in der Natur; sie produziert nach den Gegebenheiten der Physis, indem sie diese eher führt als zwingt. Die Bewegungen der Physis setzen beim Keim ein, führen zur Blüte und zur Frucht; danach beginnt der Kreislauf von neuem. Zeit und Raum des Bauern durchbrechen diesen Kreislauf nicht; sie fügen sich ihm ein, sind weitgehend von seinen Eigenheiten abhängig: von Bodenbeschaffenheit, natürlicher Flora und Fauna, biologischem Gleichgewicht, Mikroklima usw. Die Industrie dagegen bemächtigt sich der Natur, hat keine Achtung vor ihr, verbraucht ihre Energien. Sie weidet sie aus, um sich der Energie- und Rohstoffquellen zu bemächtigen; sie verwüstet sie, um (austauschbare, verkäufliche) Dinge zu »produzieren«, die nicht von/in der Natur sind! Sie ist dem Ort zwar nicht unterworfen, hängt aber von ihm ab. Besetzt sie die Gesamtheit eines Gebietes, so nur, um die verstreuten Bestandteile – die Unternehmen – mit Hilfe des Marktes zusammemzubringen.

Ganz anders die Stadt. Ihre Tätigkeit besteht sicherlich nicht nur im Verschlingen, im Konsum; sie wird produktiv (Produktionsmittel), in erster Linie jedoch dadurch, daß sie die zur Produktion erforderlichen Elemente zusammenführt. Sie vereinigt alle Märkte (wir haben sie bereits aufgezählt: den Markt der Agrar- und Industrieprodukte – die lokalen, regionalen, nationalen Märkte, dem Weltmarkt -, den Kapitalmarkt, den Arbeitsmarkt, sogar den Grundstücksmarkt, den Markt der Zeichen und Symbole). Alles, was andernorts entsteht, reißt die Stadt an sich: Früchte und Objekte, Produkte und Produzenten, Werke und schöpferisch Tätige, Aktivitäten und Situationen. Was erschafft sie? Nichts. Sie zentralisiert die Schöpfungen. Und dennoch, sie erschafft alles. Nichts existiert ohne Austausch, ohne Annäherung, ohne Nähe, ohne *Beziehungsgefüge* also. Sie schafft eine, die urbane Situation, in der *unterschiedliche* Dinge zueinanderfinden und nicht länger getrennt existieren, und zwar vermöge ihrer Unterschiedlichkeit. Das *Städtische, indifferent* gegenüber jeder ihm eigenen *Differenz*, wird häufig als der Natur vergleichbare Gleichgültigkeit angesehen, das aber seine nur ihm eigene Grausamkeit hat. Nicht allen Unterschieden bringt es Gleichgültigkeit entgegen; es führt sie ja gerade zusammen. In diesem Sinn wird das soziale Beziehungsgefüge durch die Stadt konstruiert, verdeutlicht, sein Wesen wird freigesetzt. Dabei entstehen Unterschiede aus Konflikten, bzw. die Unterschiede führen zu Konflikten. Ist das nicht die Ursache und der Sinn dieses rationalen Deliriums, das wir Stadt, Verstädterung neunen? Das (soziale) Beziehungsgefüge verschlechtert sich entsprechend der Entfernung in der Zeit und im Raum, die Institutionen und Gruppenn trennt. Hier werden sie in der (virtuellen) Negation dieser Entfernung aufgezeigt. Hier ist die Ursache für die latente Brutalität zu suchen, die der Stadt inhärent ist. Aber auch für den – gleichermaßen beunruhigenden – Charakter der Feste. Ungeheure Menschenmassen sammeln sich in Trance und gespielter Glückseligkeit auf der verschwimmenden Grenze zwischen hemmungslosem Jubel und hemmungsloser Grausamkeit. Es gibt kaum ein Fest ohne »Happening«, ohne Massenbewegung, ohne Niedergetrampelte, Ohnmächtige, Tote. Die Zentralität, die in den Bereich der Mathematik gehört, gehört auch in den des Dramas. Sie vereint beide, so wie sie *alles* vereint, einschließlich der Symbole und Zeichen (auch die der Zusammenkunft). Die Zeichen der Verstädterung sind die der Versammlung: die Dinge, die die Versammlung ermöglichen (Straße, Straßenboden, Stein, Asphalt, Gehsteig usw.) und die

Voraussetzungen für die Versammlung (Sitze, Lichter usw.). Was beschwört das Bild der Stadt am stärksten herauf? Das Lichtergewimmel, das man nachts vom Flugzeug aus wahrnimmt – die blendende Helligkeit, die Neonlichter, die Leuchtreklamen, die Aufforderungen aller Art – die gleichzeitige Anhäufung von Reichtümern und Zeichen. Aber schon im Entstehen verflüchtigt die Verdichtung sich wieder, wird rissig. Ein anderes Zentrum, eine Peripherie, ein Anderswo werden erforderlich. Diese aus der Verstädterung hervorgegangene Bewegung führt ihrerseits zur Verstädterung. Das Geschaffene kommt zum Stillstand, aber nur, um seinerseits schöpferisch zu werden.

Das Urbane ist also eine reine Form: der Punkt der Begegnung, der Ort einer Zusammenkunft, die Gleichzeitigkeit. Diese Form hat keinerlei spezifischen Inhalt, aber alles drängt zu ihr, lebt in ihr. Sie ist – wiewohl das Gegenteil der metaphysischen Einheit – eine Abstraktion, eine konkrete, an die Praxis gebundene Abstraktion. Geschöpfe der Natur, Auswirkungen von Industrie, Technik und Reichtum, Kulturwerke, Lebensweisen, Situationen, Schwankungen oder Einbrüche des Alltäglichen inbgriffen: all das wird im Städtischen angehäuft. Dennoch ist es mehr als nur Anhäufung. Die Inhalte (Sachen, Objekte, Menschen, Situationen) schließen sich gegenseitig aus, weil sie unterschiedlich sind, schließen sich gegenseitig ein, weil sie beieinander sind und sich gegenseitig bedingen. Über das Urbane läßt sich sagen, es sei Form und Gefäß, Leere und Fülle, Über-Objekt und Nicht-Objekt, Über-Gewissen und Gewissens-Totalität. Einerseits ist es an die *Logik der Form* gebunden, zum anderen an die *Dialektik des Inhalts* (an die Unterschiede und Widersprüche des Inhalts). Es ist an die *mathematische* Form gebunden (alles im Städtischen ist kalkulierbar, quantifizierbar, »programmierbar«, alles, bis auf das Drama, das aus dem Nebeneinander und der Neu-Darstellung der kalkulierbaren, quantifizierbarem, programmierten Elemente entsteht), an die *geometrische* Form (quadratisch, kreisförmig), also an die *Symmetrie*, an die *Wiederholung* (Umkehrbarkeit der Bahnen trotz der Nichtumkehrbarkeit der Zeit, infolgedessen *Lesbarkeit*, Analogie der urbanen Gleichzeitigkeit mit der Schrift, mit der rationalen Ordnung miteinander bestehender Elemente usw.). So ist das Urbane zwar soziologisch, bildet aber kein System. Es gibt kein Verstädterungssystem, und das Urbane kann in kein einheitliches Formensystem aufgenommen werden, und zwar aufgrund der (relativen) Unabhängigkeit zwischen *Formen und Inhalten*. Das Phänomen der Verstädterung (das Urbane) durch ein System oder als System zu definieren verbietet sich also, wie es sich auch verbietet, es als Objekt (Wesen einer Sache) oder als *Subjekt* (Gewissen) zu definieren. Es ist eine *Form*. Daraus ergibt sich ein Hang:

a) *zur Zentralität* durch deutlich verschiedene Produktionsweisen, unterschiedliche Produktionsverhältnisse, wobei es sich um eine Tendenz handelt, die heutzutage auf ein »Entscheidungszentrum«, die Inkarnation des Staates, hinzieht, mit sämtlichen sich daraus ergebenden Gefahren;

b) *zur Polyzentralität*, zur Omnizentralität, zum Aufbruch des Mittelpunktes, zur Streuung; eine Tendenz, die auf die Bildung (zwar analoger, sich aber letztlich ergänzender) *unterschiedlicher Zentren* bzw. auf Streuung und Absonderung hin gelenkt werden kann.

Daß es nicht einfach ist, eine so widersprüchliche Bewegung zu begreifen, geschweige denn, sie zu beherrschen, ist unbestritten. Das ist jedoch kein Grund, sie zu leugnen, bzw. sie durch eine vereinfachte *Sozio-Logik* (die »reine« Logik der Form) oder durch die privilegierte Behandlung des einen oder anderen Inhalts (industrielle Produktion von Objekten, die als Waren ausgetauscht werden können, Informationsstrom, autoritäre Entscheidung, Kraftfahrzeugverkehr usw.) zu ersetzen.

Die – sowohl geistig-seelische als auch soziale – dialektische Rationalität, die der urbanen Form und deren Beziehungen zu ihren Inhalten inhärent ist, bietet eine Erklärung für gewisse Aspekte der Verstädterung. Gibt es hier im Städtischen »Formen« im plastischen (nicht im logischem) Sinn, Silhouetten auf dunklem Grund, denen vergleichbar, die sich vom Hintergrund der Natur abheben und die Dunkelheit dieses Hintergrundes deutlich machen? Nein. Überfluß, Gewimmel, *alles* ist hier verdeutlicht. Die herbeigerufenen, angerufenen Elemente finden sich zusammmen. Alles ist lesbar.

Der städtische Raum gibt vor, transparent zu sein. Alles hat Symbolwert, auch wenn die Symbole zuweilen »fließen«; alles steht zur »reinen« Form in Beziehung, ist Inhalt dieser Form und in ihr enthalten. Anordnung und Form haben den Hang, ineinander aufzugehen, wenn auch die Form wahrgenommen, konzipiert, erstellt (erträumt) wird. Aber *man* (die Subjekte als Individuen oder Kollektiva, die ebenfalls in/aus der urbanen Wirklichkeit stammen und sich hier aus denselben Grunde sammeln wie die Dinge) stellt fest, daß diese Transparenz täuscht und trügt. Die Stadt, das Urbane, ist auch Mysterium, ist okkult. Hinter dem äußeren Schein und hinter der Transparenz wirken die Unternehmen, weben verborgene Mächte, ganz zu schweigen von den nach außenhin sichtbaren Mächten: dem Reichtum, der Polizei. Solange es keine Neuordnung gibt, wird das Städtische nie frei sein von *Unterdrückung*, die dem entstammt, was sich im Städtischen verbirgt, und auch dem Willen, Dramen, latente Gewalttätigkeiten, Tod und Alltag nicht sichtbar werden zu lassen. Dieser *repressive* Anteil geht in den Vorstellungen vom Raum auf; er unterhält das *Transgrediente*. Die Beziehung »Transparenz-Undurchsichtigkeit« ist hier eine andere als in Natur und Industriepraxis. Sollte es sich hier nicht um eine dialektische Beziehung handeln, um den Unterschied im Widerspruch? Die soziale Undurchsichtigkeit möchte sich manifestieren, dem geistigen Auge sichtbar werden. Wenn sich die Wahrheit auch verbirgt, ihren Sinn verliert, der Sinn für Wahrheit kann jeden Augenblick hervorbrechen, kann zur Explosion führen. Dennoch bleibt das städtische Leben vieldeutig, ungewiß inmitten ihrem (anerkannten) Code gemäß entzifferter Botschaften und der Metasprache, die sich mit der Paraphrasierung bekannter, wiederholter, redundanter Botschaften begnügt. Die Stadt schreibt sich auf ihren Mauern, in ihren Straßen nieder. Niemals jedoch wird diese Schrift vollendet werden. Das Buch hat kein Ende und viele leere oder zerrissene Seiten. Es ist nur ein Entwurf ins Unreine, der eher hingekritzelt als geschrieben wurde. Weg und Sprache verlaufen nebeneinander und treffen sich niemals. Läßt sich das Paradigma des Städtischen, also die Gesamtheit der jeweiligen den Dingen einen Sinn verleihenden Gegensätze (Zentrum und Nicht-Zentrum, Information und Redundanz, offen und geschlossen, öffentliches und nicht-öffentlich usw.) zum Abschluß bringen? Offenbar nicht. Gewisse Gegensätze wie »Eigenart – Unterschied«, die gewollt auf das »Erlebte« verweisen, verhindern diese Gesamtheit an der Vollendung. Für Stadt und Städtisches, die Über-Objekte, Super-Zeichen sind, gelten nicht die genau gleichen Begriffe wie für Objekte und Zeichen. Dennoch setzten sie diese voraus und beinhalten sie, und zwar sowohl Objekte, Zeichen, als auch die zu den Objekten und Zeichen gehörigen Begriffe. Um die Gesetze zu verstehen, nach denen sich Objekte und Zeichen in der urbanen Wirklichkeit richten, müssen zu den sie betreffenden Begriffen (System, Gesamtheit, Schnitt und Verkettung, Gruppen- und Gruppierungssoziologie) spezifische Begriffe hinzukommen, Begriffe wie (Austauschs-, Kommunikations-) *Netz*. Das Städtische läßt sich *auch* als Nebeneinander und Übereinander von *Netzen*, als Sammlung und Zusammenschluß dieser Netze definieren, die einmal im Hinblick auf das Landesgebiet, zum anderen im Hinblick auf die Industrie, und drittens im Hinblick auf andere Zentren des Gewebes hergestellt wurden.

So wird der Begriff des »Schnitts« (einer relativen Diskontinuität) zwischen dem Städtischen und seinen Vorläufern, zwischen dem industriellen und dem landwirtschaftlichen Bereich, genauer und konkreter. Sieht man den »Schnitt« als etwas, das in die Tiefe reicht, so gehört er weder in den Bereich der Epistemologie noch in den der Philosophie, ja nicht einmal in dem von Politik oder Geschichte. Er reicht weiter.

Es wird etwas eingeführt und zugleich begründet: eine Kenntnis, ein Feld. Raum und Zeit wandeln sich, zweifellos. Ihre Prägung jedoch erfahren sie, indem eine Form (in einer Form) erscheint, die, der logischen Form benachbart, *fast ebenso abstrakt und aktiv* ist wie diese logische Form (die der Sprache nämlich, der Rede, der Argumentierung, der Analyse, der wirksamen Aktion usw.). So abstrakt und aktiv wie die Form des Austausches (des Waren-»Wertes«), aber *anders*. Diese Form verweist gewisse veraltete Inhalte in die Vergangenheit; sie wirkt *selektiv* auf Erkenntnis und Ergebnisse (oder Überbleibsel) der Geschichte ein. Andere Inhalte nimmt sie wieder auf, vereinigt sie zu einer Totalität bzw. einer virtuellen Synthesis, die nicht durch die Philosophie herbeigeführt, sondern als Weg (Strategie) der Aktion angekündigt werden muß. Wenn man diese Form und ihre Wirkungsmodalitäten begreifen will, darf man nicht vom *Raum* als solchem ausgehen (denn dieser wurde einer neuen Betrachtungsweise unterzogen, wurde umgestellt), noch auch von der Zeit als solcher (denn diese wurde transformiert). Die *Form* selber, die ein *virtuelles Objekt,* das Städtische, die Begegnung und Versammlung sämtlicher vorhandener und möglicher Objekte und Subjekte hervorgebracht hat, muß erforscht werden. Man darf weder vom eroberten Raum noch von der durchlaufenen Zeit ausgehen, und genausowenig von der Philosophie, dem ideologischen und institutionellen Gedankengebäude, der üblichen Wissenschaftlichkeit, die das Denken in bestehende Rahmen preßt und verhindert, daß mit der Form die Möglichkeiten erforscht werden. Vor allem aber müssen die konventionellen *Modelle* ausgeschlossen werden, die allgemeine Gültigkeit haben und direkt aus der Industrialisierung, dem Produktionismus und dem Ökonomismus herstammen. Wovon ist auszugehen? Von einem formalen Konzept der Logik und einer Dialektik des Inhalts (einschließlich des grundlegendes Inhalts, der »Grundlage«, der »Begründung«, der überall derselbe und niemals derselbe ist, der immer anders und niemals anders ist: die Begierde, die sich vielleicht mit großem Geschick und großer Hinterlist die Form zunutze machen wird, um sich zu erkennen und anerkannt zu werden – um sich mit sich selbst konfrontieren zu können und sich dem Städtischen zu stellen)! Damit gewinnt die Raum-Zeit-Achse, die vom Nullpunkt der urbanen Wirklichkeit bis zur Vollendung des Prozesses (Industrialisierung, Urbanisierung) reicht, ihren Sinn und ihre Bedeutung. Von Anfang an war in der Nähe der Anfangs-Null die Verstädterung im Keim vorhanden, war im Vormarsch. Wie das Werkzeug im geschleuderten Stein, im geschwungenen Stock schon vorhanden war. Wie Sprache und Begriffe es waren, als der erste Ort markiert wurde. Als zum ersten Mal gesammelt wurde, zum ersten Mal getrennt in der Natur vorhandene Objekte zueinandergebracht, zum ersten Mal Früchte angehäuft wurden, war die *Zentralität* im Kommen. Sie kündigte ihre virtuelle Verwirklichung an. Von Anfang an ist Zusammenführen, Anhäufen, Aufheben etwas, das für die soziale Praxis wesentlich ist; es ist ein rationaler Aspekt der Produktion, der nicht mit der Produktionstätigkeit zu tun hat, von dieser aber nicht zu trennen ist. Das Konzept eines *Zentrums* ist anders als die in der Natur zum Ausdruck kommende Wirklichkeit, anders auch, als die sozialen Aktivitäten in Landwirtschaft und Industrie; diese basieren nicht auf der virtuellen Annullierung (Negation) der Entfernungen in Raum und Zeit, nicht auf einer diesbezüglichen Aktion. Dennoch sind in diesem Konzept gewisse physikalische Vorstellungen enthalten, weil es an logisch-mathematische Begriffe gebunden ist, ohne sich darum mit diesen zu identifizieren. Auch der Physiker kennt die an einem Punkt auftretende Konzentration der im Kosmos zerstreuten Materie; die Dichte dieser Materie wird dann unendlich und die Entfernungen (leere Räume oder Lücken) zwischen Molekülen und Teilchen werden gleich Null. Diese Unmöglichkeit wirft ein Licht auf das Wirkliche. Das Urbane gewinnt kosmische Bedeutung; es umfaßt die ganze Welt (vereint die *Welt* als Voranschreiten in der Finsternis mit dem *Kosmos* als leuchtender Einheit). Die Science-Fiction-Romane beschreiben häufig den kosmischen Charakter der Stadt; der physikalische Raum wird neu entdeckt und durch die Verstädterung gleich einem Werk modelliert. In der Abfolge der Städte und Stadttypen nimmt die Verstädterung, von Anbeginn an als Virtualität vorhanden, schon konkrete Form an, ohne daß sie eines metaphysischen Beistandes bedürfte, ohne Anleihe bei der transzendenten Einheit. Die politische Stadt, die Handelsstadt, die Industriestadt hatten diesen Doppelaspekt, sie waren der Prozeß, der die Verstädterung ins Leben rief (und von der Verstädterung geformt war) – und die provisorische Grenze, die diesem Prozeß durch die Verhältnisse, also die landwirtschaftliche Produktion, die industrielle Produktion, gesetzt waren. In Form einer dialektischen Bewegung reagiert die Verstädterung auf das, was ihr vorausging: sie entsteht aus ihm, taucht daraus empor, ist sein Ende, ohne daß eine metaphysische Finalität mit ins Spiel käme. Auch hier wurde dem Formlosen, Verstreuten, dem Ungeordneten eine Form gegeben. Diese Form ist das Ende. Aufgabe der Erkenntnis ist es nun, den Prozeß zu beherrschen. Die einigende Macht der urbanen Form ist nicht unbegrenzt. Sie ist sogar das Ende par excellence, die Endlichkeit. Diese Form, die selbst leer ist (und der »reinen« logischen Form, also der Tautologie nahesteht), räumt durchaus nicht mit der unendlichen Macht der Göttlichkeit auf, auch nicht mit der transzendenten Idee, der absoluten Vernunft. Weil das Städtische an endlichen Orten und in der Endlichkeit des Ortes (dem Punkt, dem Zentrum) beendete Elemente zusammenführt, ist es selbst beendet. Es kann vergehen. Das Bedeutungslose bedroht es, vor allem aber ist es von der Macht der politischen Gesellschaft bedroht. Zwar hat die städtische Form die Neigung, die sie beengenden Grenzen zu sprengen. Sie sucht Bewegung, den Weg. Ob die Hindernisse nur umgangen oder ob sie beseitigt werden, das steht nicht von vornherein fest. Das Dialektische (Widersprüchliche) dieser Bewegung ermöglicht es, sich gegen sie zu stellen, gewisse Elemente gegen die Gesamtheit der Bewegung einzusetzen. Das Städtische, der Ort des Dramas, kann zum Drama des Städtischen werden. Kann nun die Absonderung, die sich feindlich gegen Versammlung und Begegnung stellt, die Bewegung zum Stillstand bringen? Kann der homogene Raum, der ohne »Topoi«, ohne Orte, ohne Gegensätze der Orte reine Gleichgültigkeit ist – Karikatur der Beziehung zwischen dem Urbanen und seinen Bestandteilen -, die Wirklichkeit soweit einengen, daß sie erstickt? Sicherlich. Sogar unter dem Anschein der Demokratie. Die urbane Demokratie würde die Gleichheit der Orte, die gleichmäßige Beteiligung am globalen Austausch voraussetzen. Aus der Zentralität geht die Hierarchie, also die Ungleichheit hervor. Aber führt Streuung nicht zur Absonderung? Können revolutionäre Ausbrüche die Klammern der urbanen Wirklichkeit sprengen?

Zuweilen sicher. Daraus läßt sich die Bedeutung einer radikalen Kritik der Trennung, der Absonderung, der Raumpolitik und, allgemeiner, des Urbanismus ermessen.

Die Theorie des *differentiellen Raums* gewinnt so ebenfalls Sinngehalt und Bedeutung. Die Unterschiede, die zutage treten und sich im Raum festsetzen, gehen nicht aus dem Raum als solchem hervor, sondern aus dem, was sich dort niederläßt, sich versammelt und mit/in der urbanen Wirklichkeit konfrontiert wird. Gegensätze, Kontraste, Überlagerungen und Nebeneinander treten an die Stelle der Entfernungen, der Raum-Zeit-Distanzen. Wir erinnern hier an gewisse Merkmale der Theorie. Der Raum (und das Raum-Zeit-Gebilde) verändert sich mit den Zeitabschnitten, den Bereichen, dem Feld und der Haupttätigkeit. Im Raum gibt es somit drei Schichten: den landwirtschaftlichen Raum, den industriellen Raum, den städtischen Raum, die sich überlagern, ineinandergeschachtelt sind, einer vom anderen aufgesogen oder nicht aufgesogen werden. Mit dem Beginn der landwirtschaftlichen Epoche wurde der vorgegebene Raum (Überlegungen im/über den urbanen Raum können sich dieses »Vorgegebene« als solches, als reine Natur, als geographische Form vorstellen; sie können es aber nur erreichen, indem sie es rekonstruieren) abgesteckt, orientiert, hierarchisiert. Die ursprünglichen *Topoi*, die Flurnamen, gingen, indem sie benannt wurden, in das soziale und geistige Doppelgitter aus Wort und Praxis ein. Die Orte (Topoi) sind in der Natur unmittelbar vorhanden; die Eigentümlichkeiten des Bodens (stoffliche Natur, Fauna und Flora, Straßenverlauf) bieten Namen an. An Stelle der Heterogenität der Natur setzte der industrielle Raum, im Einklang mit seiner quantitativen Rationalität, seine Homogenität oder vielmehr seinen Willen zur Homogenität. Im verplanten Raum werden die »Topoi« zu etwas zufällig Vorhandenem, zu unbestimmten Annehmlichkeiten einer folkloristischen

Sprache; alle Orte sind homolog und unterscheiden sich nur dadurch, daß sie voneinander entfernt sind. Als ein Objektives, Meßbares ist der Raum nur dargestellt, wenn er auf Produktionskriterien bezogen wird. Es liegt im Interesse der Sache, alle sozialen Funktionen der Produktion einander anzunähern, das ist jedoch nicht immer möglich. Im ersteren Fall, wenn es möglich ist, findet sich das Phänomen der Verstädterung wieder. Im zweiten Fall müssen die zusätzlich entstehenden Kosten errechnet werden: die Kosten des Raums, der Beförderunsg von Objekten und Informationen. Prinzipiell wird die Verwendung des Raums im Sinne einer Optimierung kalkuliert werden. Das Projekt der Industrierationalität erhält damit wissenschaftlichen Charakter: Ausweitung der inneren Betriebsorganisation, der »industriellen Arbeitsteilung«, auf alles. Die Berechnungen lassen an sich das Phänomen der Verstädterung außer acht; sobald die Produktion dem (Arbeits-, Kapital-, Waren-) Markt mit seiner Hilfe nähergebracht werden kann, integrieren sie es.

Dieser städtische Raum unterscheidet sich jedoch radikal vom industriellen Raum, und zwar weil er *differentiell* ist (und nicht homogen). Aber auch wenn der ursprüngliche Kataster und die bäuerlichen Namen beibehalten werden, im urbanen Raum werden sie radikal verändert. Gegensätze und Kontraste treten an die Stelle einzelner Eigentümlichkeiten (des Bodens). Sehen wir uns den Plan von Paris an. Viele Namen stammen aus dem bäuerlichen Lebensbereich (wir greifen wahllos einige heraus: la Butte-aux-Cailles = Wachtelhügel, la Grange-Batehiere Schifferschuppen, le Moulin-Vert = Grüne Mühle usw.). Man weiß, daß die Straßen des Quartier Latin auf den Pfaden und Wegen verlaufen, auf denen sich die bäuerliche Bevölkerung Lutetias zu ihren Wiesen, Weingärten und Feldern auf dem linken Seine-Ufer begab. Im Verlauf der Jahrhunderte jedoch wurde dieses Geflecht zum Labyrinth, zum Sitz der Intelligenz mit all ihrer

Turbulenz, und bildete einen starken Gegensatz zu den Händlerstraßen und den quadratischen Entwürfen, die der Staat schuf. So sehr Haussmann auch im Quartier Latin herumschnitt und -hackte, diesen Gegensatz konnte er nicht ausrotten. Der Raum, den die Kaufleute und die Hallen besetzten, entstand entlang der Nord-Süd-Achse und wurde durch Handwerker und Gewerbetreibende weiter aufgefüllt. Diese soziale Gruppe eroberte im Sturm die Besitzungen des Adels (le Marais) und des Königtums, die sich nach Osten (in Richtung auf die Bastille und das Arsenal) hinstrecken. Die Ost-West-Achse entlang der Seine konnte erst mit der massiven Industrialisierung wirklich Gestalt annehmen. Ort und Lage bieten dafür eine Erklärung: Der Fluß als urbanistisch neutraler Raum ermöglichte zwar über die Jahrhunderte hinweg den Verkehr, aber die Nord-Süd-Achse hatte größere wirtschaftliche, militärische, politische Bedeutung, Daraus ergibt sich ein bemerkenswerter Gegensatz. Auf der Ost-West-Achse liegen zwischen Vincennes und der Place de la Concorde Plätze, die abseits vom benachbarten Verkehr sind; eine Ausnahme bilden nur die in neuerer Zeit entstandenen (Place de la Concorde, Etoile). Diese abseits gelegenen Plätze waren Orte der Begegnung, der Festlichkeiten, der Spiele, der Spaziergänge: Place Royale (des Vosges), des Victoires, Palais Royal, Vendome. Dagegen beginnt am Louvre die Prunkstraße gen Westen, die ursprünglich keine Handelsstraße war, sondern der Entfaltung königlichen oder kaiserlichen Pomps dienen sollte (Tuilllerien, Place Louis XV, Cours-la-Reine, Champs-Elysée, und später der Etoile). So formen Druck und Anstoß, die von den großen sozialen Gruppen ausgehen, den Raum in unterschiedlicher Weise, auch da, wo man eigentlich eine Homogenität erwarten sollte (wie im Fall einer großen Hauptstadt wie Paris). Auffällig ist, daß es entlang der Nord-Süd-Achse (Rue Saint-Denis, Rue Saint-Martin, Boulevard

Saint-Michel und Rue Saint-Jacques) keine Plätze gibt bis auf die Kreuzungen. Die Strukturen des Raumes lassen sich nicht aus der Vitalität der urbanen Gemeinschaft heraus erklären, wie Marcel Poete in Anlehnung an Bergson meinte. Sie sind das Ergebnis einer Geschichte, die als das Werk von sozialen »Agenzien« oder »Agierenden«, von Kollektiv-»Subjekten« verstanden werden müssen. Diese Strukturen entstanden durch aufeinanderfolgende Wellen, die (relativ) diskontinuierlich eine Raumschicht nach der anderen schufen. Die großen sozialen Gruppen (aus Klassen, Teilen von Klassen oder aus Institutionen, die nicht nur durch ihre Klassenzugehörigkeit zu definieren sind: Königstum und Stadtbehörden z. B.) handeln mit und/ oder gegeneinander. Aus ihren Interaktionen, ihren Strategien, Erfolgen und Niederlagen erwachsen die Qualitäten und »Eigenschaften« des urbanen Raumes. Die allgemeine Form des Städtischen umgreift sie und sammelt die vielfältigen Unterschiede in sich. Wenn man aus dem Beispiel Paris Schlüsse ziehen darf, dann hat das Proletariat noch keinen Raum geschaffen. Das handeltreibende Bürgertum, die Intellektuellen, die Staatsmänner haben die Stadt geformt. Die Industriellen haben sie hauptsächlich zerstört. Die Arbeiterklasse hat keinen anderen Raum als den, der sich aus ihrer Enteignung, ihrer Verschleppung ergibt: den der Absonderung.

Die miteinander vergleichbaren Teile des Raums, die zueinander sprechen und (auf Plänen, in den Straßen, in Bildern, die von den »Subjekten« mehr oder weniger gut ausgearbeitet wurden) auf eine Art lesbar werden, die erlaubt, sie einander anzunähern, hatten wir *Isotopien* genannt. So ist in den vom Staatsrationalismus gebildeten Räumen eine merkwürdige Isotopie anzutreffen: große gerade Linien, breite Allees, leere Räume, weit offene Perspektiven, Besetzung des Bodens unter gänzlicher Beseitigung des vorher Dagewesenen, ohne Rücksicht auf die Rechte oder Interessen der kleinen Leute noch auf die Kosten. Diese Verbindungslinien werden deutlicher, und das gilt für die Pariser Räume, die auf Erlaß der Könige geschaffen wurden, wie für die auf Befehl der Kaiser und der Republiken entstandenen. Sie nehmen an Umfang zu, bis auf: Mittelmäßigkeit, bewußte und nach außen hin immer deutlicher sichtbare Unterordnung unter die von Monopolen beherrschten Industrien. Um das festzustellen, muß man nur auf alten Kaiser- und Königsstraßen entlangwandern, die Handel und Industrie zur neuen Achse gemacht haben. Hier muß noch bemerkt werden, daß es nicht mehr die Produktionseinheiten sind, die sich im urbanen Raum niederlassen, um ihn in zwar fragwürdiger, aber doch klarer Weise zu formen. Jetzt sind nur noch Büros da, eins neben dem anderen.

Isotopien: Orte des Gleichen, gleiche Orte. Nahe Ordnung. Heterotopien: der andere Ort und der Ort des Anderen, das ausgeschlossen und gleichzeitig einbezogen wird. Ferne Ordnung. Zwischen diesen neutrale Räume: Kreuzungen, Durchgangsorte, Orte, die zwar nicht gleich Null, wohl aber indifferent (neutral) sind. Häufig Schnitte/Nähte (so die breite Straße oder die Allee, die zwei Stadtviertel, zwei gegensätzliche Heterotopien voneinander trennt und/oder miteiander verbindet. Es kommt vor, daß Räume mit unterschiedlichen Funktionen sich überlagern. Oder daß die Isotopie an eine Multifunktionalität (einst: die Plätze) gebunden ist. Belebte Orte, vor allem die Straßen, sind multifunktionell (Durchgang, Handel, Freizeit). In den Gassen ist die Naht stärker als der Schnitt; das Gegenteil gilt für die großen Straßen und Autobahnen, die den urbanen Raum durchqueren und zerschneiden. Der Unterschied »Isotopie-Heterotopie« kann nur richtig verstanden werden, wenn er dynamisch begriffen wird. Im urbanen Raum geschieht immer irgend etwas. Das Beziehungsgefüge verändert sich; Unterschiede und Gegensätze steigern sich zum Konflikt; oder aber sie schwächen sich ab, tragen sich ab, zerstören sich.

Im Vergleich zum ländlichen Raum war der gesamte Stadtraum heterotopisch, bis ins 16. Jahrhundert in Europa eine Umkehrung einsetzte und das städtische Gewebe das Land zu überwuchern begann. Während dieser Zeit sind die Vorstädte weiterhin stark von der Heterotopie geprägt: Bevölkerungen unterschiedlicher Herkunft, Fuhrleute, Handelsgehilfen, Halbnomaden, die nur außerhalb der Stadtmauer wohnen durften, als suspekt galten und im Kriegsfall im Stich gelassen wurden – lange, schlechte Straßen, vieldeutige Räume. Bald jedoch verbleibt sich die Stadt diese Vorstädte ein, die sie assimiliert und den von Erwerbstätigen – von Händlern und Handwerkern – belebten Vierteln angliedert. So enstand die städtische Agglomeration, wurde vom Kampf gegen den Königsstaat zusammengeschweißt, zu einer starken Volkseinheit. Erst in der Zeit des Bürgertums setzte eine gegenläufige Entwicklung ein: Teile des Volkes wurden aus dem Zentrum in die peripher gelegenen, immer noch bäuerlichen Heterotopien vertrieben. Es entstanden die »Vororte«, die Wohnungen aufnahmen und eine besonders gut lesbare Isotopie besaßen. Insofern entspricht die Heterotopie nur in gewisser Hinsicht der Anomie des Soziologen. Anomische Gruppen formen heterotopische Räume, deren sich die herrschende *Praxis* früher oder später erneut bemächtigt.

Wir dürfen die U-Topie nicht vergessen: den Nicht-Ort, den Ort dessen, was nicht statt-findet und keine Statt hat, den Ort des Anderswo. Auf/in dem Plan von Paris (dem Turgot-Plan aus der Zeit um 1725) ist die U-Topie weder sichtbar noch lesbar; trotzdem ist sie dort prachtvoll vorhanden, sie ist der Ort des Blicks, der über die Stadt hinweggeht, ein kaum bestimmter, aber gut konzipierter und (bildlich) vorgestellter Ort, der Ort des Bewußtseins, d.h. eines Bewußtseins der Totalität. Meistens befindet sich dieser vorgestellte und wirkliche Ort an der Grenze zur Vertikalität, der Dimension der Begierde, der Macht, des Gedankens. Zuweilen befindet er sich in der Tiefe, wenn der Romanschriftsteller oder der Dichter sich die unterirdische Stadt, wenn sie sich die der Verschwörung, die dem Verbrechen zugängliche Kehrseite der Stadt vorstellen. Die U-Topie vereinigt die nahe Ordnung mit der fernen Ordnung.

Die städtische Form ruft bei ihrer Beziehung zum Inhalt einen (dialektischen) Widerspruch hervor; wir haben schon darauf hingewiesen und wollen uns jetzt eingehender mit ihm befassen. Wir sagten also, im städtischem Raum geschieht immer etwas. Die Leere, das Aktions-Nichts können nur scheinbar sein; die Neutralität ist nur ein Grenzfall; das Vakuum (ein Platz) zieht an; das ist sein Sinn und sein Zweck. Hier oder da kann sich eine Menge versammeln, Objekte können sich anhäufen, ein Fest kann sich entfalten, ein angenehmes oder entsetzliches Ereignis eintreten. Hier, in der möglichen Zentralität, liegt die Faszination des städtischen Raums. Gleichzeitig kann dieser Raum sich leeren, kann, wenn man so sagen darf, den Inhalt ausschließen, zum Ort der Seltenheit oder der Macht im Reinzustand werden. Er ist in feste, abgestufte, hierarchisierte Strukturen eingezwängt, Gebäude in der Gesamtheit der Stadt, die von den sichtbaren oder unsichtbaren Grenzen der Erlässe und Verwaltungsverordnungen umschlossen ist. Er zerfällt deutlich in Teile und Abteilungen, in elementare Objekte und in Einheitein. Er ist ebenso faszinierend seiner Verfügbarkeit wie der Willkür der vorgeschriebenen Einheiten wegen (neben Inseln und Vierteln gibt es »Bezirke«, bürokratische Grenzen von Wahlkreisen usw.).

Zur Auflösung dieses Widerspruchs wäre eine vollständige Mobilisierung – nicht der Bevölkerung, sondern des Raums – erforderlich. Das Vergängliche muß sich seiner bemächtigen. Jeder

Ort muß multifunktionell, polyvalent, transfunktionell mit una-blässigem »turnover« der Funktionen werden; Gruppen müssen die Räume beschlagnahmen, um expressive Handlungen und Konstruktionen zu vollbringen, die in Bälde zerstört werden können (ein wunderbares Beispiel eines solchen hypothetisch modellierbaren und von einer handelnden Gruppe veränderten Raumes bietet das Ausstellungsgelände, insbesondere das von Montreal; aus einem umgewandelten Standort erstand eine ver-gängliche Stadt, eine prachtvolle Stadt, wo die Alltäglichkeit ins Fest aufging, das Städtische in seiner Pracht hervorbricht).

Solcherart würden die – schon vorhandene – U-Topie, die auf-klärende Virtualität die Topoi absorbieren und ihre Metamor-phose bewirken.

Die U-Topie ist so notwendig wie die Isotopie und die Heterotopie. Sie ist überall und nirgends. Transzendenz der Begierde und der Machtimmanenz des Volkes, stets gegenwärtiger Symbolismus und stets gegenwärtiges Imaginäres, rationale und erträumte Vision von einer Zentralität, die an diesem Ort menschlichen Reichtum und menschliche Gestik zusammenbringt, Anwesenheit des Anderen, Anwesenheit-Abwesenheit, Forderung nach einer niemals erreichten Anwesenheit – auch das sind Merk-male des differentiellen Raumes. Die urbane Form vereint die bald minimalen, bald maximalen Unterschiede. Sie ist nur in der Einheit und durch die Einheit definiert, die die Unterschiede zusammenbringt (alle Unterschiede, also die Unterschiede, die ein Ganzes bilden). Dieses Zusammensein setzt drei Ausdrücke, drei Topien voraus (Iso-, Hetero-, U-Topie). Allerdings ist ange-sichts der Transzendenz der Utopie, des überwältigenden, nieder-schmetternden Eindrucks der Monumentalität und der Leere (große Plätze, nächtliche Orte), die das U-Topische verkörpern, eine sorgfältige Prüfung erforderlich. Es geht hier nicht um das gedankenlose Lob dieses halb fiktiven, halb wirklichen Elements, das einen urbanistischen Idealismus hervorbringen könnte. Letzter, schon angedeuteter Punkt: Das U-Topische erscheint als etwas, das sich in gewisse notwendige Räume, die Gärten, die Parks, einfügen könnte. Es ist unmöglich, sie als am sich neutrale Räume (neutrale Bestandteile des gesamten städtischen Raums) anzusehen. Parks und Gärten, die in den städtischen Raum eingeschaltet sind, lassen die verschiedenen »Anderswo« sichtbar, fühlbar, lesbar werden. Sie verweisen auf eine doppelte Utopie: die absolute Natur, die reine Künstlichkeit. Sobald Park und (öffentlicher) Garten nicht einer aus Produktion und Industrie stammenden Rationalität unterworfen sind, sobald sie nicht neutralisiert und zur »Grünfläche« einer knausrigen, parodistischen Geometrie reduziert werden, suggerieren sie die absolute, unzugängliche Natur, die Höhle, den Wind, die Höhe, das Meer und die Insel – und auch die Künstlichkeit: den beschnittenen, verkrümmten Baum, der rein ornamentalen Charakter hat. Garten, Park sind das eine und das andere; absolute Gegensätze, die eng beieinander sind, aber dennoch die u-topische Freiheit, die u-topische Trennung heraufbeschwören. In der Kunst, Gärten anzulegen, ist Japan Vorbild. Auch Paris bietet Beispiele von Gärten und Parks, wiewohl von sehr unterschiedlicher Qualität. Wir wiederholen: es gibt keinen städtischen Raum ohne utopische »Symbole«, ohne Verwendung von Höhe oder Tiefe nach Gesetzen, die weder einem utilitaristischen Empirismus angehören, noch auch irgendeiner Ästhetik aus Malerei, Bildhauerei oder einer anderen Kunst; es sind Gesetze, die der urbanen Form zu eigen sind.

Im Hinblick auf die Beziehung zwischen Unterschied und Eigenheit ist das Notwendige bereits gesagt worden. Der differentielle Raum behält Eigenheiten bei, die durch den Filter des homogenen Raums gegangen sind. Eine Selektion findet statt. Die Eigenheiten, deren die Homogenisierung nicht Herr werden konnte, bestehen fort, geben sich aber einen neuen Sinn. Wir geben zu, daß hier ein großes theoretisches Problem auftaucht: das der Wiederverwendung symbolträchtiger Einheiten, die aus ihrem ursprünglichen Zusammenhang gelöst wurden. Wir sind in der Philosophie, bei den Ideologien und Mythen auf dieses Problem gestoßen. Wir treffen es auch bei der Behandlung des Raums an. Wir heben die Rolle der Praxis hervor. Nur die urbane Praxis kann es lösen, denn sie wirft es auf.

In der städtischen Praxis umschreiben die Abhandlungen über die bzw. der Stadt Handlungen, Anweisungen. Sie schreiben sie nieder und schreiben sie vor. Kann man sagen, daß diese Praxis durch eine gedankliche Gesamtheit definiert ist? Durch ein Wort und eine Schrift? Die städtische Wirklichkeit ist nur insofern der Ort einer unbegrenzten Anzahl von Denkweisen, als sie zwar in endlicher, aber großer Zahl Wege anbietet. Dieses Gedankengut nimmt vorausgegangene, natürliche, historische Einheiten wieder auf. Es wird geschrieben, kann gelesen werden, ohne daß sich Schrift und Lektüre urbaner Texte erschöpfen.

Hier muß die Verwirrung, die zwischen *Unterschied, Unterscheidung, Trennung* und *Absonderung* herrscht, erwähnt und abgelehnt werden. Der Unterschied ist unvereinbar mit seiner Karikatur, der Absonderung. Wer »Unterschied« sagt, sagt Beziehungen, also wahrgenommenes und begriffenes Beziehungs-Nähe-Gefüge, also Eingliederung in eine zweifache Raum-Zeit-Ordnung: eine nahe und eine ferne. Trennung und Absonderung unterbrechen das Beziehungsgefüge. Für sich allein bilden sie eine totalitäre Ordnung, deren strategisches Ziel die Zerschlagung der konkreten Totalität, die Zerstörung des Städtischen ist. Die Absonderung kompliziert die Komplexität und zerstört sie.

Das Städtische, das aus der gesteigerten Komplexität des Sozialen entstanden ist, ist dessen praktische Rationalität, das Band zwischen *Form* und *Information*. Die Synthesis, nach der so sehr verlangt wird? Sie entsteht aus der Praxis insofern, als die Praxis die *Informationsfreiheit* fordert, das heißt, sie fordert, daß jeder Ort, jedes Ereignis die Möglichkeit haben, die anderen zu informieren und von ihnen Informationen zu empfangen.

Der Unterschied ist informierend und informiert. Er verleiht die Form; die beste Form ergibt sich aus der optimalsten Information. Trennung und Absonderung unterbrechen die Information. Sie führen zu Formlosen. Die von ihnen gebildete Ordnung ist nur scheinbar vorhanden. Nur eine Ideologie kann sie der Unordnung der Information, der Begegnungen, der Zentralität entgegensetzen. Nur ein beschränkter Industrie- oder Staatsrationalismus verstümmelt das Städtische, indem er es auseinanderreißt: indem er seine »Spektralanalyse« – zusammenhanglose Elemente, die unfähig zur gegenseitigen Infommnation geworden sind – auf das Gelände projiziert.

Nachdem wir die »urbane Form« in all ihren Aspekten (auch dem *praktischen* Aspekt) genügend definiert haben, können wir uns jetzt dem Gedanken einer städtischen Strategie zuwenden*.

---

* Die Theorie der Form umgreift und entwickelt die Analyse aus dem Buch »Droit à la ville« (éd. Anthropos, 1966). In diesem Buch begreift sich die Stadt als:

a) (räumliches) *Objekt*;

b) *Mittlerin* (zwischen der nahen Ordnung und der fernen Ordnung);

c) Werk (analog dem von einer Gruppe geschaffenen Kunstwerk).

Die Form vereinigt diese drei Aspekte bereits. Hier wird das »Recht auf die Stadt« zum Recht auf Zentralität, auf die urbane Form, sei es auch nur in Hinblick auf die Entscheidungen und Aktionen der Macht.

Wir haben andernorts dargelegt, daß der *Baum*, also das Zeichen für *Baum*

a) eine strenge, zwingende Struktur ist, die nur festgelegte Bahnen und Wege zuläßt;

b) daß es sich dabei um eine sowohl geistige als auch soziale Struktur handelt;

c) daß sie eine bürokratische (hierarchische) Vorstellung von der Gesellschaft auf das Gelände projiziert;
d) daß sich hinter seiner »Wissenschaftlichkeit« eine Ideologie verbirgt;
e) daß dieses Schema die urbane Winklichkeit reduziert;
f) daß es ganz allgemein von den Urbanikern als repräsentativ für die
urbane Ordnung akzeptiert wird, obwohl es absondert. Diese Themen werden in einem Buch wieder aufgenommen, das den Titel
Théorie de l'espace urbain tragen wird.

VII Auf dem Weg zu einer urbanen Strategie

In theoretischer Hinsicht läßt sich die Situation von heute in gewissem Maß mit der vergleichem, die *Marx* erlebte. Schon bahnte die radikale Kritik dem Denken wie der Aktion einen Weg. Bekanntermaßen ging *Marx* von der deutschen Philosophie, der englischen politischen Ökonomie, dem französischen Gedankengut über die revolutionäre Aktion und ihre Ziele (den Sozialismus) aus. Dank seiner Kritik des Hegelianismus, der Wirtschaftswissenschaft, der Geschichtsphilosophie war er imstande, die kapitalistische Gesellschaft einmal als Totalität und auch als Anstoß zu einem totalen Wandel zu erkennen. Aus der Negativität ging eine neue positive Einstellung hervor. Die negative Seite der radikalen Kritik deckte sich nach Marx' Ansicht mit der des revolutionären Proletariats. Die Analogien und die Unterschiede, die zwischen dieser und der in der zweiten Hälfte des zwanzigsten Jahrhunderts gegebenen Situation bestehen, werden sofort deutlich. Heute muß die marxistische Kritik an der Philosophie und der politischen Ideologie vor allem durch eine radikale Kritik an reduzierenden Disziplinen, spezialisierten und zum Institution gewordenen Teilwissenschaften ergänzt werden. Nur an Hand dieser Kritik wird es möglich sein, festzustellen, welchen Beitrag die einzelne Wissenschaft zu der entstehenden Totalität leistet. Dies ist, wie wir jetzt wissen, der Weg, auf dem wir zur Totalität gelangen können; nicht mit Hilfe der Summe oder der Nebeneinanderstellung der »positiven« Ergebnisse dieser Wissenschaften ist sie zu erreichen. Für sich allein genommen verliert sich jede von ihnen in Zerstückelung oder Verwirrung, geht im Dogmatismus oder im Nihilismus unter.

Die dialektische Beziehung zwischen der urbanen Form und ihrem Inhalt ist so beschaffen, daß a) die Existenz dieser Form die Rationalität des »Wirklichen« gewährleistet, und dieses Wirkliche also an Hand von Begriffen analysiert werden kann; b) die Form als solche zum Prinzip einer Untersuchung auf höchster Ebene wird; c) hinsichtlich des Inhalts Analysen durchgeführt werden müssen, die diesen sowieso verschiedenartigen Inhalt (die Teilwissenschaften) in Fragmente zerlegen werden. Somit ergibt sich die Notwendigkeit einer unablässigen Kritik (und einer Selbstkritik) an diesen Wissenschaften, und zwar im Namen der rationalen (globalen) Form.

Die Kritik der Spezialwissenschaften zieht ihrerseits die Kritik an spezialisierten Politiken, Apparaten und ihren Ideologien nach sich. Jede politische Gruppe, und insbesondere jeder Apparat, rechtfertigt sich mit Hilfe einer von ihm entwickelten und unterhaltenen Ideologie: Nationalismus und Patriotismus, Ökonomismus oder Staatsrationalismus, Philsophismus, (klassischer) liberaler Humanismus. Unter anderem werden dabei einige wesentliche Probleme verschleiert: die der urbanen Gesellschaft und der Mutation (Wandel oder gegebenenfalls Revolution). Diese Ideologien, angewandt, aber nicht angepaßt, stammen, wie auch die geistige Arbeitsteilung, aus einer vorausgegangen Epoche, aus der Zeit des Industrierationalismus. Indem wir hier den methodologischen Begriff der *Ebene* einführen (wir werden ihn nicht mißbrauchen), um einen Unterschied zwischen Taktik und Strategie machen zu können, können wir gewisse Behauptungen aufstellen:

1. Auf der Ebene der Projekte und der Pläne ist immer ein gewisser Abstand zwischen Ausarbeitung und Ausführung vor-

handen. Dazwischen liegen Forderung und Tadel, die allzu häufig verwechselt werden. Im Tadel kommen Gruppen- und Klassenideologien zum Asmsdruck, auch die Ideologie oder die Ideologien derer, die an der Ausarbeitung des Projekts mitgewirkt haben; es handelt sich dabei um den *ideologischen Urbanismus*. Durch die »Tadler« entstehen in den sozialen Logiken (der Sozio-Logik, die nur Ideo-Logik ist) Konflikte. Die Möglichkeit des Tadels läßt diese Logiken als Ideologien erscheinen, womit die Konfrontation zwischen ihnen möglich und der Grad der urbanen Demokratie meßbar wird. Angesichts der Passivität der Betroffenen, ihres Schweigens, ihrer vorsichtigen Zurückhaltung bei allem, was sie selbst angeht, wird das Fehlen der urbanen Demokratie, also der konkreten Demokratie, meßbar. Kurz gesagt heißt das, die urbane Revolution und die konkrete (entwickelte) Demokratie überlappen sich. *Die urbane Praxis*, die der Gruppen und Klassen d.h. ihre Lebensweise, ihre Morphologie kann nur auf diesem Weg einer urbanistischen Ideologie gegenübergestellt werden. Solcherart wird der Tadel zur Forderung.

2. Auf der Ebene der Epistemologie stellt sich die Frage nach dem erworbenen oder nicht erworbenen Wissen. Es sieht nicht so aus, als ließe sich in der so definierten Problematik ein Ganzes aus erworbenen Erkenntnissen bilden. Bis auf weiteres beherrscht die Problematik die Wissenschaftlichkeit. Anders ausgedrückt, Ideologie und Wissen vermischen sich, sie auseinanderzuhalten ist eine stets neu zu beginnende Aufgabe. Trotzdem kann jede Wissenschaft von sich behaupten, an der Erkemsntnis des Phänomens der Verstädterung beteiligt zu sein, und zwar unter zwei Voraussetzungen: sie muß spezifische Begriffe und Methoden zur Verfügung stellen, und muß auf jeden Imperialismus verzichten; diese letzte Forderung setzt ständige Kritik und Selbstkritik voraus.

Zweifellos steuert die Soziologie ihr Scherflein an spezifischen Begriffen bei. Unter anderem den Begriff der *Ideologie* mit den sich daraus ergebenden kritischen Folgerungen – denen der *Institution* und der *Anomie* in ihrer ganzen Bedeutung. Die Liste ist nicht einschränkend, und nur deshalb werden diese Begriffe vorrangig erwähnt, weil sie in ihrer Kritik beispielhaft sind. Erst eine eingehende Diskussion wird entscheiden können, ob z.B. gewisse Begriffe von G. Gurvitch wie *überschießendes Verhalten* oder *Pluralität* der Zeit beibehalten und bei der Analyse des Phänomens der Verstädterung benutzt werden können. Denkbar wäre das durchaus. Dagegen scheinen Begriffe und Vorstellungen wie Zentralität, urbanes Gewebe und urbaner Raum nicht allein für die Soziologie zuzutreffen (damit soll nichts gegen diese Begriffe gesagt sein, im Gegenteil). Die Mutation (oder der Wandel oder die Revolution), derzufolge die sogenannte Industriegesellschaft zu einer städtischen Gesellschaft wird, muß auf höchster Ebene konzipiert werden. Eine Mutation, die die Problematik, also das Problematische des Wirklichen, festlegt. Läßt sich behaupten, daß die innerhalb eines globalen Rahmens (Institution, Ideologie) mit der Industrialisierung entstandenen Phänomene völlig verschwunden seien und den Phänomenen der Verstädtertung Platz gemacht hätten? Daß diese jenen von nun aus untergeordnet seien? Sicher nicht. Wir dürfen eine Tendenz nicht mit dem Erreichten verwechseln. Die gegenwärtige Gesellschaft begreift sich als im *Übergang* befindlich. Die durch die Industrie hervorgebrachten Phänomen und Verwicklungen vermindern sich erst jetzt allmählich. Auf dieser Ebene stellt man fest, daß die sogenannten »sozialistischen Länder« als erste ihre Institutionen so geändert haben, daß sie den Forderungen der industriellen Produktion entsprachen: modifizierte Rationalität, Planung, Programmierung. Die sogenannten kapitalistischen Länder haben sie bis zu einem gewissen Punkt eingeholt. Die

Problematik der Verstädterung hat weltweite Bedeutung, aber es hängt von der wirtschaftlichen, sozialen, politischen Struktur jedes einzelnen Landes und auch von seinem ideologischen Oberbau ab, wie sie angegangen wird. Es ist nicht selbstverständlich, daß die sogenannten sozialistischen Länder die Verstädterung mit ebensoviel (mehr oder weniger erfolgreicher Initiative angehen wie die Industrialisierung.

Zur Wissenschaft kann das Wissen uns das Phänomen der Verstädterung nur in der und durch die bewußte Bildung einer *urbanen Praxis* werden, die an die Stelle der inzwischen vollendeten Industriepraxis und ihrer Rationalität tritt. Während dieses komplexen Prozesses schneidet die Analyse »Objekte« heraus oder konstruiert »Modelle«, die immer provisorisch, revidierbar sind kritisierbar sein werden. In erster Linie ist dazu die erwähnte Konfrontierung von urbanistischer Ideologie mit der urbanen Praxis der sozialen Gruppen und Klassen erforderlich – an zweiter Stelle das Eingreifen sozialer und politischer Kräfte – an dritter die Freisetzug von Erfindungskapazitäten, wozu auch ein dem »reinen« Imaginären nahestehenden Utopismus gehören muß.

Bei dieser Gelegenheit wollen wir noch einmal auf die Um- oder Verkehrung der gewohnten Perspektiven hinweisen. Tatsächlich ist die Möglichkeit zur Schaffung einer Strategie an diese Umkehrung gebunden. Andererseits sind aufgrund der Phase, in der sie sich abspielt, Voraussagen und Projekte schwierig. Im allgemeinen sieht man in der Urbanisierung eine Folge der Industrialisierung, die das beherrschende Phänomen ist; Stadt oder Agglomeration (Megalopolis) werden also im Rahmen der Untersuchung des Industrialisierungsprozesses untersucht, und der urbane Raum wird in eine allgemeine Flurbereinigung einbezogen. Wer die marxistische Terminologie verwendet, sieht im Städtischen und dem Urbanisierunsgsprozeß der (kapitalistischen oder sozialistischen) Produktionsweise übergeordnete

Strukturen. Man nimmt leichthin an, es gäbe keine Interaktion zwischen dem Phänomen der Verstädterung, den Produktionsverhältnissen, den Produktivkräften. Die Umkehrung des Blickwinkels besteht darin, daß hier die Industrialisierung als eine Etappe auf dem Wege zur Urbanisierung, als Moment, Zwischenstation, Werkzeug angesehen wird. Folglich dominiert innerhalb des Doppelprozesses (Industrialisierung – Verstädterung) der zweite der Begriffe, während in der Vergangenheit der erste die beherrschende Rolle spielte. Ein »städtisches Denken«, das sich entweder auf eine »Optimierung« der Industrialisierung mit ihren Folgen oder auf das Betrauern der in der Industriegesellschaft aufgetretenen Entfremdung (in Form eines überspitzten Individualismus bzw. einer Überorganisation) beschränkt, bzw. sich für die Rückkehr zum antiken Stadtbürgertum (Griechenlands oder des Mittelalters) einsetzt, ist nicht mehr möglich. Solche angeblichen Modelle sind nichts als Varianten der urbanistischen Ideologie.

In diesem Zusammenhang fällt der *Kritik am Alltag* eine einigermaßen überraschende Rolle zu. Sie kann nicht mehr als Nebenaspekt der Soziologie angesehen werden. Sie befaßt sich nämlich nicht nur mit irgendeinem »Objekt« bzw. »Subjekt«; sie besitzt keinen abgegrenzten Bereich. Sie zieht Ökonomie und Wirtschaftsanalyse genauso heran wie Soziologie, Psychologie, Linguistik. Andererseits läßt sie sich in keine der genannten Ordnungen eingliedern. Sie erfaßt zwar nicht die gesamte Praxis der industriellen Epoche; deren wesentliche Ergebnisse hält sie aber fest. Aus dieser Epoche ergab sich folgendes Resultat: Eine Alltäglichkeit bildete sich, wurde zum sozialen Ort einer hochentwickelten Ausbeutung und einer sorgfältigen überwachten Passivität. Die Alltäglichkeit formiert sich nicht mitten im Städtischen als solchem, sondern in der und durch die allgemeine Absonderung, in der die Lebensmomente genauso erfaßt werden wie die Aktivitäten. Ein kritisches Vorgehen beinhaltet eine Kritik an Objekten und Subjekten, an Sektoren und Bereichen gleichermaßen. Indem die Kritik am Alltagsleben aufzeigt, wie die Menschen leben, erhebt sie zugleich Anklage gegen die Strategien, aus denen dieser Alltag erwachsen ist. Die kritische Überlegung überwindet die Grenzen zwischen den spezialisierten Wissenschaften von der menschlichen Realität. Dabei nimmt die Kritik am Alltagsleben (eine ständige Kritik, die zuweilen spontane Selbstkritik, zuweilen begrifflich formulierte Kritik ist) das Wesentliche der in den Industrieländern durchgeführten sogenannten »soziologischen« Untersuchung wieder auf. Sie vergleicht dabei das Wirkliche mit den Möglichen (das ebenfalls »Wirklichkeit« ist) und zieht ihre Schlußfolgerungen, ohne dabei ein Objekt oder ein Subjekt, ein System oder einen festen Bereich zu benötigen. In diesem Licht wäre es sogar vorstellbar, daß eines Tages sich die Soziologie der Stadt einen definierbaren Status erhielte: sie würde aus der Kritik der Bedürfnisse und Funktionalitäten, der Strukturen, der Ideologien und der Praktiken erwachsen, die partiellen oder reduzierenden Charakter besitzen. Die zu entwickelnde soziale Praxis, die der städtischen Gesellschaft, wird – vorausgesetzt, es tritt nichts Unvorhergesehenes ein – kaum mit dem in Beziehung stehen, was heute *Urbanismus* genannt wird.

Als Ideologie verbirgt der Urbanismus die Strategien. Die Kritik des Urbanismus wird einen Doppelaspekt besitzen: sie wird Kritik an der urbanistischen Ideologie sein und Kritik an der urbanistischen Praxis (soweit es sich dabei um – reduzierende – Teilpraktiken und Klassenstrategien handelt). Diese Kritik wirft ein Licht auf *das*, was in der urbanen Praxis wirklich vor sich geht: auf die ungeschickten oder klarsichtigen Bemühungen zum Erkennen und zur Lösung gewisser Probleme der städtischen Gesellschaft. Sie ersetzt die unter Klassenlogiken versteckten Strategien (Raumpolitik, Ökonomismus usw.) durch eine an die Erkenntnis gebundene Strategie.

Die Reflexion über das Phänomen der Verstädterung, die die Philosophie auf neuer Ebene weiterführt und, mittels einer radiaklen Kritik, sämtliche Wissenschaft benutzt, kann zur Definition einer Strategie führen. Unter diesem Blickwinkel lassen sich der Horizont und der Punkt, an dem scheinbar getrennte Linien zusammenlaufen, rational definieren. Diese Strategie stellt sich zweifach dar, ohne daß die Disjunktion zu einer grundlegenden Einheit führen könnte, die nur dann entsteht, wenn die gesamte Erkenntnis, die sich momentan auf eine Problematik konzentriert, in der eigentlichen Bedeutung des Wortes politisch wird: also zur Wissenschaft von der politischem (urbanen) Realität. Relativ gesehen spaltet sich die Strategie in eine Strategie der Erkenntnis und eine politische Strategie; eine Trennung findet dabei nicht statt.

Muß die Wissenschaft vom Phänomen der Verstädterung pragmatischen Forderungen, unmittelbaren Befehlen entsprechen? Planer, Programmatiker, Benutzer rufen nach Anweisungen. Zu welchem Zweck? Um die Leute glücklich zu machen. Um ihnen zu befehlen, glücklich zu sein. Merkwürdige Vorstellungen vom Glück. Die Wissenschaft vom Phänomen der Verstädterung kann diesen Forderungen nicht entsprechen, ohne Gefahr zu laufen, sich für Zwänge einzusetzen, die von anderswoher kommen: für diejenigen nämlich, die von der Ideologie und der Macht ausgeübt werden. Sie bildet sich langsam, benutzt dabei theoretische Hypothesen und praktische Erfahrungen genauso wie bewährte Begriffe. Auf die Phantasie, also auf die Utopie, kann sie nicht verzichten. Und in der Zwischenzeit muß sie zahlreiche Situationen berücksichtigen. Hier beherrscht die Demographie die Wirklichkeit und damit die Erkenntnis; das bedeutet nicht, daß der Demograph eine beherrschende Rolle spielt; er ist nur in der Lage, während eines bestimmten Zeitraums das Wort zu ergreifen; damit ist er noch nicht zur Festlegung der Zukunft ermächtigt. Dann wird der Wirtschaftler seine Rolle übernehmen; und mit ihm kommt der Planer; gleichzeitig meldet sich aber auch die zwar lästige, aber nützliche radikale Kritik zu Wort, die einzige wirklich fruchtbare. Andererseits werden die Soziologie und der Soziologe einiges zu sagen haben. Übrigens ist nicht ausgeschlossen, daß die Forschungen über die Stadt und das Phänomen der Verstädterung die Voraussetzungen für die Konstruktion von Modellen auf makrosoziologischer Ebene schaffen werden. Vielleicht werden sich im Verlauf dieses (strategisch ausgerichteten) Prozesses die Soziologie im allgemeinen und die Soziologie der Stadt im besonderen veranlaßt sehen, ihre Kategorien und Begriffe zu überprüfen; damit wären die Grundlagen für eine wissenschaftliche Erkenntnis der Problematik nach Maßgabe der Finalität gelegt. Während diese »Disziplinen« auf dem industriellen Sektor nur zwischen der Rolle einer Dienstmagd (privater oder öffentlicher) Interessen und der eines »anfechtenden-angefochtenen« Gedankengebäudes hin und her schwanken. Wie dem auch sei, im keinen Fall und nirgends darf das Mittel zum Zweck, das Partielle zum Globalen, die Taktik zur Strategie erhoben werden. Jede Taktik, gleich welcher Spezialität, wird scharf kritisiert werden, sobald sie auf die globale Ebene übergreifen, zum Imperialismus werden möchte.

Die Strategie der Erkenntnis kann nicht isoliert werden. Sie ist aufs Praktische ausgerichtet, in erster Linie also auf eine unablässige Konfrontation mit der Erfahrung, und in zweiter Linie auf die Bildung einer globalen kohrenten Praktik, die der verstädterten Gesellschaft (die Praktik, die es dem menschlichen Wesen ermöglicht, sich Raum und Zeit *anzueignen*, eine Modalität, die über der *Freiheit* steht).

Bis auf weiteres ist die soziale Praktik jedoch Sache der Politiker. Sie nehmen sie mittels Institutionen und Apparaten in Besitz. Genauer ausgedrückt heißt das: Wie alle Spezialisten blockieren die spezialisierten Politiker den Weg, der zur Bildung einer höheren Rationalität, der einer städtischen Demokratie, führt. Sie bewegen sich in eben den institutionellen und ideologischen Rahmen, die ja überwunden werden sollen. Damit wird die Lage weiter erschwert. Die Strategie der Erkenntnis steht vor einer doppelten Verpflichtung. Sie kann die politischen Strategien nicht unberücksichtigt lassen. Sie muß sie kennen. Wie sollte sie diese »Objekte« und diese »Subjekte«, diese Systeme und diesen Bereich von der Erkenntnis ausschließen? Hier haben die politische Soziologie und die Institutionsanalyse, die der Verwaltung und der Bürokratie, einiges zu sagen. Unter die strategischem Aktionen fallen auch *Vorschläge*, die an Politiker, Staatsmänner, Gesinnungen, Parteien gerichtet werden. Das bedeutet keineswegs, daß die kritische Erkenntnis abdankt und sich auf die spezialisierten Politiker verläßt. Im Gegenteil. Wie kann man ihnen Projekte und Programme vorlegen, ohne auf die kritische Analyse ihrer Ideologien und der von ihnen verwirklichten Vorstellungen zu verzichten? Wie soll man sie überreden oder zwingen? Indem man auf ihren Druck durch Gegendruck reagiert? Das ist sicher keine leichte Aufgabe. Wollte aber die Erkenntnis auf ihr Recht zur Kritik von Entscheidungen und Institutionen verzichten, so wäre das ihr Untergang. Mit jedem Verzicht wird ein Prozeß in Gang gebracht, der nur schwer wieder rückgängig zu machen ist. Die Demokratie selber dankt hier ab und nicht nur die Wissensschaft oder wissenschaftliche Institutionen.

Die Strategie beinhaltet einen wesentlichen Artikel: nämlich den optimalen und maximalen Einsatz (*sämtlicher* technischer Mittel) bei der Lösung der sich aus der Verstädterung ergebenden Fragen, im Dienste des Alltagslebens, in der verstädterten Gesellschaft. Damit eröffnet sich die Möglichkeit zur Veränderung des Alltagslebens, so wie wir es kennen. Und zwar durch den rationalen Einsatz von Maschinen und Techniken (die Veränderung des sozialen Beziehungsgefüges wird dabei nicht sinnlos, sie ist vielmehr darin enthalten). Wenn Initiativen (oder jede Einzelinitiative) in der bestehenden Ordnung durch das eine oder andere System wieder aufgegriffen werden, wird damit solchen Anregungen nicht verwehrt , einen Weg aufzutun und abzustecken. Zeitgenössische Erfahrungen zeigen, daß Wirtschaftsvoraussagen und staatliche Behörden selten eine optimale Verwendung der Quellen, der Technik und der von der Wissenschaft herangeschafften Mittel einplanen. Diese werden nur unter dem Druck der Öffentlichkeit, der Umstände, der Kritik (soweit sie geübt werden darf) verwendet. Warum? Aus Gründen des Budgets und der Finanzen, d.h. aus »wirtschaftlichen« Gründen. Hinter diesen Gründen sind tiefere Ursachen verborgen. Die Behörden haben ihre eigene Strategie, die Apparate ihre Interessen, derentwegen wesentliche Probleme nur allzu gern hintangestellt werden.

Wer die Philosophie zu Hilfe ruft, muß durchaus nicht vergangenheitsgläubig sein. Im Gegenteil. Hier gewinnt der Unterschied zwischen philosophischen Denken und der Metaphilosophie Sinn und Bedeutung. Die Metaphilosophie ist der neue Kontext, der Theorien und Begriffen, symbolträchtigen, aus dem philosophischen Zusammenhang herausgelösten Einheiten einen neuen Sinn gibt. Will man die heutige »Problematik« in ihrem ganzen Umfang begreifen – bzw. die Gegenwart als Problematik erkennen, und sich den Horizont auftun -, so kann man auf philosophisches Gedankengut zurükgreifen. Dabei muß hervorgehoben werden, daß sich so der Übergang von der klassischen Philosophie zur Metaphilosophie vollzieht.

Die Totalität? Im dialektischen Sinn ist sie da, hier und jetzt. Und sie ist es nicht. Bei jeder menschlichen Handlung, und vielleicht, seit es eine lebende Natur gibt, sind jederzeit vorhanden: Arbeit und Spiel, Erkenntnis und Ruhe, Anstrengung und Genuß, Freude und Schmerz. Momente, die eine »Objektivierung« der Wirklichkeit und der Gesellschaft erforderlich machten; sie bedürfen auch einer Formgebung, die sie erhellt und vorstellt. Wenn auch in diesem Sinn nahe, so ist die Totalität dennoch fern: erfahrene Augenblicklichkeit und Horizont. Die städtische Gesellschaft transzendiert den Gegensatz, den die Ideologie der Industriezeit zwischen Natur und Kultur geschaffen hat. Sie setzt dem, was die Totalität *unmöglich* macht, ein Ende: den engültigen Spaltungen , den absoluten Trennungen, den programmierten Absonderungen. Dennoch bietet sie nur einen Weg, nicht ein Modell der Totalität an. So wie ihn die alte Plsilosophie vorschlug, nicht aber das metaphilosophische Denken, das den Weg immer dem Modell entgegenstellt.

Die urbane Strategie kann nur nach den allgemeinen, seit Marx bekannten Regeln der politischen Analyse ausgearbeitet werden. Diese Analyse bezieht die Verhältnisse und Umstände genauso ein wie die Strukturelemente der Situation. Wie und wann müssen die spezifisch städtischen Objekte von den Objekten geschieden werden, die an die Industrieproduktion, an die Planung, die Einkommensverteilung (Verteilung des Mehrwertes) bzw. an Lohnfragen, an die Organisation des Unternehmens und der Arbeit gebunden sind? Die voreilige Trennung dieser Objekte wäre ein Irrtum und ein schwerwiegender Fehler. Tatsächlich sind ja industrielle Revolution und Revolution der Städte zwei Teile, zwei Aspekte einer radikalen Veränderung der Welt. Sie sind zwei (dialektisch vereinte) Elemente ein und desselben Prozesses, ein und derselben Idee, der Idee von der Weltrevolution. Zwar nimmt der zweite Aspekt dermaßen an Bedeutung zu, daß er sich dem ersten nicht mehr unterordnet; das bedeutet aber nicht, daß der erste unvermittelt aufgehört hätte, Bedeutung und Realität zu besitzen. Die politische Analyse der Situation befaßt sich nicht mit dem »Wirklichen« in der banalen, häufigsten Bedeutung des Wortes. Sie befaßt sich mit dem dialektischen Verhältnis zwischen den drei Begriffen: dem Wirklichen, dem Möglichen, dem Unmöglichen – um das möglich werden zu lassen, was unmöglich schien. Die Analyse, die sich dem »Wirklichen« nähert, akzeptiert den politischen Opportunimsus. Die Analyse, die sich von ihm entfernt und sich zu weit auf das Unmögliche (Utopische in des Wortes banaler Bedeutung) zu bewegt, ist zum Scheitern verurteilt.

Daß Amerika in das Stadium des Stadtguerillakrieges eingetreten ist, ist eine bekannte Tatsache. Die technologische Überlegenheit Nordamerikas und sein Einfluß auf Lateinamerika (einschließlich Mexikos) verleihen dem Kontinent eine Art Privileg, zumindest von unserem Blickwinkel aus. Marx stützte seine Analysen auf England und den englischen Kapitalismus; die politischen Analysen über den Wandel der Stadt gründen auf einer eingehenden Untersuchung Nord- und Südamerikas. Der Stadtguerillakrieg in den Vereinigten Staaten ist anders als der in Lateinamerika. In den Vereinigten Staaten lassen sich die Schwarzen zu Verzweiflungstaten hinreißen, da sie auf Grund einer sozialen Absonderung, die mächtiger ist als die gesetzliche Integration, in Stadtgettos eingeschlossen sind. Ein großer Teil der Schwarzen und der Jugend lehnt jedes politische Programm ab und sieht in der Suche nach einem solchen Programm einen Verrat. Sie wollen die Gewalt in Reinzustand. Es gab bislang – so scheint es – keine konzertierte Beziehung zwischen solchen Gewaltakten und der über die amerikanische Gesellschaft hereinbrechenden Stadtkrisis. Während der Industriezeit hatte es in dieser Gesellschaft keine wesentliche Krise gegeben. Sie versuchte und versucht noch, sich in Anlehnung an die Betriebsrationalität zu organisieren und trotzdem (ideologische, politische, städtische) Formen beizubehalten, die älter sind als die Industrie. In einem derartigen globalen Zusammenhang werden die Beziehungen zwischen lokalen Behörden, dem Bundesstaat und den einzelnen Staaten immer unentwirrbarer. Die Großstadt (typisch dafür ist New York) gerät außer Kontrolle, läßt sich nicht mehr regieren, schafft Probleme, die immer schwerer zu lösen sind. Die Strategie wird bestrebt sein, die »negativen« Kräfte der Revolte gegen die unterdrückende Gesellschaft mit den sozialen Kräften zu vereinen, die imstande sind, die Probleme der Megalopolis »positiv« zu lösen. Schwierige Aufgabe. Der Eintritt der Gesellschaft in eine Periode der urbanen Revolution besagt nicht, daß die Problematik der Verstädterung auch einfach zu lösen ist. Es besagt nur, daß eine hochindustrialisierte Gesellschaft, die auf die Probleme der Verstädterung nicht in Form einer zu deren Lösung geeigneten Veränderung reagiert, in ein Chaos absinkt, das durch eine Ideologie der Ordnung und der Zufriedenheit überdeckt wird. Die Schwierigkeit, die bei der theoretischen Analyse und der Auffindung von Lösungen auftauchen, dürfen aber weder das Denken noch die Aktion entmutigen. Ähnliches trat ja schon um die Jahrhundertwende mit der Industrie-Problematik auf. Die zweite Hälfte unseres Jahrhunderts mag an Marx' Schlagwort zweifeln, demzufolge die Menschheit sich keine Probleme schafft, zu deren Lösung sie nicht fähig ist. Es ist noch zu früh, um dieses Konzept bewußt aufzugeben. Ein Gutes hat der Optimismus: er ist zäh.

In Südamerika bricht der Stadtguerillakrieg in den Favellas (Slums) aus, die, in Fortführung dessen, was auf dem Lande begonnen hat, die Zwischenstationen zwischen des enteigneten Bauern und der Industriearbeit sind. Sehr wahrscheinlich beging Che Guevara einen Fehler. Sein Versuch, Herde für einen bäuerlichen Partisanenkrieg zu schaffen, kam zu spät. Das hätte einige Jahre zuvor in Kuba noch gelingen können. Das Land entvölkerte sich in Südamerika; massenweise wandern die Besten unter der Bauern aus und lassen sich in der Umgebung der schon jetzt zum Koloß angeschwollenen Städte nieder. Aber die politischen Ziele des Stadtguerillakrieges scheinen (soweit uns bekannt) zum Beginn des Jahres 1970 noch nicht definiert zu sein.

Hat Asien den Bereich des landwirtschaftlichen und industriellen Wandels überwunden? Große Städte allein genügen nicht. Erst müssen deren Beziehungen zum Land untersucht werden. Bei der Analyse muß der Begriff der ungleichmäßigen Entwicklung wieder aufgegriffen werden. Es handelt sich dabei nicht um Lenins Analysen, wohl aber um deren Weiterführung. Die riesigen bäuerlichen Massen, deren latenter oder gewaltsamer Druck, die Fragen der Agrarreform und der Industrialisierung verbergen vorerst die Problematik der Verstädterung. Diese Situation bietet zun Teil die Erklärung für die Theorie, daß die »Weltstadt«, die zur verändernden Aktion nicht imstande ist, im Sturm vom »Welt-Land« genommen werden wird.

Für die sogenannten sozialistischen Länder gibt es drei Hypothesen: Erstens: die Problematik der Verstädterung, die von der Ideologie des Industrieproduktivismus totgeschwiegen wird, ist noch nicht ins Bewußtsein vorgedrungen. Ein offizieller Urbanismus, der sich vom kapitalistischen Urbanismus kaum unterscheidet (bis auf das geringere Gewicht, das er auf die zentrale Rolle des Handels legt, und bis auf die freiere Verfügbarkeit des Bodens, d.h. die größeren »Grünflächen«, den Nullpunkt der urbanen Wirklichkeit), gilt in der sozialistischen Gesellschaft weiterhin als Lösung. Zweite Möglichkeit: Der Druck der städtischen Wirklichkeit bricht die sozialisitsche Produktionsideologie auf, wirft ein grelles Licht auf die Absurdität einer Staatsphilosophie, der zufolge Produktionen und produktive Arbeit in sich einen Sinn und eine Finalität tragen, die im Profit nicht mehr vorhanden sind; sie verdeutlicht dem Bewußtsein die Kritik, die an diesem Staatssozialismus und der Fusion zwischen »bürgerlicher Gesellschaft« und »politischer Gesellschaft« zugunsten der letzteren geübt wird. Die *städtische Gesellschaft* soll die *bürgerliche Gesellschaft* neu schaffen und die politische Gesellschaft soll in der bürgerlichen Gesellschaft aufgehen (nach Marx wäre das der Niedergang des Staates). Dritte strategische Hypothese: Die gesetzlichen Organe und Institutionen werden für die Problematik der Verstädterung sensibilisiert; die Veränderung findet allmählich, mit Hilfe von Gesetzen, statt.

Es ist nicht unsere Aufgabe, zwischen diesen Strategien eine Wahl zu treffen. Die zur Beurteilung erforderlichen Elemente fehlen. Nur wer Risiken und Verantwortung auf sich nimmt, hat das Recht zur Wahl. Hier muß es genügen, Möglichkeiten zu erkennen, einen Weg aufzuzeigen, Strategien zu unterscheiden. In Frankreich könnte der Augenblick kommen, da die Ziele der Verstädterung und die spezifisch an die Industrie gebundenen Ziele sich voneinander scheiden (ohne sich jedoch zu trennen). Dabei würde entweder eine neue politische Partei geschaffen werden, oder man würde versuchen, die eine oder andere der vorhandenen Parteien für die *Politisierung* der Fragen der Verstädterung zu interessieren. Könnte eine Erklärung für die »Krise der Linken« nicht unter anderen darin zu finden sein, daß sie sinfällig ist, diese Fragen zu analysieren bzw. darin, daß sie sie zu eng abstecken? Das Problem der Verstädterung ist kein Problem mehr, das die Stadtverwaltung angeht; es hat die Nation, die ganze Erde erfaßt. Die Reduktion des Urbanen auf Wohnungen und Ausrüstung ist Teil eines zu engen, ja erstickenden politischen Lebens – bei der Linken wie bei der Rechten. Die Schaffung eines umfassenden urbanen Programms, das ebenfalls ein Projekt der Veränderung der Alltäglichkeit sein müßte und nichts mit einem repressiven und banalen Urbanismus oder einer zwangsweisen Gebietsbereinigung zu tun hätte, wäre die wichtigste *politische Wahrheit*, die man dem Rest der »Linken« Frankreichs eintrichtern müßte, damit sie sich erneuern könnte.

Kann die Affäre der »Halles« (Großmarkt von Paris) als Beispiel herangezogen werden? Wenn ja, dann nur als trauriges. In Wahrheit ist ja das Schicksal des Zentrums von Paris seit mehr als einem Jahrhundert entschieden: Der Urbanismus Haussmanns und das Mißlingen der Kommune haben es besiegelt. Im Zentrum um die Halles gibt es kaum Absonderung. Sämtliche Bevölkerungsgruppen waren vertreten (in etwa der Volksdurchschnitt: Handwerker, Händler, Arbeiter, Freiberufliche). Dies war ein merkwürdiger Kontrast zu der Absonderung, die im benachbarten Getto lesbar wurde (in der Rue des Rosiers und der Umgebung). Allerdings verfielen Handwerk sund Kleinbetriebe. Die Rückkehr einer wohlhabenden Klasse ins Zentrum, die von den Vororten genauso angewidert war wie von den traditionellen Bürgervierteln – härter ausgedruckt: die »elitäre« Verbürgerlichung des von der Produktion abgeschnittenen Stadtzentrums, war seit Jahren erkennbar. Nur die neuen Bewohner, die ihre Einkünfte aus selbständiger Tätigkeit bezogen (Kino, Theater, Mode, Kunstgewerbe), konnten sich die »Modernisierung« von Häusern und Vierteln erlauben, die das Bürgertum einst im Sturm genommen und dann wieder aufgegeben hatte (le Marais). Ein Großteil dieser Bevölkerung, die so gemischt ist, daß die Viertel heute so »lebendig« wie »malerisch« gworden sind, lebte ins Elendsquartieren. Was also ist geschehen? In den Aktionsausschüssen gegen Spekulationen, gegen die Erstickung des Zentrums von Paris, gegen die Deportierung der ärmsten Einwohner saßen nur Animatoren und politisch aktive Mitglieder, deren Existenz durch die im Gang befindlichen Operationen nicht bedroht war. Und diese? Sie warten, aber auf was? Auf eine bessere Wohnung, eine bessere Arbeit oder einfach auf Arbeit. Die übrigen Gruppen bestanden aus Vertretern sogenannter privater Interessen und konnten zwar Schritte unternehmen, aber keine machtvolle politische Aktion in Gang setzen. Neben technischen, technisch anfechtbaren Projekten zeichnen sich also klare, eindeutige Haltungen ab: Die Leute an der Macht möchten in der Mitte von Paris ein kolossales Finanzministerium errichten, das der Angelpunkt eines »Entscheidungs«-Zentrums sein soll — die Leute von der sogenannten kommunistischen Opposition möchten Häuserblocks mit billigen Wohnungen bauen. Zwei Mittelmäßigkeiten stehen sich gegenüber, die eine bürokratisch, die andere wahlpolitisch ausgerichtet. Die Strategie der Erkenntnis setzt voraus: a) die radikale Kritik an dem, was Urbanismus genannt wird, an seiner Ambiguität, seinen Widersprüchen, seinen Varianten, an dem, was diese zeigen und an dem, was sie verbergen; b) die Entwicklung einer Wissenschaft vom Phänomen der Verstädterung, die von deren Form und Inhalt ausgeht (die Konvergenz anstrebt und beide Vorgänge zu einer Einheit verschweißen möchte).

Die politische Strategie setzt voraus:

a) die Einführung der urbanen Problematik in das politische Leben (Frankreichs) und deren vorrangige Behandlung;

b) die Ausarbeitung eines Programms, dessen erste Artikel die *allgemeine Selbstbestimmung* sein muß. Tatsächlich kann die in der Industrie eingeführte Selbstbestimmung die Selbstbestimmung in der Stadt – wenn auch unter Schwierigkeiten – induzieren. Sie kann auch schneller sein und der Industrie die Praxis der Selbstbestimmung schenken. Aber die Selbstbestimmung allein genügt im Städtischem sowenig wie in der Industrie. Wenn sie für jede isolierte Einheit gelten soll, wird sie scheitern. Die Probleme der urbanen Selbstbestimmung sind ähnlich denen, die bei der Selbstbestimmung in der Industrie auftreten, ja, sie sind noch größer. Auch der Markt, die Investitionskontrolle, also ein allgemeines Prograrnnn, müssen einbezogen werden; c) die Einführung des »Rechtes auf die Straße« (also des Rechtes auf Nichtausschluß aus der Zentralität und ihrer Bewegung) muß ins Vertragssystem auf genommen werden.

VIII. Die Illusion des Urbanismus

Wir sind nun in der Lage, den Urbanismus, der offiziell als die Tätigkeit definiert ist, die »den Befehl zu menschlicher Behausung in Stein, Zement oder Metall auf das Gelände zeichnet«, *objektiv* zu definieren. Wir haben uns im vorher Gesagten die begrifflichen Elemente angeeignet, die (in der Theorie) für eine radikale Kritik an einer Tätigkeit erforderlich sind, die Urbanisierung und städtische Praxis beherrschen, ihrer Ordnung unterwerfen möchten. Sie erscheint uns nicht genauso wie sie sich selbst erscheint: als Kunst und Wissenschaft zugleich, als Technik und Erkenntnis. Diese *Einheitlichkeit* zeigt, daß es sich um eine Illusion handelt. Aus der Nähe betrachtet, fällt der Urbanismus ja auseinander. Es gibt verschiedene Urbanismen, den der Humanisten, den der Wohnungsbaugesellschaften, den des Staates und den der Technokraten. Die erstgenannten schlagen abstrakte Utopien vor; die zweiten verkaufen den Urbanismus, also »Glück«, »Lebensstil«, »Status«; die Aktivität der letztgenannten zerfällt wie die des Staates in Willen und Darstellung, in Institutionen und Ideologien. Der von den beiden Aspekten des Staatsurbanismus ausgeübte Druck verleiht diesem keineswegs den einheitlichen Charakter oder die Kohärenz der Ausführung, den er zu besitzen glaubt. Man wird einwenden: »Ohne die Urbanisten wäre das Chaos vollkommen« Aber das Chaos ist ja schon da, aufgrund einer erzwungenen Ordnung. Mangels der entsprechenden (dialektischen) Methode war das urbanistische Denken nicht imstande, den hochkomplexen und konfliktgeladenen *Doppel*-Prozeß: Industrialisierung-Verstädterung in die Gewalt zu bekommen. Man kann ihr eben noch zugute halten, daß die Urbanisten entfernt die Dringlichkeit und die Probleme der neuen Seltenheiten Raum, Zeit, Orte und natürliche Elemente – erkennen.

Die urbanistische Illusion ist von anderen gleichfalls nach der gleichen Erkenntnisstrategie anzuprangernden Illusionen nicht zu trennen. Der Ausdruck »Illusion« ist nicht abwertend. Er ist keine Beleidigung von Leuten, die *ad hominem* argumentieren, wenn sie etwas erreichen wollen. Wenn jemand ihn so auffaßt, dann, weil ihn das schlechte Gewissen drückt. Wer kann in sich jeder Illusion entziehen. Und die hartnäckigsten, wirkungsvollsten Illusionen, die *Klassenillusionen*, kommen von weiter oben und von weiter her als die Irrtümer des Intellekts und des Individuums. Ihre Bahnen gehen über die Köpfe hinweg, auch wenn sie auf der Ebene dieser Köpfe erscheinen und sich dort festsetzen.

Die *Illussion* der *Philosophie* besteht darin, daß der Philosoph glaubt, er könne die ganze Welt in ein – sein – System einschließen. Er stellt sich vor, daß sein System im Vergleich zu den vorangegangenen einen Fortschritt darstellt, daß es nichts mehr unerfaßt läßt und alles noch hermetischer umschließt. In der Welt ist aber immer mehr, als in einer Philosophie sein kann.

Die Tätigkeit des Philosophen war nicht nur eine Ehre. Lange Zeit konnte sie mit der Kunst dadurch konkurrieren, daß das Werk sich mit nichts vergleichen läßt: es ist einzigartig, unendlich kostbar, unersetzlich. Ist es nicht auch eine Illusion, wenn man endlos Systeme konstruiert, immer enttäuscht wird, sie immer wieder verbessert? Von dem Augenblick an, da bei der Systematisierung der Gedanke einer *endlosen Fähigkeit zur Vervollkommnung* mit dem Gedanken der dem *System als solchem immanenten Vollkommenheit* in Konflikt gerät, geht die philosophische Illusion ins Bewußtsein ein.

Die *Illusion des Staates* besteht aus einem kolossalen und lächerlichen Projekt. Der Staat soll imstande sein, die Angelegenheiten von Dutzenden von Millionen von Subjekten zu leiten. Als oberster Verwalter wirft er sich zum Beichtvater, zum Berater in Gewissensfragen auf. Der Staat als Vorsehung, als personifizierte Gottheit wird zum Mittelpunkt aller Dinge und des irdischen Gewissens. Eine solche Illusion, meint man, müßte in sich zusammenbrechen, sowie sie formuliert ist. Keineswegs. Sie scheint den Projekten und Ambitionen derer, die sich für Staatsmänner, große und kleine Auftragnehmer, politische Führer halten, inhärent zu sein . Schon der Staatsgedanke setzt ein solches Projekt voraus. Sobald das Projekt in Mißkredit gerät, sobald es vom Denken und/oder dem Wollen aufgegeben wird, setzt der Verfall des Staates ein. Die Illusion des Urbanismus steht in engem Zusammenhang mit den beiden vorerwähnten Illusionen. Wie die klassische Philosophie will der Urbanismus ein System sein. Er glaubt, eine neue Totalität umfassen, in sich einbeziehen, besitzen zu können. Er nennt sich die moderne Philosophie des Stadtstaates, glaubt sich durch einen (liberalen) Humanismus gerechtfertigt, weil er eine (technokratische) Utopie rechtfertigt.

Weder der gute Wille noch die guten ideologischen Absichten können als Entschuldigung gelten, im Gegenteil. Ein gutes Gewissen und ein schöne Seele verschlimmern die Situation. Wie soll grundlegende Leere des privaten oder öffentlichen Urbanismus, der aus dem Intellekt des einen oder den Büros des anderen quillt, definiert werden? Damit, daß er behauptet, er könne die *urbane Praxis* ersetzen. Er untersucht sie nicht. Für den Urbaniker ist die Praxis eben das *Blindfeld*. Er lebt auf ihm, er befindet sich in ihm. Er sieht es nicht; und er begreift es nicht als solches. Mit bestem Gewissen setzt er an Stelle der *Praxis* seine Vorstellungen vom Raum, vom sozialen Leben, von den Gruppen und deren Beziehungen untereinander. Er weiß nicht, woher ihm diese Vorstellungen kommen, er kennt ihre Implikationen, d.h. die Logiken und Strategien, denen sie dienen, nicht. Wenn er es weiß, handelt er in einer Weise, die unverzeihlich ist; sein ideologisches Gewand zerreißt und zeigt eine seltsame Nacktheit.

Dem Organisationskapitalismus, den Planern, den Flurbereinigern entgleitet jede produktive Tätigkeit mehr oder weniger vollständig. Techniker und Technokraten werden zu Stellungnahmen aufgefordert, höflich angehört (nicht immer). Entscheidungen fällen sie nicht. Bei aller Anstrengung gelingt es ihnen nicht, den ihnen gegebenen Status, den einer Interessentengruppe oder Kaste, zu überwinden und zur Klasse zu werden. Das gilt an sich für die sogenannten sozialistischen Länder. Den Technokraten erscheint der *Raum* als solcher der Ort ihrer zukünftigen Taten, das Gelände ihrer Siege, wenn man so sagen darf. Der Raum steht zur freien Verfügung. Warum? Weil er nahezu leer ist oder zu sein scheint. Die Unternehmen, die Produktionseinheiten sind auf den Raum verteilt, aber füllen ihn nicht aus. Somit gehört der freie Raum dem Denken. Bei den Technokraten schwankt das Denken zwischen der Vorstellung eines leeren, gleichsam geometrischen Raums, in dem sich nur Begriffe, Logiken und Strategien auf höchster rationaler Ebene befinden, und der Darstellung eines endlich aufgefüllten, von den Ergebnissen dieser Logiken und besetzten Raums. Sie sehen nicht, daß jeder Raum in erster Linie *Produkt* ist, und daß zum, andern dieses Produkt nicht aus dem begrifflichen Denken, das ja keine unmittelbar produktive Macht ist, hervorgehen kann. Sieht man dem Raum als Produkt, dann ist er das Ergebnis der Produktionsverhältnisse, die eine handelnde Gruppe übernommen bzw. in die Hand genommen hat. Die Urbanisten scheinen nicht zu wissen oder zu verkennen, daß sie ja selbst in diese Produktionsverhältnisse einbezogen sind und deren Anordnungen ausführen. Sie führen aus, während sie doch im Glauben befangen sind, den Raum zu beherrschen. Sie gehorchen einem sozialen Befehl, der nicht dieses oder jenes Objekt, nicht dieses oder jenes Produkt (Ware), sondern ein globales Objekt betrifft, das allerhöchste Produkt, das letzte Austauschobjekt: den Raum. Die Entfaltung der Welt der Ware ergreift das die Objekte enthaltende Gefäß. Sie beschränkt sich nicht sehr auf die Inhalte, auf die Objekte im Raum. Seit kurzem wird sogar der Raum gekauft und verkauft. Nicht der Grund, der Boden, sondern der *soziale Raum* als solcher, das Produkt als solches, mit dem entsprechenden Ziel, mit dieser Finalität (wie man sagt). Der Raum ist nicht mehr nur das indifferente Milieu, die Summe der Örtlichkeiten, an denen der Mehrwert gebildet, realisiert, verteilt wird. Er wird zum Produkt der sozialen Arbeit, zum allgemeinen Objekt der Produktion und infolgedessen der Bildung des Mehrwertes. In dieser Form und auf diesen Weg wird die Produktion sogar innerhalb des Neo-Kapitalismus sozial. Ein unvorhergesehener Weg, der noch vor wenigen Jahren unvorhersehbar gewesen wäre, als man Produktion und sozialen Charakter der Produktion nur vom Unternehmen bzw. der produktiven Arbeit im Unternehmen aus ansah. Heute scheint der soziale (globale) Charakter der produktiven Arbeit bzw. der Produktivkräfte bei der sozialen Produktion des Raums durch. Noch vor wenigen Jahren wäre eine andere »Produktion« als die eines hier oder dort im Raum lokalisierten Objektes – Gebrauchsgegenstand, Maschine, Buch, Bild —- undenkbar gewesen. Heute gehört der gesamte Raum in den Bereich der Produktion, ist Produkt durch Kauf, Verkauf, Austausch der Teile des Raums. Vor wenigen Jahren gehörte der lokalisierbare und zu bezeichnende Raum, der Boden, noch der geheiligten Einheit Erde an. Er gehörte der verfluchten, doch geheiligten Persönlichkeit, dem *Eigentümer* (nicht der Produktionsmittel, sondern des Gebäudes); es handelte sich hier um ein Überbleibsel aus der Zeit der Feudalherrschaft. Heute brechen die Ideologie und die entsprechende Praktik in sich zusammen. Etwas Neues tritt auf.

Die Produktion des Raums ist an sich nichts Neues. Herrschende Gruppen haben schon immer den einen oder anderen Sonderraum produziert – den der einstigen Städte, der Landgebiete (und Landschaften, die dann »natürlich« schienen). Neu ist die globale und totale Produktion des sozialen Raums. Diese gewaltige Ausweitung der Produktionsstätigkeit wird im Interesse derer vollbracht, die sie erfinden, sie leiten und (in großem Umfang) von ihr profitieren. Der Kapitalismus scheint aus dem letzten Loch zu pfeifen. Die Eroberung des Raums war eine neue Eingebung; banal ausgedrückt sind darunter Bodenspekulation, Hoch- und Tiefbau (innerhalb und außerhalb der Städte), Kauf und Verkauf des Raums zu verstehen: und zwar auf Weltebene. Das ist der (unvorhergesehene) Weg der Sozialisierung der Produktivkräfte, ja der der Produktion des Raums selber. Müssen wir noch hinzufügen, daß der Kapitalismus in diesem Bereich die Initiative ergriffen hat, um zu überleben? Die Strategie reicht sehr viel weiter als das einfache Feilhalten eines Stück Raums nach dem anderen. Der Raum wird dabei nicht nur in die Produktion des Mehrwerts hineingezogen; es geht vielmehr um eine vollständige Neuorganisierung der von den Entscheidungs- und Informationszentren aus geleiteten Produktion. Der Urbanismus verdeckt diese riesenhafte Operation. Er verbirgt ihre Grundzüge, ihren Sinn, ihre Finalität. Unter einem positiven humanistischen, technologischen äußeren Schein versteckt er die kapitalistische Strategie: die Inbesitznahme des Raums, den Kampf gegen die absinkende Tendenz des Durchschnittsprofits usw.

Diese Strategie belastet den »Benutzer«, den »Teilnehmer«, den einfachen »Bewohner«. Er wird nicht nur auf die Wohnfunktion (auf den Wohnraum als Funktion) reduziert, sondern auf die Funktion eines Raumkäufers, der den Mehrwert realisiert. Der Raum wird zum Ort der Funktion, deren wichtigste und verborgenste in der Formung, Realisierung, der neuartigen Verteilung des Überschusses der gesamten Gesellschaft (bei der kapitalistischen Produktionsweise ist es der globale Mehrwert) besteht.

Die urbanistische Ideologie übertreibt die Bedeutung von sogenannten »konzertierten« Aktionen, deren Berechtigung sie selbst unterstützt. Sie vermittelt denen, die diese Darstellungen benutzen, den Eindruck, daß auch Menschen und Dinge im Sinne einer Erneuerung manipuliert werden können, und daß dies günstig ist. Viele Leute glauben mit großer scheinbarer oder echter Naivität, sie würden *entscheiden* und *erschaffen*. Was? Soziales Leben, ein soziales Beziehungsgefüge (zwischen den Menschen). In diesem Punkt erweckt die urbanistische Illusion die ein wenig eingeschlafene Mythologie vom Architekten zu neuem Leben. Die alten Mythen passen in der neuer Ideologie zueinander, stützen sich gegenseitig. Darum ergibt sich eine Reihe von zuweilen krebsartigen Auswüchsen, die der realen Erkenntnis, der konkreten Praxis (der der Benutzer, die noch am *Gebrauchswert* hängen) aufgepfropft werden.

Die Ideologie und ihre Anwendung (durch entsprechende Institutionen) lasten auf der wirklichen Praxis. Der Gebrauch (der Gebrauchswert), der vom Austauschwert (der Welt der Ware und ihrer Sprache, mit ihrem jedes Objekt erfassenden System von Zeichen und Bedeutungen) schon verdrängt wurde, wird durch urbanistische Darstellungen, durch Anregungen und Motivation weiter belastet. Seine Praxis verschwindet, er verfällt in Schweigen und Passivität. Ein besonders überraschendes Paradox taucht hier auf: die Passivität der Betroffenen. Diese hat zahlreiche Ursachen. Wir führen eine und nicht die geringste dieser Ursachen an: die *urbanistische Ideologie*, die die Praxis (des Wohnraums, der urbanen Wirklichkeit) *reduziert.* Wie jede Ideologie begnügt sie sich nicht mit der Reduktion. Sie extrapoliert, zieht systematisch Schlüsse, ganz, als ob sie über sämtliche Elemente des Problems verfügte, als ob sie die Problematik der Verstädterung in und durch eine totale, sofort anwendbare Theorie lösen könnte. Wenn die Extrapolierung zu einer Art medizinischer Ideologie hin tendiert, übersteigt sie ihre Grenzen. Der Urbanist glaubt zuweilen, er pflege und heile eine kranke Gesellschaft, einen pathologischen Raum. Für ihn gibt es Raumkrankheiten, die anfänglich abstrakt als verfügbare Leere verstanden wurden, darin in partielle Inhalte zerstückelt wurden. Schließlich wird er zum Subjekt. Er leidet, hat Schmerzen, man muß sich um ihn kümmern, damit er (moralisch) wieder gesund wird. Am Ende der urbanistischen Illusion steht eine Bewußtseinstrübung. Der Raum und das Denken über den Raum ziehen den Denker auf einen verhängnisvollen Weg. Er wird schizophren und glaubt an eine Geisteskrankheit – eine Schizophrenie der Gesellschaft –, auf die er sein eigenes Leiden, die Raumkrankheit, den geistigen Schwindelanfall projiziert.

Untersucht man nun die Vorschläge des Urbanisten, so stellt man fest, daß sie nicht sehr weit gehen. Sie beschränken sich darauf, den Raum in Karos oder Maschen aufzuteilen. Da die Technokraten nicht wissen, was in ihrem Kopf und ihren Operationskonzepten vorgeht, da sie ihrem Wesen nach verkennen müssen, was auf ihrem Blindfeld geschieht (oder nicht geschieht), kann es passieren, daß sie mit großer Sorgfalt den *repressiven Raum* organisieren. Und das mit dem besten Gewissen. Sie wissen nicht, daß der Raum eine Ideologie (oder genauer, eine *Ideo-Logik*) sichtbar werden läßt. Daß der scheinbar objektive (weil staatliche, mit Kompetenzen und Wissens vollgestopfte) Urbanismus ein Klassenurbanismus ist, eine Klassenstrategie (eine Sonderlogik) sichtbar macht, wissen sie nicht.

Ist auf diesem Gebiet die »*Technostruktur*« (im Dienst der bestehenden Produktionsverhältnisse, bei deren Erhaltung und Fortbestand, ihrer Ausweitung und Anpassung) so wirksam wie im Rahmen des Betriebes? Das ist fraglich. Man ist versucht zu antworten, eben auf dem Sektor würden die Technostruktur und die »ausgleichende Macht« im Vergleich zu den großen wirtschaftlichen und politischen Mächten (Galbraith) eine »optimale« Wirksamkeit erreichen. Wie? Indem sie der Logik und der Strategie die Möglichkeit geben, sich dem Blick zu entziehen: und der Strategie, logisch, also notwendig zu erscheinen.

So wie der Urbanismus jetzt ist, also (uneingestandenermaßen) innerhalb der bestehenden Rahmen *funktional*, ist er außerstande, die permanente, bereits beschriebene und kritisierte Krise zu bewältigen; es gelingt ihm nicht, einen Status zu finden, und der Urbanistiker ist nicht imstande, seine Rolle zu definieren. Der Urbanismus befindet sich in einer Zwickmühle zwischen Privatinteressen und politischen Interessen, zwischen denen, die im Namen des »Privaten« und denen, die im Namen übergeordneter Instanzen oder Behörden entscheiden. Er lebt vom Kompromiß zwischen dem Neo-Liberalismus (der der Programmierung und den sogenannten »freiwilligen« oder »konzertierten« Aktionen einen gewissen Platz einräumt) und dem Neo-Dirigismus (der der »freien Marktwirtschaft« ein gewisses Betätigungsfeld zubilligt). In den Zwischenraum, den Spalt zwischen Wohnungsbaugesellschaften und Behörden – soweit er vorhanden ist – schleicht sich der Urbaniker ein. Die besten Aussichten bestehen dann für ihn, wenn zwischen Vertretung und Wollen, auch bei den Staatsmännern, ein (sinnbewußter) Konflikt auftritt. Einerseits spalten sich in Theorie und Praxis die urbane Wirklichkeit und ihre Problematik endlos weiter auf, und zwar in spärliche Darstellungen (»Milieu«, »Umwelt«, »Ausrüstungen«), in Kompetenzen (Forschungsbüros, offizielle Büros,

Institutionen auf allen Ebenen). Urbanismus und Urbaniker bleibt nichts übrig, als eine solche Zerstückelung hinzunehmen; sie tragen zu ihr bei. Wenn sie tätig werden, dann deshalb, weil es irgendwo ein »Büro« gibt, das ihnen gehört. Gleichzeitig will der Urbanismus aber Doktrin sein. Er strebt nach der Einheit: Theorie, Logik, Strategie. Wenn eine Einheitsfunktion sich aber manifestiert und wirksam wird, dann ist das nicht die seine. Es ist die Strategie des Profits oder die Logik des Industrieraumes, oder die des Austauschs und der »Welt der Ware« ...

Als Darstellung ist der Urbanismus nur eine Ideologie, die »Kunst«, »Technik«, »Wissenschaft« sein will, je nach den Umständen. Es ist eine Ideologie, die sich für klar hält; sie verhält Verborgenes, Ungesagtes: das was sie als Wille zum Wirksamen verdeckt, das, was sie in sich einbegreift. Der Urbanismus impliziert einen zweifachen Fetischismus. Einmal den der *Zufriedenheit*. Die Betroffenen? Sie müssen zufriedengestellt, ihre Bedürfnisse müssen also anerkannt werden, es muß diesen Bedürfnissen, so wie sie sind, Rechnung getragen werden. Zuweilen muß man ihnen die Möglichkeit zur Anpassung geben, indem man ihre Bedürfnisse abändert. Implizit bedeutet die Hypothese: Man kann diese Bedürfnisse kennen, indem einmal die Betroffen sie darlegen, und sich zum anderen Experten mit ihnen befassen. Sie können klassifiziert werden. Für jedes Bedürfnis wird ein Objekt geliefert. Diese Hypothese ist von Anfang an insofern falsch, als sie soziale *Bedürfnisse ignoriert.* Zum zweiten gibt es den *Raumfetischismus.* Der Raum ist Schöpfung. Wer den Raum erschafft, erschafft das, was ihn ausfüllen wird. Der Ort läßt das Ding und der gute Ort das gute Ding erstehen. Daraus ergibt sich eine Ambiguität, ein Mißverständnis, ein merkwürdiges Hin- und Herschwanken.

Entweder ist die Raumkrankheit eine Entschuldigung für die Leute, dafür aber eine Anklage gegen die Kompetenzen; oder die Krankheit der Leute in einem guten Raum ist unentschuldbar. Der Raumfetischismus ist nicht frei von Widersprüchen. Den Konflikt zwischen Gebrauch und Austausch beseitigt er nicht, auch dann nicht, wenn er Gebrauch und Gebraucher vernichtet.

Sollen die Widersprüche des Raums an dieser Stelle eingehender analysiert werden? Nein. Wichtig ist die Betonung der Rolle, die der Urbanismus und allgemeiner der »Immobiliensektor« (Spekulation, Bau) in der neokapitalistischen Gesellschaft spielen. Wobei der sogenannte »Immobiliensektor« nur die Rolle eines sekundären Sektors, eines Regelkreises hat, der parallel zu dem der Industrieproduktion verläuft, die den Markt mit mehr oder weniger kurzlebigen »Gütern« versorgt, als »Immobilien« es sind. Dieser sekundäre Sektor absorbiert die Erschütterungen. Sobald Wirtschaftskrisen auftreten, strömt ihm das Kapital zu. Anfänglich mit phantastischen Profiten, die aber bald geringer werden. Hier, auf diesem Sektor, gibt es kaum Wirkungen, die sich »multiplizieren«: induzierte Tätigkeiten sind selten. Auf dem Immobiliensektor wird das Kapital unbeweglich. Die allgemeine Wirtschaft (die Volkswirtschaft) beginnt unter diesen Verhältnissen zu leiden. Dennoch nehmen Rolle und Funktion dieses Sektors unaufhörlich zu. Im gleichen Maß, wie der Hauptregelkreis – laufende industrielle Produktion »beweglicher« Güter – an Schwung verliert, nehmen die Investitionen auf dem sekundären, dem Immobiliensektor zu. Das kann so weit gehen, daß nur noch im Bereich der Bodenspekulation »Kapital gebildet« bzw. Mehrwert realisiert wird. Während der Anteil des globalen Mehrwertes, der ins der Industrie gebildet und realisiert wird, absinkt, nimmt der Teil des Mehrwertes zu, der durch Spekulationen und auf dem Bausektor gebildet und realisiert wird. Der zweite Kreis tritt an die Stelle des ersten. Aus etwas Zufälligem wird er zum Wesentlichen. Um mit den

Wirtschaftswissenschaftlern zu sprechen: das ist ein ungesunder Zustand. Welche Rolle der Immobiliensektor in den verschiedenen Ländern (vor allem in Spanien, in Griechenland usw.) spielt, ist weitgehend unbekannt; es läßt sich auch nicht sagen, wo er eigentlich in den allgemeinen Mechanismus des kapitalistischen Wirtschaftssystems eingreift. Er ist ein Problem. Sollte es sich hier um die oben erwähnte »ausgleichende Macht« handeln? Aber als Ideologie wie als Institution (als Darstellung wie als Wille) markiert der Urbanismus seine Probleme. Er scheint eine Erwiderung in sich zu tragen. Es ist deshalb erlaubt, diese Probleme nicht erst theoretisch anzugehen. Der Urbanismus, der sich am Drehpunkt zwischen den beiden Sektoren (Produktion »beweglicher« Güter und »Innmobilien«) befindet, versteckt diesen Drehpunkt. Wenn wir die Metapher weiterführen dürfen, können wir sagen, er ermögliche auch die Schmierung diese Drehpunktes.

So ist der Urbanismus, ohne sich dessen bewußt zu sein, ein Klassenurbanismus. Sobald der Urbaniker dies erkennt, wird er zynisch oder verzichtet auf sein Amt. Als Zyniker mag er schließlich zum Verkäufer von Freiheit und Glück, »Lebensstil«, Sozialleben, sogar von Gemeinschaftsleben in den Phalanstères werden, über die der moderne Satrap verfügt.

Der Urbanismus zieht also eine radikale Kritik auf sich. Er maskiert. Was? Die Umstände. Er verdeckt. Was? Operationen. Er blockiert. Was? Einen Horizont, einen Weg, jenen, der zur Erkenntnis und zur Praxis der Verstädterung führt. Er begleitet einen Niedergang, den der spontan entstandenen Stadt und den des historischen Stadtstaates. Er ist gleichbedeutend mit dem Eingreifen einer Macht, die mehr ist als eine Erkenntnis. Wenn er zur Kohärenz gelangt, wenn er einer Logik zur Herrschaft verhilft, dann der des Staates. Also Leere. Der Staat versteht sich nur aufs Trennen, Zerschlagen, Aushöhlen von Leeräumen,

Plätzen, Alleen, die ihm alle gleichen – das Antlitz der Gewalt, des Zwanges zeigen.

Der Urbanismnus verbietet dem Denken, zur Reflexion über das Mögliche, zum Spiegel der Zukunft zu werden. Er schließt es in eine Situation ein, in der sich drei Dinge gegenüberstehen: die kritische Reflexion, die reformwillige Ideologie, der linksorientierte Widerspruch. Aus dieser Lage muß ein Ausweg gefunden werden, den zu begehen sie (Urbanismus und Urbaniker) jedoch verbieten.

Trotzdem ist nicht alles »negativ«, um einen Ausdruck aus dem Urbanismus zu benutzen. Genauer ausgedrückt heißt das, es ist nur in dem Maß »blendend-erblindet«, in dem der Urbaniker sich für alles hält: den Mann der Synthesis (dem neuesten Ausdruck der interdisziplinären Forschung), den Schöpfer von Raum und menschlichen Beziehungen. Ansonsten häuft der Urbaniker Daten und Informationen. Der Urbanismus bringt eine Vorahnung und zuweilen die Erforschung der neuen Seltenheiten: Raum, Zeit, Begierde, Elemente (Wasser, Luft, Erde, Sonne) mit sich. Zwar sucht der Urbaniker, der konkreten, grundlegenden Frage – nach der (sozialen) Verwaltung der Seltenheiten – auszuweichen, die (in den sogenannten fortschrittlichen Ländern) den Platz der einstiger Seltenheiten eingenommen haben. Der Urbaniker weist häufig auf die Bedeuntung der Frage hin, die »die Natur« an den Menschen richtet, der Mensch an die Natur. Seine Art, den Raum zu lesen, veranlaßt ihn, die Natur zu lesen, d.h., die Verwüstung und das Ende der Natur zu erkennen. Sollten gewisse Texte Le Corbusiers vielleicht in diesem Sinn, also symptomatisch und nicht wortwörtlich verstanden werden? Oder andere sogenannte urbanistische Werke, die weniger berühmt sind, aber wegen der in ihnen dargelegten Ideologie wesentlich sind? Das urbanistische Gedankengut findet seine sprachliche Formulierung häufig dann, wenn von der urbanen Praxis die Rede ist. Auch ein verzerrtes Bild der Zukunft und des Möglichen trägt noch Spuren und Hinweise auf diese in sich. Der utopische Teil urbanistischer Projekte (der sich im allgemeinen unter Techniken und dem Mißbrauch der technischen Möglichkeiten verbirgt) ist sicher als erstes Symptom einer Problematik von Interesse, die sich in diesen Symptomen ankündigt, ohne daß zugleich eine Erklärung geboten würde. Das besagt nicht, es gäbe eine Epistemologie des Urbanismus, einen theoretischen Kern, der virtuell eine urbane Praxis hervorbringen könnte. Durchaus nicht. Die hier aufgeführten Argumente sprechen eher für das Gegenteil. Im Augenblick gilt die Problematik für wichtiger als das Erworbene, und das wird noch lange so sein. Wesentlich ist die *Stellung der Themen,* die Klärung der Begriffe (Kategorien) durch Überprüfung, die Erforschung des Möglich-Unmöglichen sind der dafür erforderlichen Transduktion.

Vielleicht hat der Urbanismus heute die Rolle übernommen, die die Ideologie (Philosophie und politische Ökonomie und utopischer Sozialismus) um 1845 spielte, als das marxistische Denken und die kritische (revolutionäre) Reflexion über Phänomene der Industrialisierung in Erscheinung traten. Diese scheinbar harte Beurteilung beinhaltet ein übertriebenes Lob. Sollten die Doktrinäre des Urbanismus wirklich das Format eines Hegel, Fourier, Saint-Simon, Adam Smith und Ricardo haben? Natürlich kann man auch an weniger bedeutende Ideologen denken, an Leute wie Bauer, Stirner, und nicht gleich an die großen Theoretiker. Aber greift man nicht auch hier zu hoch? Verglichen mit der marxistischen Wirtschaftsanalyse ähnelt der Urbanismus eher der politischen Ökonomie in volkstümlichem Sinn. Der Wirtschaftswissenschaftler läßt die Kritik unter den Tisch fallen. Sie interessiert ihn nicht. Zuweilen sagt er in anderer Sprache das, was auch der Marxist sagt. So nennt Rostow »take off«, was die Marxisten »ursprüngliche An-häufung« nennen. Ihre Schemata beinhalten häufig eine Taktik; sie halten sich darin für »operationell«. Das Wesen dieser Taktik zeigt sich sehr rasch – sei es bei der Analyse, sei es bei der An-wendung -,wenn es dazu kommt. Meistens allerdings ver-schwinden die abstrakten Modelle der Wirtschaftswissenschaft-ler in den Schubladen. Die Praktiker der Wirtschaft und die Politiker an der Macht tun, was ihnen beliebt. Gilt das nicht auch für die Urbaniker? Ungeachtet dieser Tatsache blockiert der Urbanismus mit seinen Modellen den Weg. Es handelt sich wie der einmal um einen dem heutigen politischen und wissen-schaftlichen Denken inhärenten Konflikt, dem zwischen *Weg* und *Modell*. Wenn der Weg frei sein soll, muß das Modell zer-stört werden.

Angesichts der von der Ideologie hervorgerufenen Verwirrung ist es sinnvoll, hervorzuheben, daß die hier am Urbanismus geübte Kritik eine Kritik der Linken (durch die Linke) ist. Die Kritik der Rechten, der Liberalen oder Neo-Liberalen, greift den Urbanismus als Institution an und lobt die Initiativen der Baugesellschaften, die Eigentumswohnungen erstellen. Der Weg für die kapitalistischen Institutionen soll frei sein, denn von jetzt an werden diese sich mit Profit mit dem Immobiliensektor befassen. Während die Illusion des Urbanismus herrschte, hat-ten sie Zeit, sich anzupassen. Die radikale Kritik an der urbani-stischen Illusion bahnt der urbanen Praxis und der Theorie die-ser Praxis den Weg, sich im Verlauf der allgemeinen *Entwicklung* gemeinsam zu entwickeln (vorausgesetzt, diese Entwicklung kann sich gegenüber dem Wachstum und seinen Ideologien und Strategien durchsetzen).

Diese Kritik der »Linken« geht über die Ablehnung des Libera-lismus oder des Neo-Liberalismus hinaus; denn sie ruft nach dem Staat, wo bisher das Privateigentum agierte, und nach einer

politischen Entscheidung durch den Staat, wo bisher die Privat-
initiative tätig wurde. Eine solche Kritik wird erst dann radikal,
wenn sie den Staat, die Rolle des Staates, die Strategie des Staates, die Raumpolitik ablehnt. Indem sie also zeigt, daß die *För-
derung der Verstädterung nur* möglich ist, wenn das (quantitative)
Wirtschaftswachstum nicht mehr Selbstzweck ist, wenn die Produktion nach anderen Zwecken ausgerichtet wird, wenn Entwicklung wichtiger wird als Wachstum, wenn der Staat (das reduzierende Agens par excellence) auf eine untergeordnete
Funktion reduziert wird, wenn also Staat und Politik einer radikalen Kritik unterzogen werden.

Die schlimmste Utopie ist diejenige, die ihren Namen ver-
schweigt. Die urbanistische Illusion gehört dem Staat an. Sie ist
die staatliche Utopie: eine Wolke am Berg, die den Weg ver-
sperrt. Die Anti-Theorie und die Anti-Praxis zugleich. Urbanismus, was ist das? Ein Oberbau der neo-kapitalistischen Gesellschaft oder des »Organisationskapitalismus«,womit nicht der
»organisierte Kapitalismus« gemeint ist. Oder noch anders: *der
gelenkten bürokratischen Konsumgesellschaft.* Der Urbanismus organisiert einen Sektor, der scheinbar frei und verfügbar ist, der
rationalen Aktion offensteht: den bewohnten Raum. Er lenkt
den Konsum des Raums und des Wohnraums. Als Oberbau ist
er etwas anderes als eine Praxis, ein soziales Beziehungsgefüge
oder die Gesellschaft selber, und muß auch als etwas anderes
angesehen werden. Verwechselt nicht mancher den Urbanismus
mit dem »Städtischen«, die urbane Praxis also mit dem Phänomen der Verstädterung? Diese Verwirrung könnte die pseudo-
marxistische, anscheinend heftig und energisch kritisierte These
erklären, derzufolge das Phänomen der Verstädterung selbst
nur ein Oberbau ist. Solche Ideologien verwechseln Praxis und
Ideologie, das soziale Beziehungsgefüge mit dem Institutionellen. Nur insoweit, als der Urbanismus diesen Doppelaspekt auf-

weist, insofern er Ideologie und Institution ist, entdeckt er der kritischen Analyse die Illusionen, die er sonst verbirgt, die aber seine Anwendung ermöglichen. So gesehen erscheint der Urbanismus als Träger einer begrenzten tendenziösen Rationalität, deren Objekt (Ziel) der scheinbar neutrale und unpolitische Raum ist.

IX Die urbane Gesellschaft

Wir können nun den Begriff, den wir schon auf der ersten Seite des vorliegenden Werks im Namens einer (wissenschaftlichen) Hypothese angeboten haben, auf höherer Ebene erneut aufgreifen. In der Zwischenzeit wurde er angereichert, überprüft, kurz, er wurde entwickelt und könnte nun die theoretische Rolle der Hypothese aufgeben, um in die Erkenntnis einzugehen. Diese Entwicklung ist jedoch nicht abgeschlossen. Weit entfernt. Das zu behaupten wäre Dogmatismus. Es würde bedeuten, daß der Begriff der »urbanen Gesellschaft« in eine Epistemologie hineingebracht würde, der wir besser mißtrauen: und zwar, weil sie noch nicht reif dafür ist, weil sie die Kategorie über die Problematik stellt, und weil sie vielleicht die Bewegung aufhalten und ablenken könnte, dank derer die Untersuchung des Phänomens der Verstädterung am Horizont der Erkenntnis empordämmert. Der Begriff der verstädterten Gesellschaft hat sich inzwischen der Mythen und Ideologien entledigt, die ihn gefangenhielten. Einige dieser Mythen stammten aus den landwirtschaftlichen Bereichen der Geschichte und des Bewußtseins, die anderen stammen aus der mißbräuchlichen Anwendung von Bildern aus den Unternehmen (aus der Industrierationalität). Die Mythen gingen in die Literatur ein; daß sie dichterisch und utopisch sind, verringert ihr Interesse gewiß nicht. Über die Ideolgien dagegen wissen wir, daß sie vergeblich versuchen, eine Doktrin, den Urbanismus, zu begründen. Es war notwendig, dieses schwere, undurchsichtige Etwas beiseite zu schieben, um die Erforschung des Blindfeldes, also des Phänomens der Verstädterung in seiner Totalität, weiterführen zu können.

Am Rande des Weges erscheint das Unbewußte (die Grenze zwischen dem Verkannten und dem Verkennenden) zuweilen trügerischer und blindmachender Widerschein des Überholten – des Ländlich-Bäuerlichen und/oder des Industriellen -, zuweilen als Mangel, Mangel an städtischer Wirklichkeit, die sich ihm entzieht.

Auch der Begriff der Phase bzw. der *kritischen Zone* wird deutlicher. In dieser Zone verflüchtigt sich das Gelände unter den Füßen und entzieht sich dem Blick. Der Boden ist vermint. Die alten Begriffe entsprechen nicht mehr, neue Begriffe bilden sich heraus. Nicht nur die Wirklichkeit, auch der Gedanke entflieht. Wir haben trotzdem versucht, ein kohärentes Gedankengebäude aufzubauen, das als nicht-ideologisch bezeichnet werden kann, das gleichfalls vom Städtischen hinausgeht (indem es dieses definiert, die Konturen umreißt). Ein solches Gedankengebäude kann nicht vollendet werden. Es ist seinem Wesen nach unvollendet. Es wird als Abglanz eines Zukünftigen definiert, setzt Operationen in der Zeit und nicht nur im Raum voraus. So die *Transduktion* (Konstruktion des virtuellen Objektes. So die Erforschun des Möglich-Unmöglichen. Die Zeit-Dimension, die von Epistemologie und Erkenntnisphilosophie beseitigt worden war, kehrt siegreich zurück. Zudem unterscheidet sich die Transduktion von der Zukunftsforschung. Bei dieser wie beim Urbanismus wurde, was sie suspekt macht, aufgedeckt und angeprangert. Die Zukunftsforschung beeinhaltet wie der Urbanismus eine Strategie. Sie mischt Ideologie und Wissenschaftlichkeit; oder besser: Hier wie überall ist die Wissenschaftlichkeit eine Ideologie, ein Auswuchs, der echten, aber stückweisen Erkenntnissen aufgepfropft wird. Auch die Zukunftsforschung extrapoliert, nachdem sie erst reduziert hat.

Im Verlauf unserer Untersuchung, die noch in den Anfängen steckt, erschien uns das Phänomen der Verstädterung als etwas anderes und zudem als *Oberbau* (der Produktionsweise). Dies als Antwort auf einen marxistischen Dogmatismus, der vielerlei Prägungen besitzt. Die urbane Problematik hat weltweite Bedeutung. Sozialismus und Kapitalismus stehen vor den gleichen Problemen; beide wissen keine Lösung. Die städtische Gesellschaft kann nur als etwas definiert werden, das die gesamte Erde erfaßt hat. Sie bedeckt die Erde virtuell, indem sie die Natur, die durch die industrielle Ausbeutung ihres gesamten natürlichens (materiellen wie menschlichen) Reichtums beraubt wurde, durch die Zerstörung aller sogenannten natürlichen Eigenheiten vernichtet.

Zudem greift das Phänomen der Verstädterung tief in alles ein, was die Produktion angeht: Produktivkräfte, Produktionsverhältnisse, Widersprüche zwischen Produktivkräften und Produktionsverhältnissen. Wir haben dargelegt, daß es den sozialen Charakter der produktiven Arbeit verdeutlicht und deren Konflikt mit dem (Privat-)Eigentum und den Produktionsmitteln auf einer neuen Ebene fortführt. Er setzt die »Sozialisierung der Gesellschaft« fort. Das besagt, daß die Verstädterung die Widersprüche der industriellen Periode nicht beseitigt. Sie kann diese nicht durch die Tatsache beilegen, daß sie am Horizont emporsteigt. Ja noch mehr: Die der Produktion inhärenten Konflikte (in den Produktionsverhältnissen und den kapitalistischen Eigentumsverhältnissen ebenso wie in der »sozialistischen« Gesellschaft) erschweren das Phänomen der Verstädterung, verhindern die Entwicklung des Urbanen und reduzieren dieses auf den Wachstumsprozeß. Das gilt vor allem für das, was der Staat sowohl innerhalb des Kapitalismus wie innerhalb des Staatssozialismus unternimmt.

Wir haben zeigen können, daß die *Komplexheit der Gesellschaft* zunimmt, sobald sie vom Bäuerlich-Ländlichen zum Industriellen und dann zum Städtischen übergeht. Die Komplexheit steigert sich um ein Vielfaches (wenn man so sagen kann), erfaßt zugleich Raum und Zeit; denn der Raum und die in ihm befindlichen Objekte können keinen höheren Grad der Komplexheit erreichen, ohne daß die Zeit und die in ihr stattfindenden Tätigkeiten ebenfalls komplexer werden.

Ineinander verflochtene Netze, Beziehungen, die sich durchsetzen, indem sie sich überlagern, besetzen diesen Raum. Seine Homogenität hat ihre Entsprechung, und zwar in: Absichten, Einsheitsstrategien, systematisierten Logiken einerseits, reduzierenden und infolgedessen vereinfachenden Darstellungen andererseits. Gleichzeitig treten aber die Unterschiede bei den diesen Raum bevölkernden Objekten schärfer hervor, denn der Raum hat als abstrakter Raum den Hang zum Homogenen (zum Quantitativen, zum geometrischen und logischen Raum). Daraus resultieren ein Konflikt und ein sonderbares Unbehagen. Einerseits strebt der Raum nach einem einzigen Code, einem absoluten System, dem von Austausch und Austauschwert, dem des logischen Dings und der Logik des Dings. Gleichzeitig füllt er sich aber mit Untersystemen aus, Teilcodes, Botschaften und Symbolen, die sich in das Einheitsverfahren nicht eingliedern lassen, das dieser Raum auf alle möglichen Weisen anordnet, vorschreibt, niederschreibt. Die These von der zunehmenden Komplexheit schient in den Bereich der Philosophie zu gehören. Bei gewissen Autoren stimmt das auch (Teilhard de Chardin usw.). Hier schließ sie an wissenschaftliche Erkenntnisse an, die zwar nur ein Teilgebiet erfassen, aber wirkungsvoll sind: die Informationstheorie, die Theorie der Botschaften, der Codierung und Decodierung. Man kann also erneut behaupten, sie sei *metaphilosophisch*: global und erkenntnisbezogen zugleich.

Der Begriff der zunehmenden Komplexheit ist nicht erschöpft. Theoretisch beruht er auf dem Unterschied zwischen *Wachstum* und *Entwicklung*; ein Unterschied, den der gesamte Zeitabschnitt durch seine Erfahrung, durch die nebensächlichste Reflexion über die Ergebnisse erforderlich macht. Marx unterschied Wachstum von Entwicklung allein dadurch, daß er es vermied, das Quantitative mit denn Qualitativen zu verwechseln; trotzdem gehörten seiner Ansicht nach (quantitatives) Wachstum und (qualitative) Entwicklung der Gesellschaft zusammen. Eine trübe Erfahrung zeigt, daß das durchaus nicht stimmt. Ein Wachstum ohne Entwicklung ist genauso möglich wie, zuweilen, eine Entwicklung ohne Wachstum. Seit einem halben Jahrhundert findet nahezu überall ein Wachstum statt, erstarrte soziale und politische Beziehungen bleiben aber, was sie sind. Zwar machte die Sowjetunion zwischen 1920 und 1935 eine Periode intensiven Wachstums durch, aber die Produktivkräfte, die hinter dieser Explosion des »Oberbaus« herhinkten, und das zum strategischen Ziel erhobene Wachstum, das vom Mittel zum Zweck geworden war – alle diese objektiven »Faktoren« also -, haben sich gerächt. Gilt das nicht genauso auch für Frankreich nach der Explosion im Mai des Jahres 1968. Das Gesetz der ungleichmäßigen Entwicklung (Lenin) muß sich ausbreiten, sich wandeln, anders formuliert werden, wenn es den im zwanzigsten Jahrhundert erkannten Konflikt zwischen Wachstum und Entwicklung in sich einbeziehen soll.

Aber in der Theorie von der zunehmenden Komplexheit ist schon die Vorbereitung und die Ankündigung der Rache enthalten, die die Entwicklung am Wachstums nehmen wird. Und gleichfalls die Theorie der urbanen Gesellschaft. Diese Rache hat erst begonnen. Der wesentliche Satz, wonach das Wachstum nicht endlos weitergehen und das Mittel nicht ungestraft zum Zweck erhoben werden kann, gilt immer noch als paradox.

All diese Überlegungen lassen an die unerhörte Ausweitung des »Städtischen« denken, die die gesamte Erde erfaßt, beschwören die urbane Gesellschaft, ihre Virtualitäten und ihren Horizont herauf. Selbstverständlich wird eine solche Ausweitungs-Expansion nicht ohne Dramen vor sich gehen. Vor allem bestätigt sich, daß das Phänomen der Verstädterung danach strebt, über die Grenzen hinauszuwachsen, im Gegensatz zum Handel sind den Industrie- und Finanzorganisationen, die (mit Hilfe des Weltmarktes und übernationaler Zusammenschlüsse) die Landesgrenzen zu durchbrechen schienen, sie bisher aber nur verhärtet haben. Jedendenfalls werden die Auswirkungen vom etwaigen Brüchen im Bereich von Industrie und Finanzwesen (durch Produktionsüberschüsse hervorgerufene Krise, Währungskrise) durch die Ausweitung des Phänomens der Verstädterung und das Entstehen der Stadtgesellschaft weiter verschärft werden.

Wir sind auf den Begriff der »Weltstadt« gestoßen, der im allgemeinen den Maoismus, wenn nicht gar Mao Tse-tung selbst zugeschrieben wird. Dieser Begriff kann nur mit Vorbehalten benutzt werden. Er extrapoliert den Begriff um das klassische Bild der Stadt: – politisches Verwaltungszentrum, Zentrum des Schutzes der Ausbeutung eines weitläufigen Landgebietes – auf Weltebene. Das paßt für die östliche Stadt im Rahmen der asiatischen Produktionsweise. Die verstädterte Gesellschaft wird aber nur auf den Ruinen der klassischen Stadt entstehen können. Im Abendland ist diese Stadt bereits explodiert. Die Explosion-Implosion kann als Vorspiel auf dem Weg zur urbanen Gesellschaft angesehen werden. Sie ist Teil der Problematik dieser Gesellschaft und auch der diese Problematik ankündigenden kritischen Phase.

Jedoch strebt eine bekannte Strategie, die sich des Urbanismus bedient, danach, die politische Stadt erneut zu schaffen und zum *Entscheidungszentrum* zu machen. Selbstverständlich wird sich solch ein Zentrum nicht auf die Einholung aufsteigender Informationen und auf die Verteilung herabsteigender Informationen beschränken. Es handelt sich ja nicht um ein Zentrum, an dem abstrakte Entscheidungen getroffen werden, sondern um ein Machtzentrum. Zur Macht gehört aber Reichtum und umgekehrt. Das besagt, daß das Entscheidungszentrum in der von uns analysierten Strategie der Punkt sein wird, an dem ein entsetzlich organisierter, scharf systematisierter Staat an den Boden gebunden sein wird. Einstmals hatte das gesamte Mutterland gegenüber den Kolonien und Halbkolonien die zentrale Rolle inne, zog Reichtümer an sich, setzte seine Ordnung und seine Anordnungen durch. Heute stützt sich die Herrschaft auf einen Ort, die Hauptstadt (oder das Entscheidungszentrum, das nicht unbedingt die Hauptstadt sein muß). Damit wird die Herrschaft auf das gesamte Staatsgebiet ausgedehnt, und dieses wird zur halben Kolonie.

Somit scheint ein Teil der vorliegenden Analyse auf den ersten Blick der sogenannten maoistischen These von der »Weltstadt« zu entsprechen, die jedoch zu vielen Einwänden Anlaß gibt. Es ist durchaus möglich, daß die Bildung von Machtzentren auf Widerstände stoßen und mißlingen könnte. Überdies sind die Widersprüche heute nicht mehr zwischen der Stadt und dem Land zu finden. Der wesentlichste Widerspruch ist im Innern des Phänomens der Verstädterung zu finden: zwischen der Zentralität der Macht und den anderen Formen der Zentralität, zwischen dem »Reichtum-Macht«-Zentrum und den Peripherien, zwischen der Integration und der Absonderung.

Eine vollständige Untersuchung der kritischen Phase würde die hier behandelten Themen bei weitem übersteigen. Um ein Beispiel zu nennen: Was bleibt von dem klassischen Begriff der *Geschichte* und der *Geschichtlichkeit* übrig? In der kritischen Phase können weder der Begriff noch die entsprechende Wirklichkeit intakt bleiben. Stehen die Ausdehnung des Phänomens der Verstädterung, die Bildung eines differentiellen Zeit-Raum-Gebildes auf Weltebene in irgendeiner Beziehung zu dem, was man noch »Geschichtlichkeit« nennt? Diese Phase ist vom Auftauchen komplexer Objekte – neuen Funktionen und Strukturen – begleitet, ohne daß die alten darum verschwunden wären. Daher die Forderung nach einer stets neu auf zunehmenden und verbesserten Analyse der Beziehungen zwischen *Form* und *Inhalt*. Wir mußten uns hier mit einer Skizzierung – Absteckung, richtungweisenden Pfeilen – begnügen. Wesentlich ist der Nachweis, daß die *dialektische* Methode sich rächt. Auch sie. Das dialektische Denken, das durch die (ideologische und institutionelle) Strategie der Industriezeit und durch den Betriebs-rationalismus verdrängt, durch die Apologie des Operativen ersetzt und durch reduzierend-extrapolierende Verfahren (insbesondere die Ganzheitstheorie) in Mißkredit gebracht worden war, wird wieder ins seine Rechte eingesetzt. Wir haben zeigen können, daß die Hauptfrage, in des Wortes genauester und vollster Bedeutung, die nach der Zentralität, ohne eine dialektische Analyse nicht möglich ist. Die Untersuchung der *Raumlogiken* führt zu jener der Widersprüche des Raumes (und/oder des Raum-Zeit-Gebildes). Ohne diese Analyse sind Lösungen des Problem nur verkappte Strategien, die sich das Mäntelchen scheinbarer Wissenschaftlichkeit umgehängt haben. Auf der Ebene der Theorie besteht einer der größten Vorwürfe, die wir dem Urbanismus als (übrigens nicht gelungene) Doktrin zu machen haben, darin, (daß er eine Sozio-Logik und eine Strategie beinhaltet und dabei das dialektische Denken im allgemeinen und die dem Städtischen eigenen dialektischen Bewegungen ausschaltet, d.h., die inneren Widersprüche die einstigen und die jetzigen (wobei diese jene verschärfen und/oder verbergen).

Sollte das *Phänomen der Verstädterung* das langgesuchte *totale soziale Phänomen* der Soziologen sein? Ja und nein. Ja insofern, als es sich auf eine Totalität hinbewegt, ohne diese jemals zu erreichen – als es seinem Wesen (Zentralität) nach totalisiert, ohne daß diese Totalität jemals wirksam wurde. Ja insofern, als keinerlei partieller Determinismus, kein Teilwissen es ausschöpfen kann; es ist zu gleicher Zeit historisch, demographisch, semasiologisch usw. Es ist dies und noch ein anderes (Ding oder Nicht-Ding), zum Beispiel *Form*. Also Leere, die nach Inhalt verlangt: Ruf nach dem Inhalt. Wenn das Verstädterte total ist, dann nicht nach Art eines Dings, als (dieser oder jener) Inhalt, der hier oder dort angehäuft wird, sondern so wie das Denken selbst, das seine Konzentration ad infinitum nachgeht, sich nicht in ihr noch sie halten kann, das unablässig seine Elemente zusammenträgt und das entdeckt, was es in anderer und neuer Konzentration zusammengetragen hat. Die Zentralität definiert das U-Topische (das keinen anderen Ort hat und keinen sucht). Das U-Topische definiert die Zentralität.

Weder die Trennung der Fragmente und Inhalte, noch ihre unklare Vereinigung können das Phänomen der Verstädterung definieren (also zum Ausdruck bringen). Dazu ist eine *totale Lektüre* erforderlich, die Lesarten (Teillektüren) der Geographen, Demographen, Wirtschaftler, Soziologen, Semasiologen usw. in sich vereint. Diese Lesungen gehen auf unterschiedlichen Ebenen vor sich. Das Phänomen kann weder durch ihre Summe oder Synthese noch durch ihre gegenseitige Überlagerung definiert werden. In diesem Sinn *ist es keine Totalität.* Es reicht zwar über die Trennung »Zufall-Notwendigkeit« hinaus, wird aber durch deren Synthese nicht definiert, selbst vorausgesetzt, sie ließe sich definieren. Damit wird das Paradoxe des Phänomens der Verstädterung erneut zum Ausdruck gebracht, ein Paradox, das dem grundlegenden Paradox des Denkens und des Bewußtseins in nichts nachsteht. Denn ohne Zweifel handelt es sich dabei um ein und dasselbe. Das Urbane ist punktuell. Es lokalisiert sich und konzentriert es nicht. Ohne das Zentrum (an dem es lokalisiert) existiert es nicht. So wie der Gedanke und die Reflexion keinen Ort haben, wenn sie sich keinen geben. Die *Punktualität* der Tatsache, des Ereignisses entsprechen einer Regel. Und damit ist sie geregelt. Um einen Punkt herum, der (für den Augenblick) zum Zentrum erhoben wurde, herrscht eine nahe Ordnung, die aus der Praxis hervorgegagen ist und deren sich die Analyse bemächtigt. Damit ist die Isotopie definiert. Gleichzeitig ist das Phänomen der Verstädterung aber ungeheuer; seine kolossale Ausdehnungs-Expansion ist ohne Grenzen. Eine ferne Ordnung, die die nahe Ordnung in sich einbegreift, gruppiert die einzelnen Punktualitäten, versammelt sie entsprechend ihren Unterschieden (Heterotopien). Überall und immer jedoch prallen Isotopie und Heterotopie aufeinander, stehen sich gegenüber, beschwören das *Anderswo* herauf; die dabei entstehende *andere* Zentralität setzt sich durch und geht dann wieder im Raum-Zeit-Gewebe auf. Solcherart nimmt die dialektische Bewegung des Punktuellen und des Kolossalen, des Ortes und des Nicht-Ortes (des Anderswo), der städtischen Ordnung und der städtischen Unordnung Form an (entdeckt sich als Form).

Das Urbane produziert nicht wie Landwirtschaft und Industrie. Insofern jedoch, als es versammelt und wieder verteilt, erschafft es. Analog dazu wurde die Fabrik zur Produktivkraft und zur wirtschaftlichen Kategorie allein durch die Tatsache, daß sie Arbeiten und (technische) Werkzeuge, die zuvor verstreut gewesen waren, an einem Ort zusammenfaßt. Solcherart begreift auch (das Phänomen der Verstädterung eine Praxis (die urbane Praxis) in sich ein. Seine Form manifestiert sich als etwas, was nicht auf andere Formen reduziert werden kann (zwischen ihm und anderen Formen und Strukuren gibt es keine Isomorphie). Dennoch nimmt es diese auf, verwandelt sie.

Das Verfahren, das Zugang zur urbanen Wirklichkeit als Form verschafft, kehrt sich um, sobald der Weg durchlaufen ist. So lassen sich Isotopie und Heterotopie mit Hilfe der Linguistik definieren. Und die Begriffe nehmen einen anderen Sinn an, sobald sie im urbanen Text erscheinen. Erkennt sich die Behausung der menschlichen Wesen, die den Boden unserer Erde bewohnen, nicht deshalb im Gesprochenen, weil sie diese Form hat? Im Urbanen gibt es Gesprochenes und Durchlaufenes. Unterscheiden sich nicht aus diesem Grund, dieser formalen Ursache, *Gesprochenes* und *Durchlaufenes* auch in der Sprache? Das eine ist vom anderen nicht zu trennen. Sprache und Behausung, die unterschiedlich sind, verbinden sich unauflöslich miteinander. Somit ist es nicht erstaunlich, daß das Urbane ein Paradigma (das Hohe und das Niedere, das Private und das Offentliche) besitzt, genau wie der Wohnraum (das Offene und das Geschlossene, das Intime und das Benachbarte), wogegen weder das Urbane noch der Wohnraum durch eine einfache Darlegung oder ein System zu definieren sind. Wenn dem Verstädterten und dem durch dieses bedingten Wohnraum eine Logik immanent sein kann ist das nicht die Logik eines Systems (noch auch eines Subjektes, noch auch die eines schlichten und einfachen Objektes). Es ist die des Denkens (Subjekt), das nach einem Inhalt (Objekt) sucht. Das ist der Grund, aus dem die Kenntnis der Verstädterten, die Beseitigung der Illusionen der Subjektivität fordert (Kausalität, partielle Determismen).

Das Urbane bringt zwar Unterschiede zusammen und schafft Unterschiede zwischen dem Zusammengebrachten, kann aber trotzdem nicht als System von Unterschieden definiert werden. Entweder bedient das Wort »System« Vollendung und Abschluß, Verständlichkeit durch Geschlossensein; oder aber es bringt nur eine gewisse Kohärenz. Das Phänomen der Verstädterung tritt aber als Bewegung in Erscheinung. Es kann somit keinen Abschluß haben. Die in ihm enthaltene Zentralität und dialektische Widersprüchlichkeit schließen ein Geschlossensein, also die Unbeweglichkeit, aus. Die Sprache mag zwar als vollendetes System erscheinen, der Gebrauch der Sprache jedoch und das Hervorbringen von Gesprochenem zerstören diesen äußeren Schein. Das Urbane läßt sich somit nicht durch ein (bestimmtes) System definieren, zum Beispiel durch Abstände zwischen Invarianzen. Im Gegenteil, es ist ein Begriff, der den Befehl zur Reduktion ausschließt. Eher schafft es die Voraussetzung für die *Freiheit, Unterschiede hervorzubringen* (zu unterscheiden und zu erfinden, was sich unterscheidet).

Das Urbane führt zusammen. Das Urbane als Form formt um, was es zusammenbringt (konzentriert). Es schafft bewußte Unterschiede da, wo unbewußte bestanden: zwischen den Dingen, die sich nur voneinander abhoben, die an die Eigenarten des Geländes gebunden waren. Es bringt *alles* zusammen, auch Determinismus, auch heterogene Stoffe und Inhalte, vorher dagewesene Ordnungen und Unordnungen. Auch Konflikte. Auch die Kommunikation und die schon vorher vorhandenen Kommunikationsformen. Als umformende Form entstrukturiert das Urbane seine Elemente, die Botschaften und Codes, die noch aus Industrie und Landwirtschaft stammen, und strukturiert sie neu.

Es besitzt damit eine negative Macht, die unschwer als böse angesehen werden könnte. Die Natur, die Begierde, das, was man Kultur nennt (und was die industrielle Ära von der Natur trennt, während in den vorausgegangenen bäuerlichen Epochen Natur und Kultur ineinander übergingen), werden in der städtischen Gesellschaft umgestellt und erneut vereint. Die heterogenen, ja heteroklitischen Inhalte werden auf die Probe gestellt So werden, um eine einfache Analogie zu bringen, der landwirtschaftliche Betrieb (der »Hof«) und das Unternehmen (das entstand, als das Gewerbe entstand) auf die Probe gestellt, sie verwandeln sich und fügen sich in neuer Form ins urbane Gewebe ein. Damit wird eine Schöpfung (Poiesis) zweiten Grades definiert; landwirtschaftliche und industrielle Produktion bilden die erste Stufe. Das Phänomen der Verstädterung wird dadurch jedoch nicht zum gedanklichen Gebäude zweiten Grades, zur Metasprache also, zur Exegese, zum industriellen Kommentar. Durchaus nicht. Der zweite Schöpfungsgrad, die sekundäre Natürlichkeit des Urbanen treten als Multiplikatoren und nicht als Reduktion oder Abbilder der schöpferischen Tätigkeit auf. Wir wollen hier nur ganz kurz darauf hinweisen, daß das Problem der Tätigkeit die *Sinngehalte* hervorbringt (schafft) und dazu Elemente mit bereits vorhandenen Bedeutungen (also keine den »Phonemen« vergleichbaren Laute oder Zeichen ohne Bedeutung) heranzieht, noch der Lösung harrt. In diesem Sinn schafft das Urbane ebenso viele oder noch zahlreichere Situationen und Handlungen als Objekte.

Für diese Bestimmung des Urbanen, bezogen auf seine Elemente oder Voraussetzungen (das, was es zusammenbringt: Inhalte, Tätigkeiten) gibt es kein Modell. Weder aus der Energetik (Vorrichtungen zum Einfangen endlicher, aber großer Mengen von Energie), noch aus der Informationstheorie (die Energie in winzigsten Mengen verwendet) können Modelle herangezogen werden. Modelle werden nur im Rahmen einer analytischen Untersuchung des Urbanen zu finden sein. In der Praxis handelt es sich aber um einen Weg (Sinn und Richtung, Orientierung und Horizont) und nicht um ein Modell.

Das besagt, daß das Urbane weder als Form noch als Wirklichkeit harmonisch ist. Es bringt auch Konflikte zusammen. Klassenkonflikte nicht ausgenommen. Ja mehr noch: es ist nur als

Gegensatz zur *Absonderung* vorstellbar, die Konflikte dadurch beseitigen möchte, daß sie die Elemente auf dem Gelände voneinander trennt. Eine Absonderung, die zum *Zerfall* des geistigseelischen und des sozialen Lebens führt. Es gibt einen gewissen Urbanismus, der zur Vermeidung von Widersprüchen und zur Erreichung einer angeblichen Harmonie den Zerfall der sozialen Bindung vorzieht. Dagegen bietet sich das Urbane als die Einheit aus Widersprüchen, als Ort des Zusammenpralls und der Konfrontation an. In diesem Sinn wird beim Begriff des Urbanen auf dialektisches Denken zurückgegriffen (wobei dieses allerdings stark verändert wird, denn hier geht es ja um eine *geistig-seelische und soziale Form* und weniger um *historische Inhalte).*

Das Urbane ließe sich somit als *Ort* definieren, *an dem* Konflikte *Ausdruck finden.* Dadurch wird die Trennung der Orte, an denen Schweigen herrscht, und die Zeichen der Trennung entstehen, ins Gegenteil verkehrt. Man könnte das Urbane auch als den *Ort der Begierde* definieren, wo die Begierde aus dem Bedürfnis erwächst, wo Eros und Logos sich vielleicht (möglicherweise) erneut zusammenfinden. Die Natur (die Begierde) und die Kultur (die klassifizierten Bedürfnisse und die induzierten Faktizitäten) finden im Verlauf einer wechselseitigen Selbstkritik mit leidenschaftlichen Dialogen hierher zurück. Vielleicht könnte der reife und unfertige Charakter des menschlichen Wesens, um das Eros und Logos kämpfen, so endlich geformt werden, ohne daß diese Formung gleichbedeutend wäre mit Vollendung (dem Zustand des Erwachsenseins, des Vollständigseins). Paradoxerweise würde das Urbane als praktischer Weg damit eine pädagogische Rolle übernehmen, die sich weitgehend von der üblichen, auf einer Autorität, dem erworbenen Wissen des fertigen Erwachsenen beruhenden Pädagogik unterscheiden würde. Die industrielle Epoche (oder: »die industrielle Gesellschaft, bzw das was dafür gehalten wird) erscheint damit anders, als sie sich selbst erschien. Sie sah sich als produktiv und schöpferisch, imstande, die Natur zu beherrschen und glaubte, die Determinismen der Materie durch Freiheit der Produktion ersetzen zu können. De facto und in Wahrheit war sie radikal widersprüchlich und konfliktgeladen. Sie glaubte, die Natur zu beherrschen, und zerstörte sie von Grund auf. Sie gab vor, das Chaos der Spontanität durch eine kohärente Rationalität zu ersetzen, und trennte und schied alles, was sie berührte. Sie zerriß die Bindungen und brachte die homogene Ordnung an die Macht. Bei ihr wurde das Mittel zum Zweck und der Zweck zum Mittel: die Produktion wurde zur Strategie, die Produktivität zur Philosophie, der Staat zur Gottheit. Ordnung und Unordnung der industriellen Epoche haben das vorausgegangene Chaos neu geschaffen und dabei noch größer gemacht; und es ist ein blutiges Chaos. Die Ideologen (insbesondere die des Urbanen) glauben immer noch, in der industriellen Epoche und ihrer Rationalität ein höheres Organisationsprinzip finden zu können. In ihren Augen liegt das Problem in der Bewältigung dieser Unordnung und Ordnung, damit, ausgehend von vorhandenems Prinizipien, eine höhere Ordnung geschaffen werden könne. Die Anwendung der Unternehmensprinzipien auf die Gesellschaft als solche ist von nun eine Strategie, der der Prozeß gemacht und die verurteilt wurde. Weil es ein Anderes gibt (das andere Nicht-Ding), das vordringt, alles in Frage stellt, selbst Frage ist...

Bei den von der Industrierationalität befohlenen Trennungen wollen wir die zwischen den Untersystemen bestehenden Werte, Entscheidungen, Aktions- und Verhaltensmodelle besonders hervorheben. Hätte der Pluralismus dieser Untersysterne eine gewisse Kohärenz haben oder schaffen können? Der Zusammenhalt des Ganzen schien in der Ideologie – des Unternehmens auf der einen und der des Staates auf der anderen Seite

— begründet zu sein. Aber war nicht mehr erforderlich, wenn dieses Nebeneinander isolierter *Funktionen* — der zu entscheiden, der zu wünschen, der zu planen — funktionieren sollte? Die Soziologen hatten recht, als sie auf diese funktionell und strukturell unterschiedlichen Untersysteme hinwiesen. Sie hatten keinen Erfolg, weil sie nicht zeigten, wie in dieser Ordnung und der dieser immanenten Unordnung, wie in diesen Einheiten und ihren Disjunktionen eine Selbstregulation vorhanden sein könnte, und sie eine Ganzheit, vielleicht sogar eine Totalität bilden könnten. Es wäre leicht aufzuzeigen, auf welche Schwierigkeiten (soweit bekannt) die amerikanischen und sowjetischen Ideologen stießen oder noch stoßen. Die imaginäre Kohäsion konnte aber nur aus einer Logik entstehen. Diese Sozio-Logik verbarg sich hinter oder unter der Soziologie. Sie war und ist eine Logik der Ware und der Welt der Ware, die *als solche* in der Sprache der Ware verborgen (abwesend) ist, und dabei in jedem gekauften, verkauften, zu verbrauchenden oder verbrauchten Objekt gegenwärtig ist. Sie war und ist andererseits die unerbittliche Logik des Staates, der Macht, die als allwissend und allgegenwärtig konzipiert wurde oder sich so sieht. Auch diese Logik ist unter dem ethischen Prestige des Staates verborgen.

So stellte die Logik des repressiven Raums den Zusammenhalt wieder her. Daraus ergeben sich die Komplikationen und das Unbehagen, die einer Gesellschaft inhärent sind, die durch die urbane Gesellschaft mit ihrer transparenten Logik vernichtet wird; um diese Logik sichtbar zu machen, genügt es, sie zu formtilieren. Dagegen braucht man die anderen Sozio-Logikens nur zu formulieren, und sie verschwinden (theoretisch selbstverständlich).

Wir kommen nun zur Aufdeckung und Formulierung einiger Gesetze des Urbanen. Es sind nicht positive Gesetze, das einer

»Ordnung der Ordnungen«, das eines Gleichgewichts oder Wachstumsmodells, an das man sich halten bzw. das man nachmachen könnte, noch auch das einer von Anfang an vorhandenen Behauptung, aus der Konsequenzen gezogen werden könnten, sind auch nicht das einer abschließenden Analyse, die Aussagen induzieren könnte. In erster Linie und vor allem handelt es sich um negative Gesetze und Vorschriften:

a) Zerschlagung von Grenzen und Sperren, die den Weg blockieren und das städtische Feld ins Blendend-Erblindeten halten (vor allem im Bereich des quantitativen Wachstums).

b) Beseitigung aller Trennungen, derer, die Menschen und Dinge voneinander trennen, die auf dem Gelände viele Formen der Absonderung entstehen lassen; derer, die Botschaften, Informationen, Codes und Untercodes nicht zusammenkommen lassen (alle die also, die eine qualitative Entwicklung unterbinden). In der bestehenden Ordnung hält sich aber das, was trennt, für fest; das, was voneinander scheidet, weiß sich stark, das, was teilt, hält sich für *positiv*.

c) Vernichtung der Hindernisse, die das Beziehungsgefüge noch undurchsichtiger erscheinen lassen sind die Gegensätze zwischen Transparenz und Undurchsichtigkeit weiter verschärfen; die Unterschiede zu Unterschieden (getrennten) Eigenheiten werden lassen, sie zwingen, im vorgefertigten Raum zu sein; die, welche die Polyvalenz der Lebensweisen in der urbanen Gesellschaft (die Modalitäten sind Modulationen des Alltäglichen und des Wohnraums) verschleiern; die, welche die Überschreitung solcher Normen verbieten, die Trennungen vorschreiben.

In diesen negativen Aussagen ist ein Positives enthalten:

a) Das Urbane (das städtische Leben, das Leben der durch das Brauchtum verstädterten Gesellschaft) impliziert bereits den Ersatz des Vertrags. Das Vertragsrecht legt den Rahmen Gegenseitigkeit in Austausch fest; es ist ein Recht, das ins Agrargesellschaften entsteht, sobald diese ihre relativen Überschüsse tauschen, und das einen Höhepunkt erreicht, wenn sich die Welt der Ware mit ihrer Logik und ihrer Sprache entwickelt. Im Urbanen begreift aber der Gebrauch den Brauch und räumt dem Brauch den Vorrang vor dem Vertrag ein. Die Verwendung städtischer Objekte (dieser Gehsteig, Beleuchtung usw.) ist ein Brauch und wird nicht vertraglich festgelegt, es sie denn, man nenne die Tatsache , daß man sich in den Gebrauch dieser Objekte teilt, um die Gewalt auf ein Minimum zu reduziern bzw. sei nur im Notfall anzuwenden, ein vertragliches Abkommen bzw. einen permanenten Pseudo- Vertrag. Die Veränderung oder Verbesserung des Vertragssystems bleibt davon unberührt.

b) Das Konzept des Urbanen zielt darauf ab, daß das menschliche Wesen sich die Voraussetzungen wieder *aneignen* möge, die ihm in Zeit, Raum und den Objekten zustehen. Es sind dies Voraussetzungen, die ihm entzogen wurden und werden und die es erst nach Kauf und Verkauf erneut erlangen kann.

Kann man sagen, die Zeit, der Ort der Werte und der Raum, das Austauschmilieu, seien imstande, sich in einer höheren Einheit, dem Urbanen, erneut zumsammenzufinden? Ja, vorausgesetzt man führe an, was jeder schon weiß: daß es sich um eine U-Topie handelt, den Nicht-Ort, um ein Möglich-Unmögliches. Die aber dem Möglichen, der Aktion, einen Sinn verleiht. Der Raum des Austausches und die Zeit der Werte, der Raum der Güter und das höchste Gut, die Zeit, sprechen nicht, gehen alle ihre Wege – wir treffen auf Inkohärenz, eine der vielen. Absurditäten der sogenannten Industriegesellschaft. Tatsächlich wäre eine von vielen möglichems Definitionen des Urbanen und der städtischen Gesellschaft: Schaffung der Raum-Zeit-Einheit.

c) *Politisch* ist eine solche Aussicht nur möglich, wenn die Selbstbestimmung aus der Produktion und den Unternehmen auf die Gebietseinheiten ausgedehnt wird. Das ist schwierig. Der Ausdruck »politisch« schafft eine gewisse Verwirrung, denn eine allgemeine Selbstbestimmung setzt den Niedergang des Staates voraus. In diesem Sinn sind Staat und Verstädterung radikal unvereinbar. Das Staatliche kann das Städtische nicht daran hindern, Gestalt anzunehmen. Der Staat ist es sich schuldig, des Phänomens der Verstädterung Herr zu werden, nicht deshalb, weil er es der Vollendung zuführen, sondern weil er es zurückführen möchte: zu Institutionen hin, die durch Austausch und Markt mit ihren Organisations- und Verwaltungstypen aus der Welt des Unternehmens die gesamte Gesellschaft erfassen; es handelt sich dabei um Institutionen, die im Verlauf der Wachstumsperiode entwickelt wurden, wobei quantitative (quantifizierbare) Objekte eine Vorrangstellung einnahmen. Das Urbane dagegen kann nur entstehen und dem »Wohnraum« dienen, wenn die staatliche Ordnung und die Strategie, die den Raum global organisiert und homogenisiert und dabei untergeordnete Ebenen – das Urbane und den Wohnraum -absorbiert, gestürzt werden.

Aus diesem Grund mußte der Urbanismus sowohl als Maske wie als Werkzeug angeprangert werden. Als Maske des Staates und der politischen Aktion, als Werkzeug von Interessen, die sich hinter einer Strategie und in einer Sozio-Logik verbergen. Der Urbanismus will den Raum nicht gleich einem Kunstwerk modellieren. Auch nicht nach technischen Überlegungen, wie er vorgibt. Was er schafft, ist ein politischer Raum.

X. Beschluß

Die Problematik der Verstädterung? Wir haben sie angeschnitten. Wir haben sie umrissen: Wir haben ihre Umrisse skizziert. Wir kommen zu einem Problem, das uns am meisten beunruhigt: die außerordentliche *Passivität* der Leute, die es in erster Linie angeht, die von Projekten betroffen sind, von Strategien in Frage gestellt werden. Warum schweigt der »Benutzer«? Warum dieses formlose Gestammel über »Bestrebungen«, wenn man sich herabläßt, ihn zu konsultieren? Wie ist eine so sonderbare Lage zu erklären?

Wir mußten den *Urbanismus selbst* anklagen, und zwar in doppelter Hinsicht: als Ideologie und als Institution, als Darstellung und Wille, als Druck und Gegendruck, als Einrichtung eines repressiven Raums, der als objektiv, wissenschaftlich, neutral dargestellt wird.

Aber diese Erklärung, so notwendig sie ist, genügt nicht. Sie ist nur ein Element einer Erklärung bzw. der Interpretation eines von vielen Paradoxen. Wir wollen zum Abschluß versuchen, unsere Argumente zu vervollständigen und einige neue Elemente anführen:

1. Ist die Passivität derer, die wohnen, und die »als Dichter leben« (Hölderlin) sollten und könnten, nicht mit der sonderbaren Sperre zu vergleichen, die das architektonische und urbanistische Denken blockiert? Eine Art Fluch liegt auf den Projekten. Sie können nicht über die Verwendung graphischer oder technologischer Verfahren hinauswachsen. Die Phantasie hat

keine Flügel mehr. Die Urheber der Projekt sind offenbar außerstande, zwei entgegengesetzte Prinzipien mitienander zu vereinbaren:

a) Es gibt kein Denken ohne U-Topie, ohne Erforschung des Möglichen, des Anderswo; b) es gibt kein Denken, das sich nicht auf eine Praxis bezöge (in unserem Fall die des *Wohnraums* und des Gebrauchs. Wenn aber die Bewohner und Nutzer stumm bleiben?).

Ein massives Eingreifen der Betroffenen würde die Lage verändern. Würde damit der Forschung, der Reflexion, den Projekten die Möglichkeit an die Hand gegeben, die Schwelle zu überschreiten, vor der sie stehen, ohne weiterzukommen? Vielleicht. Dieses Eingreifen hat aber niemals stattgefunden. Bestenfalls lassen sich hie und da die Zeichen eines neuen Interesses feststellen. Nirgends trat eine *politische* Bewegung auf, eine Bewegung also, die »Bau«-Probleme und -Ziele in den politischen Bereich hinaufhob.

Worin ist diese Sperre begründet? Das gerade ist die Frage. Theoretisch ist ihr Mechansismus verhältnismäßig gut zu erkennen. Man setzt anstelle des konkreten Raumes den abstrakten Raum. Der konkrete Raum ist der des *Wohnraums*: Bewegungen und Bahnen, Körper und Erinnerung, Symbole und Sinn, mühsames Heranreifen des Unreif-Verfrühten (des »menschlichen Wesens), Widersprüche und Konflikte zwischen Begierden und Bedürfnsissen usw. Dieser konkrete Inhalt, die in den Raum geschriebene Zeit, die unbewußte, ihre eigenen Voraussetzungen verkennende *Poiesis*, wird von der Reflexion nicht erkannt. Diese stürzt sich in den abstrakten Raum der Vision, der Geometrie. Der Architekt, der zeichnet, der Urbaniker, der den Plan für die Masse entwirft, sie sehen ihre »Objekte«, die Bauten und die Nachbarschaften, von oben und aus der Ferne. Planer wie Zeichner bewegen sich in einem Raumn aus Papier, aus

Schreibereien. Nach der nahezu totalen *Reduktion* des Alltäglichen kehren sie zum »Erlebten« zurück. Sie glauben es zu finden und bringen doch nur ihre Pläne und Projekte in einer Abstraktion zweiten Grades zur *Ausführung*. Von »Erlebten« gehen sie zum Abstrakten über und projizieren diese Abstraktion auf die Ebene des »Erlebten«. Zwiefacher Ersatz, doppelte Negation, die eine illusorische Behauptung hervorbringt: die Rückkehr zum »wirklichen« Leben. In dieser Form funktioniert das Blendend-Erblindete auf dem Feld, das, scheinbar aufgehellt, doch nur ein Blindfeld ist.

Wie ist diese Ideo-Logik des Ersatzes, die sich auf technische Gründe stützt, von Kompetenzen unterstützt und gerechtfertigt wird, zu beseitigen, ohne daß das »Erlebte«, das Alltägliche, die Praxis rebelliert? Wissen die »Handelnden«, die Techniker, die Spezialisten, daß ihr »objektiver« Raum ideo-logisch und repressiv ist? Nein.

2. Für diese Situation gibt es *historische Gründe*. Die Stadt, ihr Stadtstaat war lange Zeit etwas, was die Leute heftig bewegte und leidenschaftlich erregte. Ihr Denken kreiste um den Kirchturm ihres Dorfes. Nur deshalb interessierten sie sich für die Organisation des Raums und bildeten Gruppen, die den Raum hervorbrachten. Im allgemeinen handelte es sich dabei um die »Honoratioren«, die ganz selbstverständlich am morphologischen und sozialen Rahmen ihrer »Interessen« »interessiert« waren. In der Kleinstadt und der mittelgroßen Stadt ist diese Einstellung durchaus nicht verschwunden. Aber sie ist im Schwinden bzw. sie verliert ihre mächtigsten Motivationen und Gründe. Aus einer offensiven schöpferischen Haltung (die sozialen Raum und soziale Zeit, also die Verwendung der Zeit hervorbrachte), wurde sie zur defensiven Einstellung, zur Passivität. Man wehrt sich gegen Übergriffe der zentralen Behörden, gegen den staatlichen Druck. Man weiß aber, daß die großen

Probleme andernorts zu suchen sind, daß die großen Entscheidungen an anderer Stelle getroffen werden. Daher rührt die Desillusionierung gegenüber der urbanen Wirklichkeit; man weiß, daß die Wirklichkeit der kleinen oder mittelgroßen Stadt etwas Überholtes ist, daß sie lächerlich wirkt. Wie ist der Übergang von der Stadt, die ein Bild, ein Herz, ein Gesicht, eine »Seele« hat, zur *urbanen Gesellschaft* ohne lange Gewöhnungszeit zu bewerkstelligen?

Zwischen 1920 und 1930 gab es in der UdSSR eine ungeheuer schöpferische Phase. Die von der Revolution umgekrempelte Gesellschaft brachte völlig neue Oberbauten (aus der Tiefe) hervor. Und zwar in allen Bereichen, auch in der Politik, im Urbanismus, in der Architektur. Diese Oberbauten waren den Strukturen (soziales Beziehungsgefüge) und der Basis (Produktivkräfte) weit voraus. Basis und Strukturen hätten aufholen müssen, hätten das Niveau der aus der Schöpferkraft der Revolution hervorgegangenen Oberbauten erreichen müssen. Für Lenin war dies das Problem, mit dem er in den letzten Jahren seines Lebens kämpfte. Aber, und das weiß heute jeder, Strukturen und »Basis« konnten nicht folgen. Die aus der Genialität der Revolution hervorgegangenen Oberbauten brachen zusammen, fielen in Trümmern auf die (bäuerliche, rückständige) kaum veränderte »Basis« nieder. Ist das nicht das große Drama unserer Zeit? Das architektonische und urbanistische Denken kann nicht nur aus der Reflexion, der (urbanistischen, soziologischen, wirtschaftlichen usw.) Theorie allein heraus entstehen. Es entsteht dadurch ein *totales Phänomen*, eine Revolution. In der UdSSR verschwanden die Schöpfungen der Revolutionszeit bald, wurden zerstört, vergessen. Ist es nicht erstaunlich, daß vierzig Jahre vergehen mußten, bis in unserer Zeit (von der mancher behauptet, sie sei nur Geschwindigkeit, Beschleunigung, Schwindel) mit den Arbeiten von A. Kopp die geistigen und praktischen Errungenschaften auf dem Gebiet von Architektur und Urbanismus der UdSSR wieder zu Ehren kamen? Trotz günstiger Voraussetzungen (in Frankreich gab es im Jahr 1968 ein »totales Phänomen«, was in gewisser Hinsicht den russischen Phänomenen der Jahre zwischen 1920 und 1930 vergleichbar ist), ist die Assimilierung dieser Errungenschaften durchaus nicht gewährleistet. Wir leben mit dem Ausfall: dem der Revolutionen, dem der Technik. Diese überdenken jene.

Passivität und Sperre haben zahlreiche historische Gründe. Befinden wir uns nicht angesichts des Phänomens der Verstädterung in einer Lage, die sich mit der jener Leute vergleichen läßt, die sich im vergangenem Jahrhundert mit dem Phänomen der Industrie befassen? Wer Marx nicht gelesen hatte – die Mehrheit also -, konnte nur ein Chaos sehen, Fakten, die untereinander in keiner Verbindung standen. Das gilt nicht nur für die »gewöhnlichen« Leute, sondern auch für die Gebildeten und sogar die Wirtschaftler. Nur getrennte *Einheiten* – die Unternehmen -, die alle einen Leiter (Chef, Eigentümer, Unternehmer) unterstanden, boten sich ihnen dar. Für die Reflexion und den Blick zerfiel die Gesellschaft in Atome, wurde in Individuen und Fragmente zerlegt. Selbst der Markt erscheint nur als Folge oder Summe von Zufällen ohne Verbindung untereinander. Da es weder für das Denken noch für die Aktion eine Totalität gab, da der Begriff der *Planung* sich noch nicht herauskristallisiert hatte, erhoben sich keine Einwände gegen eine atomare oder molekulare Sicht des Sozialen. Man wußte nicht, wie die Fakten anzugehen waren, wie auf sie einzuwirken war. Gilt dasselbe nicht heute für das Phänomen der Verstädterung und die urbane Gesellschaft? Man weiß nicht, von welcher Seite her sie anzusehen sind. Nur die Leerräume und die Leeren des Raums stehen der Reflexion, der Aktion offen. Das Volle widersteht ihnen. Es läßt sich nicht greifen. Oder vielmehr: sobald Reflexion und Aktion sich seiner annehmen, zerfällt es in unendlich viele Fragmente. Zwischen dem sich pulverisierenden Vollen und dem Widerstand leistenden Leeren gerät das Denken ins Schwimmen.

Die politischen Gründe der Passivität sind also ernst. Ein gewaltigen Druck wird auf das Gewissen ausgeübt, damit dieses weiter in Schranken gehalten wird. Ideologisch, technisch, politisch wird das Quantitative zur Regel, zur Norm, zum Wert erhobens. Wie kann das Quantifizierbare überwunden werden? Sogar innerhalb der Betriebe bleiben die Forderungen der die Arbeiterklasse vertretenden Organe im Bereich des Quantifizicrbarems: Lohn, Arbeitsstunden. Das Qualitative wird beschnitten. Was über anderes hinausragt, wird abgeschnitten. Der allgmeine Terror des Qualifizierbaren steigert die Wirksamkeit des repressiven Raums. Es vervielfältigt sie, und zwar um so mehr, als er seine Wissenschaftlichkeit, die scheinbar ohne Furcht und Tadel ist. Da die *Arbeiterklasse* das Quantitative nicht in Frage stellt, hat sie kein politisches Gewicht; auf dem Gebiet des Urbanismus hat sie nichts Bedeutendes vorzuweisen.

Obwohl der Urbanismus außerstande ist, eine Doktrin zu schaffen, obwohl er innerlich gespalten ist (in Humanisten und Technokraten, in private Wohnungsbaugesellschaften und Vertreter des Staates), spiegelt er die globale Situation wider und beteiligt sich am ideologischen und politischen Druck. Darüber braucht man keine Worte zu verlieren. Er würde das nur dann nicht tun, wenn er sich einer ständigen Selbstkritik unterzöge.

3. Wir kommen nun zu den theoretischen Gründen für die Passivität. Sie beruhen ja gerade auf der *Zerstückelung des Phänomens der Verstädterung*. Mit den diesbezüglichen Paradox haben wir uns schon auseinandergesetzt: Es ist sich seiner Totalität nicht bewußt, und diese läßt sich nicht sehen. Sie entzieht sich dem Zugriff. Sie ist immer *anderswo*. Nach und nach erhellt sich

das Paradox. Es besagt: Zentralität und Dialektik der Zentralität. Und auch: urbane Praxis. Und schließlich: Revolution der Städte. Diese Dreiheit wird von der Ideologie und der »positiven« Pseudo-Wissenschaftlichkeit abgelehnt und rechtfertigt die übelste Stückelung, motiviert die zynischsten Schritte. Gewisse Pseudo-Konzepte, die genau (wirksam) und global zu sein scheinen, bieten eine Rechtfertigung für Zerstückelung und Zerschneidung. So der Pseudo-Begriff der *Umwelt*. Was ist darunter zu verstehen? Die Natur? Das Milieu? All das ist klar, aber banal. Das, was umgibt? Wen und was? Man weiß es nicht. Es gibt die Umwelt der Stadt: das ist das Land. Es gibt die Umwelt des Individuums: das sind Hüllen, Häute oder Schalen (A,. Moles), in denen es sich befindet, angefangen bei seiner Kleidung bis zur Nachbarschaft. Die Insel? Das Viertel? Auch sie besitzen ihre Umwelten bis zur Nachbarschaft. Die Insel? Das Viertel? Ist unter Umwelt der Horizont der Stadt oder die Stadt als Horizont zu verstehen? Warum nicht? Ist das aber notwendig? Sobald man genauere Aussagen machen möchte, wird man sich an einen Spezialisten, an einen Techniker wenden. Es gibt also eine geographische Umwelt, den Ort, die Landschaft, das Ökosystem. Es wird eine historische Umwelt geben, eine wirtschaftliche oder eine soziologische. Der Semasiologe wird die Symbolsysteme und die Zeichen beschreiben, die die Umwelt des Individuums und der Gruppe ausmachen. Der Pseudo-Soziologe wird die Gruppen beschreiben, die die Umwelt des Individuums bilden. Und so weiter. Zum Schluß wird eine Summe partieller Beschreibungen und analytischer Aussagen vorhanden sein. Sie werden auf dem Tisch ausgebreitet oder in einen Topf geworfen werden. Und das wird dann die Umwelt sein. In Wirklichkeit handelt es sich um ein Bild aus der ökologischen und morphologischen Beschreibung, also um ein begrenztes Bild, das nur deshalb ins Maßlose überdehnt wird, weil es leicht zu handhaben ist. Man benutzt es für eine klassische, wohlbekannte (wiewohl offiziell noch nicht bekannte) Operation, nämlich für die Extrapolierung-Reduktion.

Der Begriff der Ausrüstung, der aus der Technik stammt, führt zum gleichen Ergebnis: isolierte Funktionen, die getrennt auf das Gelände projiziert werden; analytische Bruchstücke einer globalen Wirklichkeit, die im Verlauf des Verfahrens zerstört wird. Angeblich ist das städtische Leben in verschiedenen und unterschiedlichen Ausrüstungen lokalisiert und wird somit sämtlichen Problemen gerecht. Tatsächlich erfaßt die funktionelle Lokalisierung so viele Elemente nicht, erreicht ihre Ziele so selten, daß sie sich in der Theorie keiner erneuten Kritik unterzogen werden muß. Die Vervielfältigung der Behörden, der Kompetenzen, der Dienststellen, der Büros, die für die getrennten »Elemente« der städtischen Realität zuständig sind, brauchen ebenfalls nur erwähnt zu werden. Auch hier stoßen der Bürokrat und die bürokratische Zerstückelung nur auf interne Grenzen. Sie hören erst auf zu wuchern, wenn sie aufgrund der unauflöslichen Verflechtung der in den Büros lokalisierten Kompetenzen aufhören zu funktuionieren Das ganze wäre komisch, wenn es nicht eine Praxis zur Folge häte: die Absonderung, die durch die getrennte Projektion *aller* isolierten Elemente des *Ganzen* entsteht.

4. Schließlich wollen wir noch einige *soziologische* Gründe für das von uns untersuchte Phänomen, die Passivität (mangelnde »Beteiligung«) der Betroffenen untersuchen, die durch die Ideologie der Beteiligung sicher nicht ins Wanken geraten wird. Sind sie nicht seit langem daran gewöhnt, ihre Interessen ihren Vertretern zu überantworten? Die politischen Vertreter sind ihrer Rolle nicht immer gercht geworden, und manchmal verschwamm diese Rolle überhaupt. Wem sollen also Vollmachten und gar Vertretungen des praktischen und sozialen Dasiens an-

vertraut werden? Den Experten, kompetenten Leuten. Ihre Aufgabe wird es also sein, sich beraten und über alles ein Urteil abzugeben, was mit dem funktionalisierten Lebensraum zu tun hat. Der *Wohnraum* und der *Bewohner* ziehen sich aus der Angelegenheit zurück Sie uberlassen den »Entscheidenden« die Verantwortung fur die Entscheidung, Die Aktivität zieht sich aus dem Alltäglichen in den erstarrten Raum, in die anfangs erduldete, später akzeptierte »Vergegenständlichung« zurück.

Wie soll der *Benutzer* sich bei der Begegnung und dem Dialog zwischen Architekten und Urbaniker (sofern es einen Dialog und eine Begegnung gibt) nicht als der *überflüssige* vorkommen? Zuweilen sind beide ein und dieselbe Person. Zuweilen trennen und bekämpfen sie sich mehr oder weniger heftig. Oft besteht ein Vertrag, ein vertragsähnliches Abkommen oder ein *Gentlemen's Agreement* zwischen ihnen. Welche Voraussetzungen sind für den Benutzer am günstigsten? Der nicht allzu heftige Konflikt zwischen den beiden Kompetenzen. Wie oft ist der Benutzer zur Stelle, um von einem derartigen Umstand zu profitierens? Selten. Er wird in einem solchen Fall wohl erwähnt, man beruft sich auf ihn, aber zieht ihn immer selten zu Rate.

Der *Benutzer*? Wer ist das? Alles spielt sich so ab, als ob man (die Zuständigen, die »Agenzien«, die Behörden) den Austausch um so viel höher einschätzte als den Gebrauch, daß Gebrauch und Abnutzung verwechselt werden. Als was sieht man dann den Benutzer an? Als eine ziemlich widerwärtige Person, die beschmutzt, was man ihm neu umnd frisch verkauft, die Werte mindert, verdirbt, aber zum Glück eine Funktion wahrnimmt: sie macht den Ersatz des Dings, des Alten durch das Neue, unvermeidlich. Womit sie allerdings kaum entschuldigt ist.

DRESDENPostplatz

Soweit war ich mit meinen Gedanken gekommen, als plötzlich der Frühling hereinbrach*

*aus: Louis Aragon, Le Paysan de Paris, Paris 1926

Konzeption: Torsten Birne, Heike Ehrlich, Stephan Geene, Sophie Goltz, Eva Hertzsch, Ralph Lindner, Christiane Mennicke, Adam Page, Sven Thiermann

Projektträger: Kunstfonds des Freistaates Sachsen, Ralph Lindner

Kuratorische Begleitung: Christiane Mennicke

Koordination und Öffentlichkeitsarbeit: Sophie Goltz

Mitarbeit an Dresden Postplatz: Jutta Bürger, Boris Chrismancich, Sven Dämmig, Paul Elsner, Eugen Goltz, Juri Haas, Thomas Heinrich, Stefan Kalkowski, Katrin Krahl, Cornelia Koch, Thore Krietemeyer, Juliane Kummerlöwe, Swetlana Kunz, Michael Matthes, Reimar Müller, Jan Pinseler, Oliver Pokèrn, Peer Stolle, Florian Trüstedt, Nobert Vallinas, Katja Wiechmann

gefördert durch die: kulturstiftung des bundes

Dank an weitere Unterstützer: Kulturamt der Landeshauptstadt Dresden, Presseamt der Stadt Dresden und andere Ämter dieser Stadt
CREATIVE LIGHTING media technology GmbH & Co. KG, Botschaft des Königreichs der Niederlande, Sächsische Hard- und Software GmbH, Institut Français Dresden, Niederländischer Verein in Sachsen, Radio Barthel, Treuhandliegenschafts-gesellschaft mbH Dresden, Linde-KCA-DD GmbH, TOI TOI & DIXI Sanitärsysteme, Sächsische Wohnungsbaugesellschaft, Mac Happy IT Services e.K., Bildungswerk weiterdenken e.V., Radio-Initiative Dresden e.V., Haus am Zwinger, Fernmeldetechnik Spohn, Telekom AG, Saxocom Büro-& Informationssysteme AG, Dresdner Verkehrsbetriebe AG, SUBDesign, Getränke Richter, Überraschungsbazar, Schauspielhaus Dresden
Sowie an alle weiteren Institutionen und Personen, die uns dabei helfen, DRESDENPostplatz zu realisieren.

Austauschanzeigen: dérive – Zeitschrift für Stadtforschung, de:Bug – Die Zeitung für elektronische Lebensaspekte, frieze, Jungle World, LE MONDE diplomatique, PARKETT, SAX. Das Dresdner Stadtmagazin, SPECTOR CUT+PASTE, springerin, TEXTE ZUR KUNST

DRESDENPostplatz,
mail: goltz@dresden-postplatz.de

www.dresden-postplatz.de
www.kulturstiftung-des-bundes.de